◆ 高等院校会展专业教材
◆ 南开大学出版社

◆ 郑建瑜　主编 ◆

会议策划与管理

第二版

图书在版编目(CIP)数据

会议策划与管理/郑建瑜主编.—2版.—天津:南开大学出版社,2014.1(2021.12重印)
高等院校会展专业教材
ISBN 978-7-310-04388-0

Ⅰ.①会… Ⅱ.①郑… Ⅲ.①会议-组织管理学 Ⅳ.①C931.47

中国版本图书馆 CIP 数据核字(2013)第 303474 号

版权所有 侵权必究

会议策划与管理(第2版)
HUIYI CEHUA YU GUANLI (DI-ER BAN)

南开大学出版社出版发行
出版人:陈 敬

地址:天津市南开区卫津路94号 邮政编码:300071
营销部电话:(022)23508339 营销部传真:(022)23508542
https://nkup.nankai.edu.cn

天津午阳印刷股份有限公司印刷 全国各地新华书店经销
2014年1月第2版 2021年12月第10次印刷
230×170毫米 16开本 18.75印张 344千字
定价:55.00元

如遇图书印装质量问题,请与本社营销部联系调换,电话:(022)23508339

第二版前言

人类进入 21 世纪以来,会议产业所表现出来的强劲的增长趋势和产业带动能力已经引起人们的广泛注意,世界各国和地区纷纷把会展业作为支柱产业和先导产业来培育或发展。在我国,随着社会经济的飞速发展以及综合国力的不断增强,会展经济在中国经济舞台上扮演着越来越重要的角色。2008 年我国成功地举办了奥运会,2010 年世博会也在上海精彩落幕;此外,广州亚运会、深圳大运会等一系列大型国际活动的举办,更给我国会议产业的发展创造了机遇。正如国际会议协会(ICCA)主席所说:"中国有可能成为 21 世纪国际大型会议旅游的首要目的地。"

从整体上看,中国会议业的宏观管理体制和微观运作机制相对德国、美国等会议发达国家都明显落后,而且到目前为止,国内有关会议的理论研究成果也比较缺乏,处于理论研究严重滞后于市场发育的情况。对于会议的研究成果主要见于各种报刊中的领导讲话,内容大多是从本区域、本单位情况出发,针对一些经验与教训进行归纳总结,就事论事是其主要的表达方式,很少上升到系统理论高度来进行跨区域的研究。就国际会议而言,他们的管理思想与机制相对比较成熟,形成了一些可以借鉴的模式,但怎样"洋为中用",开展合作与竞争,以及我国本土化经营管理的一些会议如何创造品牌,是目前我们要研究的新课题。

本书通过吸收国外会议业研究方面的先进成果,结合国内发展实践,站在策划管理战略高度,立足于企业管理实务提出全新的知识点,使会议策划与管理的研究现状更加清晰,让研究的理论与实际成果更加生动、鲜活,向读者展示国际国内在会议策划与管理方面的新的思想理念和技术手段。书中每个章节后都配有相关的复习思考题,可以帮助读者更好地理解各章节的内容。

我们通过各种方式查阅搜集资料,包括进行专家访谈、实际调查、翻译外国文献、开研讨会等,吸收国内外已经获得的研究成果,在此基础上形成自己的观点和结论。本书具有较强的专业性、系统性、时代性、实用性和前瞻性。本书具有很好的理论与实际相结合的资料来源,可以作为我国高等院校相关专业的教学用书以及企业会议策划与管理人员的培训教材,也可供各级政府部门和理论研究者借鉴,同时还可用于国际合作与交流活动。

本书于2012年11月开始进行修订,在修订过程中吸收了许多读者和专家的建议,在保持基本框架不变的同时,每一章节或多或少进行了修改和补充。上海师范大学旅游学院会展管理系郑建瑜教授负责修订第一、三、四、五、六、九、十一章及全书的统稿。上海师范大学旅游学院旅游管理专业研究生苗婷婷修订了第二、七、八、十章,在此表示衷心的感谢。

总的来看,第二版改正了第一版中的一些疏漏,使得本书朝着更加完善、更加充实的方向又进了一步。修订的过程,实际上也是作者不断学习和提高的过程,由于时间紧迫、能力有限,本书中的缺点和错误之处恳请各位同仁和广大读者批评指正。

郑建瑜

2013年2月

目 录

第一章 会议业含义 (1)
 第一节 会议业概述 (1)
 第二节 会议及其要素 (17)
 第三节 会议举办条件 (21)
 第四节 会议的功能与作用 (24)

第二章 会议类型及特点 (29)
 第一节 会议类型 (29)
 第二节 各类会议特点 (36)
 第三节 世博会 (55)

第三章 会议的组织者和审批程序 (63)
 第一节 会议举办机构 (63)
 第二节 会议组织机构 (71)
 第三节 会议组织者的主要职责 (73)
 第四节 PCO 和 DMC (77)
 第五节 会议审批程序 (80)

第四章 会议的策划 (86)
 第一节 会议策划的概念与方法 (86)
 第二节 会议策划的原则与内容 (93)
 第三节 会议策划书的制定 (109)
 第四节 会议策划应注意的问题 (126)

第五章 会议策划方案的实施要点 (130)
 第一节 会议工作的内容及流程 (130)
 第二节 会议工作范围 (137)
 第三节 会议工作分工 (139)
 第六章 会议的时间节点控制 (141)

第一节　会议议程……………………………………………………（141）
　　第二节　会议日程……………………………………………………（145）
　　第三节　会议程序……………………………………………………（149）
　　第四节　有效控制会议进程…………………………………………（151）
第七章　会议的文秘服务……………………………………………………（154）
　　第一节　会议文秘服务内容…………………………………………（154）
　　第二节　拟发会议通知………………………………………………（157）
　　第三节　邀请演讲者…………………………………………………（167）
　　第四节　会议娱乐活动策划与安排…………………………………（168）
　　第五节　会前会和会后会……………………………………………（174）
第八章　会议接待服务………………………………………………………（179）
　　第一节　接客、送客…………………………………………………（179）
　　第二节　报到与签到…………………………………………………（183）
　　第三节　贵宾接待……………………………………………………（186）
　　第四节　会议接待礼仪………………………………………………（187）
第九章　会议的公关宣传……………………………………………………（190）
　　第一节　会议的公关对象和内容……………………………………（190）
　　第二节　会议的协调…………………………………………………（192）
　　第三节　会议的宣传原则和方式……………………………………（194）
　　第四节　会议各阶段的宣传工作……………………………………（210）
第十章　会议的专业服务和相关服务………………………………………（215）
　　第一节　会议的服务理念和服务流程………………………………（216）
　　第二节　服务供应商的选择…………………………………………（221）
　　第三节　会议的会务服务……………………………………………（223）
　　第四节　会议的餐饮服务……………………………………………（259）
　　第五节　会议的房务服务……………………………………………（263）
　　第六节　会议的其他服务……………………………………………（265）
第十一章　会议财务管理……………………………………………………（268）
　　第一节　制定财务目标………………………………………………（269）
　　第二节　制定预算……………………………………………………（270）
　　第三节　会议融资……………………………………………………（275）
　　第四节　会议的收支与成本控制……………………………………（275）
　　第五节　会议的财务总结及报告编写………………………………（288）
参考文献………………………………………………………………………（291）

第一章

会议业含义

学习目的

通过本章的学习,了解会议业的起源、产生的基础和价值,了解世界和我国会议业的现状,掌握会议的定义、构成要素、举办条件以及会议的功能与作用。

主要内容

- 会议业概述

会议业的起源　会议业产生的基础　会议业的价值　世界会议业概述　我国会议业概述　国内外知名会议模式概览

- 会议及其要素

会议的定义　会议的构成要素

- 会议举办条件
- 会议的功能与作用

会议的功能　会议的作用

第一节　会议业概述

一、会议业的起源

美国总统在马里兰州的戴维营举办中东最高首脑会议;英国皇家护理学院在波恩茅斯召开年度专业会议;国际会议和会展协会的会员在哥本哈根集结召开大会和代表大会;微软公司或汇丰银行的股东参加公司的年度大会;葛兰素史克公司的销售人员济济一堂召开情况汇报例会或举办培训活动,他们之中的成绩卓著者乘飞机到海外胜地旅游并参加奖励会议。

上述的活动虽然形式林林总总，但目的只有一个，那就是将人们召集起来，面对面地交流思想和信息，进行讨论或在某些情况下洽谈，建立友谊或亲密的商业关系，鼓励个人和组织获得较佳业绩。它们是相同活动的不同方面，同属持续发展的、国际性的、带动经济繁荣的会议业。尽管使用的词语如"最高首脑会议"（summit）、"聚会"（meeting）、"专业会议"（conference）、"大会"（assembly）、"年会"（convention）、"代表大会"（congress）、"年度大会"（annual general meeting, AGM,）、"情况汇报会"（briefing）、"培训会议"（training）、"奖励会议"（incentive）有所不同，但其实质构成要素和目标却毫无二致。

"会议"是一个意义宽泛的词汇，泛指各种各样的交流活动。会议是现代传播业的前沿，既可作为内部交流（例如销售会议、培训讲座、领导进修会、年度大会），也是作为与重要听众交流的工具（例如新闻发布会、产品推介会、年度大会和一些技术会议等）。

而"会议业"这个词产生得很晚，甚至到20世纪的后期，竟还没有人听说过。但人们需要集结、需要开会，由此来体现人的属性。而且，出于各种不同的目的，人们集会和集结到一起的现象从人类文明的早期就已经出现了。

过去200年来最为高层次的会议之一，是1814年9月到1815年6月召开的维也纳会议。可以说它是现代会议的滥觞。召开这次会议的目的，是在"拿破仑战争"后重新划分欧洲的政治地图。会议的代表包括当时的所有大国（土耳其除外），可以想象代表团的花费会多么奢华。与会的代表有俄国沙皇亚历山大一世、普鲁士的卡尔·奥古斯特·冯·哈登贝格亲王；而卡斯雷尔子爵和惠灵顿公爵是英国的主要代表。每位代表都由服务人员和陪伴人员组成的庞大代表团陪同。他们需要住宿、社交、豪华的团体娱乐、地勤等一系列服务。这里还没有提及高档的会议设施。毋庸置疑，维也纳会议局付出了长期而艰辛的努力，才将如此高层次、高消费的会议吸引到这个城市。

随着19世纪的推进，大学渐渐地开始为学术圈内的信息传播提供设施，游览胜地也异军突起。在英国，维多利亚度假区修建了会议室，开始为娱乐和会议提供较大的公共空间。与此同时，铁路网得到发展，铁路沿线的主要火车站旁修建了铁路旅馆。这些旅馆有许多都配备了多功能厅，以供租用。

到了20世纪，尽管会议继续受到贸易和工业的驱动，但有一种放缓增长的趋势，它期待着会议人员的发展，而不再单纯为了推销产品或报告公司的年度进展。培训会议的先驱——20世纪20年代和30年代的"商业会议"（或商务旅游）开始进入更为现代的发展阶段，并被世人认同。

欧洲的这种状况与19世纪晚期的北美，特别是与美国东海岸沿线的情况略有不同。在那里,当时正在建立各种各样的贸易和专业协会以及宗教组织。这些组织一经建立,便开始召开其会员会议,并且还按照合法程序建立了许多委员会,以"从这些蓬勃发展的协会吸引尚处在发展中的会议业务"。随着越来越多的城市开始认识到会议商务活动的重要性,承办这些会议的工作开始由专职人员负责。根据历史记载,第一个事例应是密歇根州的底特律市。当时有一伙商人,决定设置一名专职的销售人员在路上招揽会议到该城市召开。就这样,在1896年,第一个会议局成立了,一种产业也初露端倪。在底特律之后不久,其他的美国城市竞相效尤,并建立了他们自己的会议局。这些城市有:克利夫兰(1904年)、大西洋城(1908年)、丹佛和圣路易斯(1909年)、路易斯维尔和洛杉矶(1910年)。现在,世界上的许多城市都建立了自己的会议局或者叫会议和观光局。

二、会议业产生的基础

今天的会议业起源于前几个世纪的政治性和宗教性的会议,之后的商业会议以及美国的贸易与专业会议,但一种真正"产业"的发展和对它的认同则是较近的事情,特别是在欧洲,确切的时间是从20世纪的中晚期才开始的。

成立贸易协会通常是一种有效而客观的标准,标志着一种产业已经真正形成。表1-1列出了一些主要的会议业协会及其成立时间。

表1-1 主要会议业协会及成立时间

年份	协会名称
1907	国际协会联盟(Union of International Associations, UIA)
1929	国际会展管理协会(International Association for Exhibition Management, IAEM)
1957	专业会展管理协会(Professional Convention Management Association, PCMA)
1958	国际会议局协会(Association International des Palais de Congress, AIPC)
1963	国际会议和会展协会(International Congress and Convention Association, ICCA)
1964	欧洲会议乡镇联合会(European Federation of Conference Towns, EFCT)
1968	国际专业会议组织者协会(International Association of Professional Congress Organizers, IAPCO)
1969	英国会议举办地协会(British Association of Conference Destinations, BACD)
1972	国际会议专业委员会(Meetings Professionals International, MPI)
1975	澳大利亚会议业协会(Meetings Industry Association of Australia, MIAA)
1981	英国专业会议组织者协会(Association of British Professional Conference Organizers, ABPCO)
1983	亚洲会议和观光局协会(Asian Association of Convention and Visitor Bureaus, AACVB)
1990	英国会议业协会(Meetings Industry Association, MIA UK)

从20世纪60年代以来,全球对整个基础设施的投资稳步增长,用于支持会议及其相关活动。而到20世纪90年代投资加速增长,20世纪90年代,几乎创造了到目前为止在全球性会议基础设施上稳步投资的最高纪录。表1-2和表1-3给出了在澳大利亚和英国两个国家兴建的新会议设施的详细情况。它代表了二十多年来所发生的大规模投资的概貌,但其中未含在非供会议业专用建筑物上的其他大量投资。这些建筑物都能容纳超大型的会议,它们有:英国的舍菲尔德体育馆(12000个座位、4500万英镑)、伯明翰国家室内体育馆(13000个座位、5100万英镑)、曼彻斯特的耗资4200万英镑的布里奇沃特会堂和19000个座位的耐尼克斯体育馆,以及位于泰恩河畔纽卡斯尔市的纽卡斯尔体育馆(10000个座位、1050万英镑)。

表1-2　20世纪80年代中期以来澳大利亚对主要会议中心的投资情况

中心的名称	启用年度	花费(百万澳大利亚元)
阿德来德会展中心	1987	不详
悉尼会展中心	1988	230
堪培拉国家会议中心	1989	不详
墨尔本会展中心	1990	254
布里斯班会展中心	1994	200
凯恩斯会议中心	1995	不详
南悉尼会议中心	1999	60
联邦音乐厅和会议中心(霍巴特)	2000	16
阿德来德会展中心扩建	2001	85
阿利斯斯普林斯会议中心	2003	14.2
珀斯会展中心	2004	310

表1-3　1990年以来英国对主要会议中心的投资情况

中心的名称	启用年度	花费(百万英镑)
国际会展中心	1991	180
普利茅斯展馆	1992	25
加的夫国际体育馆	1993	25
北威尔士会议中心	1994	6
爱丁堡国际会议中心	1995	38
贝尔法斯特滨水会议厅(会议中心和音乐厅)	1997	32
苏格兰会展中心的克莱德音乐会堂	1997	38
千禧年会议中心(伦敦)	1997	35
曼彻斯特国际会议中心	2001	24

但是,做出重大投资的不只在欧洲、澳大利亚和北美。在近五到十年之间,

大规模的基础设施建设项目还出现在亚洲的许多地区和环太平洋经济带，前东欧各国如匈牙利和捷克共和国，中东以及若干非洲国家，特别是南非。这些投资新建的展览馆或会议中心大多属于国家级。

许多投资都是由中央政府和其他公共部门提供的，之所以做出这种投资，原因各不相同。

• 在这些国家和举办地中，休闲旅游业的发展如火如荼，国家为其兴建了大量基础设施。这些设施（例如机场和其他通信设施、三星级/四星级/五星级酒店、旅游景点、经过培训的人员）与吸引国际会议商务活动的要求概属同宗。虽然兴建专用的会议设施另需额外投资，但与整个基础设施的投资相比，其费用是微不足道的。

• 这些会议举办地不过是把会议活动看成休闲旅游业的补充，兴建较早的会议举办地都采取这种做法。

• 会议和商务旅游是休闲旅游业中的高质量、高收益的行业，能够给发展中国家和发达国家带来重大经济利益。这种利益包括全年的就业和外汇收益，还能够从会议代表那里吸引到未来的内向投资。会议代表在参加会议时，如果看中了某个地方并为之所打动，则会返回到该地兴办某种企业，并劝告他们的员工也这样做。

• 毋庸置疑，被选为主办一种重大的国际性会议的东道主会威望显赫。有一些欠发达国家将此看成赢得信任和为国际政治舞台所接受的路径。会议和会议中心的要素被认为是发展水平的象征，已经达到会议举办地的标志可谓举足轻重。

三、会议业的价值

会议业被认为是高收入、高盈利、带动力强的环保型朝阳产业，并且还可以带动商贸、影视、信息、餐饮、宾馆、交通、娱乐、服装、旅游、广告和印刷等相关产业的发展。据测算，国际上会展业的产业带动系数大约为 1∶9，即会展场馆的收入如果是 1，相关产业的收入则为 9。据国际博览会联盟（UFI）估计，由会展所创造的经济效益中，只有 20% 是会展行业内的，其余 80% 为相关行业所拥有。

1. 直接收益

（1）场租收益

以 2008 年第 104 届中国进出口商品交易会（广交会）为例，该届广交会由原来的两馆两期变为一馆三期，总展览面积超过 100 万平方米，展位数约 5.4 万个。就广交会展位价格而言，虽然不同专业领域展位价格有所不同，但平均来看，一个展位的价格在 2~3 万元人民币。由此可以看出，一届广交会仅展位的营业收入就达数十亿。

(2)城市交通

2010年上海世博会于5月1日起历时184天,于10月31日落下帷幕。本届世博会吸引了246个国家和国际组织参展,逾7308万人次的海内外游客参观,园区单日最大客流出现在10月16日,为103.28万人。展会期间,上海市内轨道交通运营线路达到11条,常规公交线路1000余条,出租汽车近5万辆,以保障交通运输能力。世博会期间大量的游客无疑对上海市的交通是个巨大的挑战,但对上海市产生的经济贡献也是不容小觑的。

(3)航空运输

在整个世博会期间,上海虹桥、浦东两机场共起降飞机294322架次,同比增长16.32%;完成旅客吞吐量3999.07万人次,同比增长31.45%;完成货邮吞吐量191.78万吨,同比增长22%;此外,还保障了要客5967批次,39990人;专机271架次,加班包机8550架次,公务机490架次。其中,作为上海世博会全球合作伙伴和唯一航空承运人,东航世博会期间共保障航班23.5万多班,运送旅客3385万人次。上海两机场每天的航班起降量都几乎达到峰值:虹桥机场日均起降从原来530多架次增加到750架次左右;浦东机场日均由700多架次激增到1000多架次。上海世博会给航空业带来了巨大商机,这么庞大的载客量自然也带来了十分可观的收入。

(4)城市建设

为迎接世博会,上海市按照国家和国际展览局对上海世博会的总体部署和要求,高起点规划、高水平建设和管理世博会,科学合理规划世博园区功能布局,形成"园、区、片、组、团"的规划布局。上海各区也积极抓住契机坚持拆、改、留并举,全力推进旧区改造工作。此外,上海市发布了《迎世博600天行动计划》,在市容市貌、窗口服务、城市管理、城市文明程度、市民素质和精神面貌等方面有大的突破和提升。

再看博鳌亚洲论坛。为迎接2002年博鳌亚洲论坛年会,海南省东线高速公路博鳌出口路安排地方国债资金1.7亿元,博鳌供水工程(热水)安排中央国债1200万元,琼海嘉积水厂至博鳌供水工程安排中央国债1000万元,博鳌亚洲论坛永久会址——东屿岛的护堤工程安排中央国债1000万元,博鳌电网改造安排地方国债资金620万元。从博鳌亚洲论坛成立到首届年会,琼海市共投入7000多万元用于城市基础设施建设。

此外,对于交易会、博览会、产品展示会而言,承办方的广告收入也非常可观。

2. 间接收益

(1)服务业

上海市借助世博会的契机,大力发展服务业,服务业水准也得到提高。2010

年,全市服务业 GDP 的比重已达到 52.1%,服务业实现增加值 9833.51 亿元;金融、物流、商贸、信息服务等重点领域占服务业比重保持在 65% 以上,支撑作用日益加强;文化创意、会展、电子商务、专业服务、教育培训等新兴服务业发展迅猛,成为新的增长点。上海市服务业的空间布局不断优化,各区县充分发挥自身区位优势和产业基础,大力发展特色服务业,已形成一定的空间集聚。中心城区服务业实现增加值占中心城区生产总值比重约 80%。

(2)饭店业

从博鳌亚洲论坛年会开幕前十几天起,该地的客房价格就开始全面升温。论坛主会场五星级的博鳌金海岸温泉大酒店,客房价格最低的也在千元之上,总统套房的房价高达 22800 元,十几幢小岛别墅客房价格也高达 3000~8800 元不等。博鳌亚洲论坛年会期间,就连博鳌 12 家私人小旅馆也全部爆满,而且房价比平时涨了三倍多。完成了博鳌亚洲论坛成立大会接待任务的金海岸温泉大酒店,在其后的一年内,频繁接待会议团体,其中上规模上档次的会议团体达 150 多个。

2007 年 5 月在上海举办的国际红斑狼疮医学大会,会议规模为 3000 人。酒店住宿方面,会议主办方就有从普通经济型旅馆到三星级宾馆、四星级宾馆、五星级豪华宾馆的不同需求,分别提供普通医科学生、病人、专业医生以及邀请的 VIP 贵宾使用;餐饮方面除了普通的用餐外,还包括大会欢迎晚宴和告别晚宴等大型宴会;会议当中还会安排与会人员的上海一日游以及会后国内长线旅游等;还有要为与会代表的陪同人员如丈夫或太太安排购物等活动。

(3)餐饮业

对每一个参观者来说,世博会也是名副其实的美食博览会。在世博园区的各个餐饮点,参观者可以品尝到中国各地的美味佳肴和来自世界五大洲的风味餐饮。上海世博园区公共区域商业配套共有约 10 万平方米。其中,公共餐饮 8.5 万平方米(浦东 6.5 万平方米,浦西 2 万平方米),共有约 128 家餐饮店,提供餐位 3.2 万个以上,供餐能力可达到 40 万套,套餐平均价格在 30~100 元。同时,公共零售有 1.5 万平方米,约 81 个特许品店,其中浦东 62 个,浦西 19 个。另外,还有 9 个便利店,6 个糕点、面包零售店。此外,世博园区内设有可口可乐、伊利公共饮料冷饮销售点 110 个以上。

(4)旅游业

由于世博效应,上海市吸引了大量国内外游客,极大推动了旅游业的发展。据统计,2010 年上海市实现旅游产业增加值 1360.8 亿元,比上年增长 30.1%。全年接待国际旅游入境人数 851.12 万人次,比上年增长 35.3%。其中,入境外国人 665.63 万人次,比上年增长 35.9%;港、澳、台同胞 185.49 万人次,比上年增长33.3%。全年国际旅游外汇收入64.05亿美元,比上年增长33.5%;国内旅游收入2522.94亿元,比上年增长31.8%。

(5)零售业和手工业

世博会也带动了零售业和手工业的发展。据统计,2010年上海零售业销售额比上年增长13.1%,商品销售比上年增长24.2%,社会消费品零售总额的增长也达到17.5%。

又如2001年上海召开APEC会议,使我国传统的唐装大放异彩,并带动这类服装在中国各大城市热销。APEC前后,杭州等地停产的丝绸厂全部重新开工,2001年流行"中国结",令一批濒临倒闭的制绳厂起死回生。2002年唐装流行,丝绸厂纷纷得救。北京也在一夜之间冒出了"唐装一条街",春节期间短短一个月内,唐装经销商就从6家发展到400多家,每天能卖出5000件左右。

可见,会议间接地给商业零售业和传统手工业带来了商机。

(6)通信业

博鳌亚洲论坛期间,中国电信海南公司在博鳌会议区域开通155兆光纤通道的基础上,又紧急扩容了622兆传输系统。为满足163/169拨号上网需要,公司在原有2000个端口的基础上扩容了10000个端口,能满足12000多用户同时上网。同时还割接开通了1024门容量的博鳌接入网点设备机房,在开发区内割接开通768门接入网点设备,大大改善了博鳌的通信环境。承担大会通信保障工作的上海电信、移动和联通等公司对APEC会议使用的36个场馆、涉及的20个活动区域和60多条道路,实施了大规模的网络扩容和无线室内覆盖工程,构建了一个由海底光缆、陆地光缆、卫星通信和机动卫星转播等组成的多重保险通信服务体系。在新落成的新闻中心,开通了1条带宽为100兆的光纤、2条各2兆的帧中继专线和45个上网端口,3000多中外媒体记者可以同时高速上网,就连宾客食宿的宾馆酒店也装配了国际一流的通信设备。此外,在各国政要、学者和记者下榻的酒店都增装了中继线,在酒店和会场周围增设了45部IC卡话机,为下榻海航培训中心的记者们提供了上网的条件;新锦江饭店的新闻中心还装设了31部直播电话、2条各2兆的帧中继上网专线和46个上网端口,使各国记者都能迅速地进行多媒体通信。海口地区不仅检修了海口所有酒店的电话,还增装了10多部IC卡话机,海口金海岸罗顿大酒店的上网速度由64K提速到128K。

2001年APEC会议期间,有大约3500名中外记者云集上海。这也是我国举办的吸引媒体记者最多的一次活动。其中,国内新闻机构1000多家,海外新闻机构2000多家。APEC会议新闻中心内的169个工作间全部被征用,路透社、美联社、CNN等新闻机构早在正式会议开始之前,已经播发了许多和APEC

上海年会有关的新闻报道。

四、世界会议业概述

会议业因其广泛的影响、高额的利润和巨大的潜力，引起了越来越多的国家和地区的注意，市场竞争亦愈演愈烈。现在世界上每个有点规模的城镇都把自己看作一个可以举办会议的地方，并为本地举行各种会议宣传自己的设施。这些城镇至少已注意到在会议策划者中寻找朋友，欢迎他们的代表，并提供公开或不公开的优惠。

由于会议市场的复杂多变，会议市场规模究竟有多大，究竟有多少人参加，谁也不能准确地说出来。而就这一花费成千上万美元的会议业务来说，到目前为止，还没有一个比较权威的国际统计数字。但随着世界经济的复苏，根据国际会议和会展协会(ICCA)的统计，每年全世界的会议收入在 2800 亿美元以上，其中国际会议收入为 76.2 亿美元。会议出席者在会议场所每投入 10 美分，就要在旅行、饭店业、餐饮、商业等相关行业消费 90 美分，也就是说，会议业和会议相关产业的联动效应为 1:9。会议业每年以 8%~10% 的速度在增长，世界会议发展的趋势将是 90% 的会议是国内会议，只有 10% 为国际会议。

尽管国际会议只有 10%，但人们还是花那么多的钱去宣传本地，去争取这 10% 的国际会议。这就是由于像国际会议和会展协会(ICCA)前主席范·胡芬(Van de Hoeven)所说的："国际会议影响面大，档次高，利润大。"

欧美会议业发展较早，产品较成熟，市场机制健全，操作规范，市场份额较大（见表 1-4 和表 1-5）。据国际会议和会展协会(ICCA)进行的调查显示，2010 年在全球范围内举行的国际会议达 9120 个，其中 623 个国际会议在美国举行，美国也是举办国际会议数量最多的国家。在排名前十的国家中，欧洲占了绝大部分，据统计，2010 年在欧洲举行的国际会议达 4921 个，连续 16 年成为举办国际会议最多的地区。法国首都巴黎素有"国际会议之都"之称，仅会议这一项，每年就会为巴黎带来 7 亿多美元的经济收入。在 1994 年，巴黎还专门成立了一个会展局，专门为会议市场的供求双方提供全方位的帮助和咨询，在国际会议市场上推销巴黎，推销法国。维也纳是世界公认的国际会议城市，据国际会议和会展协会(ICCA)的统计，截至 2010 年，维也纳已连续 6 年保持了举办国际会议数量第一的地位。巴塞罗那和巴黎分别位居第二和第三，柏林名列第四。美国更是占联合国之地利，国际会议连绵不断。

表1-4 全球各洲在国际会议市场中所占份额百分比

年份 地区	2002	2003	2004	2005	2006	2007	2008	2009	2010
欧洲	57.4%	58.0%	56.6%	56.3%	55.9%	55.1%	55.4%	54.4%	54.096%
亚洲	15.4%	14.7%	17.3%	17.6%	17.9%	18.7%	18.696%	17.7%	19.096%
北美洲	14.696%	13.996%	13.0%	12.0%	12.0%	11.996%	11.4%	12.3%	10.996%
拉丁美洲	6.7%	7.7%	7.6%	8.5%	8.896%	8.7%	9.2%	9.4%	10.096%
大洋洲	3.4%	3.3%	3.2%	3.1%	3.2%	3.1%	3.0%	2.7%	3.1%
非洲	2.5%	2.4%	2.3%	2.5%	2.2%	2.5%	2.4%	3.5%	3.0%

资料来源:国际会议和会展协会(ICCA)统计报告

表1-5 2010年和2011年ICCA城市排名前20名

2010年	城市	会议数量	2011年	城市	会议数量
1	维也纳	154	1	维也纳	181
2	巴塞罗那	148	2	巴黎	174
3	巴黎	147	3	巴塞罗那	150
4	柏林	138	4	柏林	147
5	新加坡	136	5	新加坡	142
6	马德里	114	6	马德里	130
7	伊斯坦布尔	109	7	伦敦	115
8	里斯本	106	8	阿姆斯特丹	114
9	阿姆斯特丹	104	9	伊斯坦布尔	113
10	悉尼,新南威尔士	102	10	北京	111
11	中国台北	99	11	布达佩斯	108
12	北京	98	12	里斯本	107
13	布宜诺斯艾利斯	98	13	首尔	99
14	伦敦	97	14	哥本哈根	98
15	哥本哈根	92	15	布拉格	98
16	首尔	91	16	布宜诺斯艾利斯	94
17	斯德哥尔摩	89	17	布鲁塞尔	93
18	布达佩斯	87	18	斯德哥尔摩	93
19	布拉格	85	19	罗马	92
20	中国香港	82	20	中国台北	83

资料来源:国际会议和会展协会(ICCA)统计报告

20世纪90年代以来,亚洲经济持续发展,洲内洲际交往日益增多,各国和各地区也都开始重视会议产品的开发、宣传和促销,纷纷设立专门机构,命名会议城市,增加经费,采取倾斜政策,招徕会议,会议活动迅速增加。所以,虽然欧美的会议业务占会议市场一半以上,但份额已有所减少,与此同时,亚洲的市场份额却稳步增长。其中,我国香港地区已成为亚太地区最重要的会议中心之一,被誉为"国际会展之都"。近年来,我国香港地区每年举办的大型会议超过420个,来自世界各地的与会代表多达3.7万人。香港地区已连续多年被英国《会议及奖励旅游》杂志评为"全球最佳会议中心"。2004年,中国香港和澳门地区更跻身全球10大会议城市行列。而中国内地也凭借其广阔的市场与经济发展潜力,逐渐成为亚洲地区会议业的新秀。总体来讲,亚太地区因其高质量的会议产品令人瞩目。但劣势也有,那就是协会基础较弱,软件素质有待提高,亚太会议市场仍处于初级阶段,亚洲会议业面临着机遇和挑战。

表1-6 2010年和2011年ICCA国家排名前20名

2010年	国家	会议数量	2011年	国家	会议数量
1	美国	623	1	美国	759
2	德国	542	2	德国	577
3	西班牙	451	3	西班牙	463
4	英国	399	4	英国	434
5	法国	371	5	法国	428
6	意大利	341	6	意大利	363
7	日本	305	7	巴西	304
8	中国	282	8	中国	302
9	巴西	275	9	荷兰	291
10	瑞士	244	10	奥地利	267
11	澳大利亚	239	11	加拿大	255
12	加拿大	229	12	瑞士	240
13	荷兰	219	13	日本	233
14	奥地利	212	14	葡萄牙	228
15	葡萄牙	194	15	韩国	207
16	瑞典	192	16	澳大利亚	204
17	韩国	186	17	瑞典	195
18	阿根廷	172	18	阿根廷	186
19	比利时	164	19	比利时	179
20	土耳其	160	20	墨西哥	175

资料来源:国际会议和会展协会(ICCA)统计报告

注:只有符合国际组织如UIA或ICCA统计标准的会议,才能列入它们的统计范围,所以这些权威性国际组织的统计数字是非常有说服力的。

下面介绍几个国际权威组织关于会议的统计标准。

1. 国际协会联盟(UIA)统计标准

那些有组织的和在"国际组织年鉴"中注册的，国际组织赞助的，并符合下列条件的会议可列入 UIA 的统计：

(1)出席人数至少 300 人；

(2)代表国籍至少 5 国；

(3)外国人出席人数至少占 40%；

(4)会议期至少 3 天。

上述统计不包括国内会议和有关宗教、政治、商业和体育等的会议。

2. 国际会议和会展协会(ICCA)统计标准

进入 ICCA 统计范围的会议必须符合下列严格条件：

(1)会议至少能吸引 50 名出席者；

(2)会议必须定期举行，一次性会议不能列入统计范围；

(3)会议要至少在 3 个不同国家之间轮流举办。

3. 比利时会议办公署大型国际会议的统计标准

(1)参加者在 300 人以上；

(2)至少要有 40%的参加者来自 5 个以上的其他国家。

4. 中国国际会议推展社团组织为国际会议确定的标准

(1)参加会议的国家(含主办国)至少在两个国家以上；

(2)与会人数需达 50 人以上；

(3)外国与会人数须占总与会人数的 20%以上；

(4)以年会、展览或奖励旅游形式均可。

五、我国会议业概述

1. 我国会议业发展历史

(1)20 世纪 50～70 年代——花钱开会为了国际形象

外事无小事。特殊的历史条件下，数量有限的一些国际会议，也都是纯粹的政府行为。需要开了，政府部门就掏钱，该多少钱就多少钱，谈不上投资回报率。会议场所和宾馆寥寥可数。以北京为例，整个北京城，那时可接待外宾，可以举行一定规模会议的饭店宾馆只有北京饭店和友谊宾馆而已。北京尚且如此，更何况其他城市。那时的国际会议政治意义远远大于经济意义。

(2)20 世纪 80 年代——会议产业初露端倪

20 世纪 80 年代，国门徐徐打开，使各种类型的国际会议在中国召开以及会议产业在中国萌芽成为可能。在国际上，旅游与开会同样密不可分。到帷幕已经拉开的神秘的东方古国看看，是整个 80 年代大多数外国人来中国开会的另一个目的。开放后的中国吸引力大得惊人。

20世纪80年代初期,纯经营型的涉外饭店逐步落成,会议产业开始萌芽。那时较为著名的就是1984年由世界著名华裔建筑大师贝聿铭设计建造的香山饭店,因其设施齐全、先进及极具东方特色而成为很多国际会议的首选之地。当时,这里每年要接待国际会议上百个,客房出租率长期保持在110～120%以上,成为当时北京抑或整个中国的饭店中把举办国际会议作为自己主要业务的典型。

然而,饭店增加的速度赶不上需求增加的速度,上规模的会议场所依然还少,接待能力提高的速度仍然赶不上需求的增长。

(3) 20世纪90年代以后——国际会议成为一景

进入20世纪90年代,会议多尤其是国际会议之多,几乎成了一景。而主办者也已由政府一家变得更为多元化。政府的、民间团体的、跨国界行业协会/学会的,应有尽有。以北京为例,据不完全统计,1990年以后,在北京召开的有外宾超过千人以上参加的大型国际会议就有数十次之多,其中最著名的有1990年5月的第十四届世界采矿大会;1990年9月的亚运会;1990年10月的国际感光会议;1991年的世界电工大会;1992年的世界化学大会和国际昆虫大会;1993年的国际养蜂大会;1995年的世界妇女大会;1996年的世界地质大会;1997年的世界石油大会。

20世纪90年代以后,在会议产业获得突飞猛进发展的同时,具有会议功能的大饭店也如雨后春笋般拔地而起,真正意义上的国际会议中心也建了起来。

国际会议数量的增加和国际会议的特殊要求也促进了相关人才队伍、服务公司的壮大成熟。许多举办者介绍,20世纪80年代举办国际会议,想找几个同声传译人才非常困难。而如今这样的人才数以千计,找起来就方便多了。此外,一些相关的会议服务公司也兴旺发达,提供的服务内容包括会场的布置、计算机、投影仪、幻灯机的出租、礼仪小姐的提供等等,五花八门。

2. 我国会议业发展前景

我国会议业虽然起步较晚,但发展很快,近年来以年均20%的速度递增,预示了非常诱人的前景。

我国会议业强劲发展具体表现在以下几点:

(1)近年来北京成功举办世界建筑师大会、世界万国邮联大会等数十个国际/国内大型会议;

(2)北京亚运村国际会议中心一年内举办的超过千人的大型国际会议已达到12个以上,超过三四百人以上的国际会议有30多个;

(3)每年定期在上海举办的有知名度和影响力的专业性、国际性会议已达40多个;

(4)一批有影响力的会议已经形成品牌。例如,广交会、深圳高新技术商品交易会、上海中国国际工业博览会、上海(全国)商品交易会和新疆全国旅游交易会等;

(5)上海成功举办了 APEC 会议;

(6)博鳌亚洲论坛获得巨大成功;

(7)上海成功举办 2010 年世博会;

(8)北京、上海、广州三大会展中心初步形成;

……

作为 WTO 组织的成员,我国对外开放的步伐进一步加快,服务贸易壁垒将逐步被拆除,会议经济将会以更快的速度与国际接轨,加上我国会议产业资源十分丰富,空间极为广阔,这些都构成了我国会议产业明显的发展优势。

3. 我国会议业的不足

与国外成熟的会议业相比,我国会议业在发展中存在的主要问题有以下四个方面。

(1)基础薄弱

国内会议业的发展基础还十分薄弱,突出表现在场馆不足、场地分散、服务设施不完善、有限的资源尚未实现优化组合与合理利用。

(2)行业自律和规范机制尚未形成

表现在展会审批政出多门,低层次的恶性竞争屡有发生。近年国内相同题材的展会接连不断,但缺乏统一规划设计,各搞各的,看似热闹,但实际收效甚微。

(3)发展思路单一

会展业是会议产业的主力军,但并不是会议产业的全部。上海 APEC、博鳌亚洲论坛都不是展会,但产生的社会效益和经济效益却都十分突出。把发展会议产业的关注点局限在单一的会展上,是我国会议产业处在低水平阶段的一个表现。

(4)人才缺乏

会议业人才一直缺乏,已有的人员素质不高,如何建立有效的机制,培养对路的人才,目前还处在探索之中。这就直接制约了会议产业的发展。

会议业发展的突破口应该放在加速培育人才上,并应以此为前提,提高产业的专业化程度,打造精品品牌,走出单一发展思路的局限,避免低层次、重复办展造成的无序竞争和资源浪费,全面提升产业的素质。

4. 加快我国会议产业发展的对策

(1)培育优秀市场主体

目前会议产业化的主要障碍是市场主体不清晰,或者说是市场的主体太弱小,无法有效地进行市场开发。因此,规范市场主体,培育优秀的会议经营企业是当前会议产业化的当务之急。

(2)加快市场开发步伐

应当将会议当成产品,把满足与会客户的需求作为经营的第一要求,了解和适应顾客不断变化的需求。

(3)提高会议产业的效益

从会议产业的间接效益中寻找企业效益,会议的间接效益是指可能给相关产业带来的商机。

(4)拓展衍生产品市场

衍生产品已成为会议产业新的利润增长点。可利用计算机速记迅速将会议内容集结成册,出版图书、制作光盘或在媒体上发表演讲嘉宾的精彩文章等,这样既扩大了会议的品牌效应,又增加了会议主办者的经济效益。

(5)树立品牌意识

会议产业是服务行业,本身没有有形产品,因此树立品牌对会议产业尤其重要,甚至成为会议产业经营者生存的关键。会议品牌不是一次会议可以形成的,而是定期会议或长期办会的积累。树立品牌,应当避免短期行为,着眼长远。如果为了眼前的经济利益而失去严肃性,则一定会失去品牌效益。

会议业是市场经济的有机组成部分,要促进这一行业有序、快速发展,还必须加快立法的步伐,尽快提高会展经济的规范化水平,建立并逐步完善管理制度,形成以企业为主体,有政府参与的市场化、产业化和规范化的发展机制。

六、国内外知名会议模式概览

1. 达沃斯论坛

达沃斯论坛(又称世界经济论坛)是以研讨世界经济领域存在的问题、促进国际经济合作与交流为宗旨的非官方国际性论坛。它由世界高层次、有影响的全球领导人、企业届首脑和知名专家组成,参加该论坛的企业会员包括全球七十多个国家和地区的一千多家大公司和企业,它们的年营业额合计超过4万亿美元。

世界经济论坛的座右铭是:致力维护全球公共利益。在性质上,达沃斯论坛属于政治经济、思想类财经会议,它对全世界的经济发展起到了催化剂的作用。达沃斯论坛及其在全球举行的区域会议的全体会议和小组讨论会变成了最先进的思想论坛和全球政要、企业界、学界人士研讨世界经济问题的最主要的非官方聚会,也是他们进行私人会晤、商务谈判的最重要场所。这一会议被喻为非官方的国际经济最高会议和"经济联合国"。成为论坛成员,参加论坛会议,不仅意味着实力,更意味着地位和身份。

除此之外，论坛还得到众多公司、特别是论坛的伙伴公司的赞助。这不仅造就了其获利丰厚的产业链条，而且创造了会议经济的成功模式——达沃斯模式。

2.《财富》全球论坛

由美国时代华纳集团所属《财富》杂志主办的"《财富》全球论坛"，旨在把全球跨国公司的首席执行官、政策制定者和学者聚集一堂，共同探讨跨国公司和世界经济面临的难题。从1995年起，《财富》论坛每年在世界上选一个最具有经济活力的城市举行。《财富》论坛已被世界商界和跨国公司公认为是一扇展示世界经济最为清晰的窗口。《财富》杂志每年举办不同的主题论坛，并把它们看作一个经济的增长点。

举办大型宴会是《财富》论坛的一个经典模式。会议期间一般安排2～3场大型宴会，包括开幕晚宴、正式晚宴和闭幕晚宴。宴会上由各国政要、《财富》杂志及东道主致欢迎词、闭幕词或作重要演讲。正式宴会前后分别安排盛大的表演和烟火等活动。各场宴会在风格上往往刻意有所区别。历届《财富》论坛都有东道国的政要演讲。

为确保高水平的会议质量，《财富》论坛年会只通过邀请方式组织，出席者仅限于各大跨国公司的董事长、总裁和首席执行官。与会者来自世界各地，他们都有经营全球业务的共同特点。共同的目的和地理上的广泛分布，将会激发有益的讨论，建立起新的业务关系。各公司不能委派其他人士出席，但跨国公司的领导人可以登记一位有适合地位的随行高级人员参加会议。

3.《商业周刊》CEO论坛

《商业周刊》CEO论坛被誉为"亚洲地区最具影响力的峰会之一"。从1997年起，该论坛每年举办一次，是一个技术类论坛。论坛着眼亚洲，每年在亚洲指定城市举办年会，旨在通过最大程度的互动交流，实现东、西方企业家们对国际化经营中不容忽视的最新动向进行前瞻性的讨论。历年会议由于内容紧扣工商界的关注点，注重讨论实际问题和寻找解决方案，使其成为企业高管人士首选参与的重要会议，在世界尤其是亚洲工商业有很高的知名度。

该论坛的特点是参加会议的企业领导人层次高、影响大，会议内容丰富，主要以非正式和灵活的对话形式围绕经济和企业发展等方面的热点议题在专家和企业CEO之间展开讨论和对话。

4. 博鳌亚洲论坛

博鳌亚洲论坛于2001年成立，至今已成功举办11届年会。国际色彩、民间色彩、经济色彩是博鳌亚洲论坛的三大特征。博鳌亚洲论坛不仅为亚洲，同时也为对亚洲感兴趣的国家和人民服务，它具有强烈的国际色彩，是一个高层次的对话平台。同时，它是一个非政府组织，具有民间色彩，建立最可能广泛的会员基础。参加论坛的不仅有官员,还有商界精英、大学教授、专家学者等。

该论坛具有六大功能:一是经济性质的论坛;二是广泛的信息交流;三是经济竞争力评估;四是展览和展示;五是教育和培训;六是网络和电子服务。在世界银行的协助下,2005年论坛首次发布《亚洲一体化报告》,分析亚洲一体化的趋势及一体化进程中出现的问题,提出解决方案。

通过上述会议模式的介绍我们不难看出,品牌化以及定位上的差异性构成了会议本身的独特性,并为消费者带来了相应的价值体验——这无疑是会议成功的关键所在。而差异性的品牌与会议之间存在相互促进的联动效应,则可以将会议带入期望的良性循环中。

第二节 会议及其要素

一、会议的定义

说到会议,无人不晓。当今世界,每时每刻都在进行着各种名目繁多的会议。大到各种国际组织、国家机关,小到家庭内部或亲朋之间,无论是国际之间建立外交关系,进行涉外交涉,还是一个国家、一个组织管理内部事务,对外开展政治、经济、科技、教育、文化方面的合作与交流,抑或人们之间协调关系、交流思想、联络感情、解决矛盾,无不需要会议的帮助。会议已经深深地植根于人类社会活动各个领域,成为人类社会活动不可或缺的一种交往方式。

1. 会议是一种群体性的活动

人们在同自然界和社会的交往过程中,经常会产生一些个人的能力无法企及的目标或愿望,遇到一些必须解决但个人能力又难以解决的矛盾。于是,人们通过集体讨论商议,相互启迪智慧,共同制定办法,协调关系,用集体的力量来解决矛盾、战胜困难。会议正是为了满足人们的这种社会需要产生的,并且随着这种社会需要的发展而发展。因此可以说,会议从产生的第一天起就是一种群体性的社会活动。

2. 会议是一种围绕特定目标而开展的活动

无论是远古时代的部落议事会,还是当今世界的国际性会议,任何一种会议都是为了满足一定的客观需要、解决现实生活中一定的实际矛盾和问题而举行的。因此,会议自古以来就是一种目的性很强的社会交往活动。

会议的目标一般通过议题、议程和会议的结果来表现,它体现了会议组织者的愿望,也反映了全体会议成员的共同期盼,因而是会议最基本的驱动力。会议目标的合理与否,决定着会议的发展方向和实际作用,制约着会议的各项组织活动。

3. 会议是一种组织有序的活动

会议不仅要有明确的目标,而且必须有一定的组织和计划,只有这样,才能使会议的各项议题程序化,使报告、演讲、辩论、表决等会议有序化,才能使会议成员通过交流达成共识,从而形成决议,实现会议的目标。会议的组织性和计划性主要通过制定会议的议事规则、建立会议的领导和工作机构、确定会议议程和会务程序等体现。重大的会议应当事先制定会议的书面预案。

4. 会议是一种以口头交流为主要方式、以书面交流和声像交流以及其他交流手段为辅助方式的活动

从会议的方式来看,报告、发言、讲话、辩论等口头交流方式是会议成员传递信息、交流思想、阐明立场、表达意志的主要手段,也是会议的基本方式。"会议"乃"会"而"议"之,"会"而不"议"则非"会议"。没有口头交流的会议不是真正意义上的会议。当然,会议也可以辅之以书面和声像交流的方式。一些特殊的会议,也可以直接采用书面和声像的方式进行交流,比如计算机网络会议就是以传递电子邮件的方式交流信息。

把会议的以上四个特征综合起来,我们可以把会议的含义作如下的概括:会议是一种围绕特定目标开展的、组织有序的、以口头交流为主要方式的群体性活动。

二、会议的构成要素

1. 主办者

会议的主办者是会议的具体组织者,其任务主要是根据会议的目标和规则制定具体的会议方案并加以实施,为会议提供必要的场所、设施和服务,确保会议正常进行。

会议的主办一般有以下几种情况。

(1)由相关领导机关主办

在一个管理系统之内,负有领导和管理职权的机关往往需要通过会议的方式,宣布决定、传达指示、通报情况、布置工作、听取意见,这时,会议的主办者一般称为会议召集者。

(2)由会议的发起者主办

一般协作性、交流性的会议,主办者常常由会议的发起者担任。比如国际性的学术会议,就是由一个组织发起并主办,或由几个组织联合发起并共同主办的。

(3)轮流主办

很多合作性和学术性组织都要召开经常性会议或例会,每一个成员单位(包括国家、地区或非政府组织)都有主办会议的权利和义务,轮流主办会议可以使每一个成员单位的权利与义务达到平衡。

(4)通过一定的申办程序确定

一些重大的会议,由于具有一定的政治、经济等方面的影响,同时也为了提高会议的质量,于是采取申办竞争程序来确定主办者。申办程序和条件一般要在会议规则中加以明确。

2. 承办者

承办者即具体落实会议组织任务的机构或个人。一般情况下,会议的主办者即承办者,有时也有所区分。

承办者可以是主办方内部或外部的人选。如果一名内部承办者(主办会议组织中的成员)受命承办会议,他可能在筹备和会议期间增加一个不同于本职的头衔。在一些组织中,这种情况已经开始发生变化,公司会议策划协会和政府会议策划协会等团体的建立就是一个证明,这些团体的成员主要负责担任其组织的会议承办者。

外部承办者通常是会议或相关行业中的专业人士。现在出现了越来越多的提供会议承办服务的公司。

3. 与会者

与会者即参加会议的对象,通常又称为会议成员。与会者是会议的主体,因而是会议成功与否的重要因素。与会的人数越多,会议的规模越大。会议成员一般可分成四种资格,资格不同,其在会议中的权利和义务也不同。

(1)正式成员

即具有正式资格、有表决权、选举权和发言权的会议成员,也是会议的主要成员。同时正式成员也必须履行相关的义务。

(2)特邀成员

即由会议的主办者根据会议的需要而专门邀请的成员,这类成员的地位较特殊,其在会议中的权利和义务可由会议主办者或会议的领导机构来确定。

(3)列席成员

即不具有正式资格、但有一定的发言权、无表决权和选举权的会议成员。是否需要列席成员参加会议、哪些对象应当作为列席成员、列席成员参加会议中的哪些活动,由会议的组织者根据会议的实际需要来确定。列席成员的人数一般不超过正式成员。

(4)旁听成员

即受邀请参加会议,但不具有正式资格,既无表决权,也无发言权的会议成员。旁听成员一般坐在规定的旁听席上。

4. 会议议题

会议的议题是根据会议目标确定并提交会议讨论或解决的具体问题,是会议的必备要素。举行会议首先要明确为什么而"议"和"议"什么。议题的主要作用有以下两点。

(1) 为会议的目标服务

会议的目标有主次之分,目标的主次决定了议题的主次。中心议题必须体现中心目标或主要目标。不能准确反映目标或者与目标无关的议题必须坚决舍弃。

(2) 会议发言应围绕的核心

议题是会议交流的中心,与会者的报告、演讲应当紧紧围绕议题。一个好的议题往往能起到集思广益的作用。而议题含糊不清或者角度选择不当,就会造成议事困难,从而影响会议的效率。

有时根据会议的需要也可以确定两个会议主题。如 2001 年 11 月 13 日在中国海口举行的"亚太合作论坛",有两项主题——"亚太合作在新世纪的新机遇"和"城市经济发展与产业结构调整"。

5. 会议的结果

会议的结果即会议结束时实现目标的程度。会议的结果是会议的目标、议题、会议的组织形态以及与会者之间的关系和力量对比等因素综合作用的产物。由于会议受到诸多因素的影响和制约,会议结果可能同目的完全一致,也可能部分一致,有的甚至同最初的目的完全背道而驰。会议的结果通常以文件的形式记载下来,可以归档保存,也可以公布、传达。

6. 会议的时间

会议的时间即会议的起讫时间和时间跨度。会议在时间上有长短、缓急、定期与不定期之分。

7. 会议的地点

会议的地点是指举行会议的场所。会议的群体性特征决定了会议信息传递的当面性和实时性,因此,传统的会议形式都是把与会者召集起来进行面对面的信息传递和沟通。

随着科学技术的发展,现代会议的手段日新月异,会议的地点也就可以分成若干个会场,会场也不一定要设在单位和宾馆里,家庭中只要有电话机、电视机和计算机等通信终端,就都可以分成分会场。这就使会议的举行更为灵活自由,更加方便快捷,从而大大提高会议的效率。

8. 会议的方式

会议的方式即用以达到会议效果的手段,包括会场布置、气氛渲染、活动的样式和传递方式等等。会议的方式对于实现会议的目的、提高会议的效率有直接的影响,如会场布置和气氛渲染能影响与会者的情绪和注意力,丰富新颖的活动能提高与会者的兴趣,现代化的传递方式如电话会议、电视会议能提高会议的时间效益和经济效益。

第三节 会议举办条件

任何一个国家、城市和地区若要很快地发展会议业,都必须具有必备的条件,这是由会议业的性质和活动内容所决定的。这些条件应包括:

(1)稳定的社会环境、活跃的政治活动和繁荣发展的经济;
(2)健全和高效的金融、货运、保险、房地产业等为会展业配套的产业;
(3)优越的地理位置;
(4)独特的自然及人文旅游景观;
(5)方便快捷的对外对内交通;
(6)现代化的通信设施;
(7)充足的、能满足会议业需求的、结构合理的、多层次的饭店和餐厅,以及这些服务机构所提供的、价格合理的优质服务;
(8)政府倾向性的政策;
(9)开放的文化环境和深入的会议研究;
(10)先进的会议中心;
(11)会议业所需要的、高素质的人力资源;
(12)发展会议业所需要的科技水平。

上述第一、二个条件是会议业发展的核心驱动因素。会议业是经济发展到一定程度才产生的一种经济形态,而且这种经济形态是以稳定的社会环境为基础、以活跃的政治活动为前提、以繁荣的经济为动力、以产业的发展为支撑的。

上述第三到第七个条件是会议业的区位条件和基础设施条件,它们是会议业发展的外部制约因素。区位条件对会议业的发展来说是非常重要的。会议业发展的区位条件通常应从地理区位、经济区位和交通区位这三个方面加以分析。区位条件在一定的时空范围内是难以改变的,但区位条件的好坏,针对不同会议活动的规模和范围来讲又是相对的,而且经济区位和交通区位这两个条件,经过努力也不是绝对不可以改变的。同时,会议业的基础设施这一制约因素也完全可以通过建设来加以改变。

上述第八、第九个条件是会议业发展的软环境条件,它是会议业发展的引导因素。这一因素在会议业发展的初期和会议市场行为不完善的情况下,尤其起到至关重要的作用。良好的政策、开放的文化和深入的会议研究,都是会议业发展不可缺少的土壤。

上述第十到第十二个条件是会议业发展的自身条件。它是会议业发展的内部制约因素,也是决定会议业发展好坏的直接因素。

国际会议业的发展状况已完全证明,凡是具备以上这些基本条件的国家、城市和地区,会议业就能得到很快的发展;这些条件越好,会议业发展也就越快。对会议进行评估和资质认可的最具权威性的组织——国际展览联盟 UFI 曾发表报告认为:"一个城市或地区,如果基础设施相对完备,人均收入在世界中等以上,服务业在 GDP 中的比重超过制造业且过半,外贸总额占 GDP 的比重接近或超过 10%,行业协会的力量相对较强,那么会展经济就会在该城市或该地区得到强势增长,并发挥相关的积极作用。"正是因为如今的上海基本上具备了会议业发展的这些条件,再加上上海市历届政府在将上海发展成国际经济、金融、贸易和航运中心的过程上,一直将无污染、高效益的会议业作为产业发展的重要组成部分来扶持,才使得上海成为我国每年会议数量较多的城市之一。

但我们也必须看到,国际展览联盟报告阐述的上述观点只是告诉我们会议业在一个城市或地区得以强势增长的条件,并没有将这些条件作为一个城市或地区发展会议业所必须具备的条件。

我们应该辩证地看到,会议业发展所需条件同会议业发展是相辅相成和良性互动的关系。会议业发展所需的条件决定了会议业发展的速度,而发展的会议业又在不断地改变和完善会议业发展所需的条件。这就是说,我们发展会议业不能被动地等条件都具备了或者条件完全成熟了,再来发展会议业。条件成熟的要发展会议业,条件不完备的也可以因地制宜地创造条件来逐步发展,因为我们完全可以在一个城市或地区的会议业发展过程中,在一个城市或地区的发展与建设中,不断地完善会议业发展所需要的条件。

上海市旅游局前党组书记、上海市旅游局前局长道书明和上海市旅游事业管理委员会副巡视员朱承蓉曾一起撰文指出:"在上海会议/奖励旅游发展战略中有两个基本要素,第一是城市形象,第二能满足会议/奖励旅游的一流设施。""城市形象是旅游竞争的武器,缺乏城市形象的城市很难向游客促销,也就没有竞争力。其次,要有一流的交通及旅游设施,也就是会议的可进入性和吸引力。"他们还进一步指出:"在城市形象树立、交通等软硬环境条件方面还存在一定差距的话,可以采取如下对策,以便逐步开发并使之向深度发展。对策一,改善旅游大环境,增强城市吸引力。对策二,从三方面努力使产品逐步完善:第一,先国内后国际。先发展国内会议/奖励旅游,待各方面条件较成熟后,再深度开发国际会议/奖励旅游;第二,先小后大,先简单后复杂。先接待人数少、要求较低一些的培训＋奖励旅游、投资考察＋研讨会形式或者教育＋商务旅游等混合型的旅游形式,然后接待大型的、要求复杂的国际会议/奖励旅游;第三,先联后独。先与香港旅游协会联合,进行会议/奖励旅游的联合促销和接待,待条件成熟后再独立招徕和接待国际会议/奖励旅游。"上述见地是他们长期从事旅游管理工作的实践总结,值得我们参考和深思。

  我们还应该知道,会议业并不都是奥运会,也并不都是《财富》论坛。会议业更多的是指占会议市场绝大部分的公司小型会议。如果我们全面地了解会议业的市场活动,就不会有会议业只能在北京、上海或广州这样的大城市才能发展的片面想法了。实际上,大部分国际协会的会议规模都不大,会议规模以500人以下的居多,一般不超过1000人(如表1-7)。东南亚的很多岛屿就是凭借中小会议群体发展起来的。当前的会议业有从核心向边缘扩展的趋向。很多小型会议活动在价格、交通、逐步改善的服务设施和弹性模式等诸多因素的影响下向中小城市转移。中小城市并非不可以发展会议业,关键在于如何定位和怎样发展。在北京和上海这样的大城市将会议业的发展目标瞄准在"世界级和国际化"上时,中小城市也可以因地制宜地瞄准公司和地方性协会的会议细分市场,向"中国籍、本土化"进军,实现非均衡的发展。在这一方面,海南偏僻小镇博鳌举办亚洲论坛,杭州从西湖博览会到2006年世界休闲大会等的实践经验,都能帮助我国其他中小城市正确认识会议业的发展条件,因地制宜地发展会议业。

表1-7 ICCA国际会议人数统计

会议人数	百分比(%)
50～149	22
150～249	19
250～499	28
500～999	16
1000～1999	9
2000～2999	3
3000～4999	2
5000～10000	1
10000以上	0

资料来源:ICCA2008年度报告

第四节 会议的功能与作用

一、会议的功能

美国会议管理专家托尼·杰伊（Antony Jay）在《如何召开会议》一书中描述了会议的六大功能。

1. 地位象征

许多人认为，参加会议越多，代表其社会地位越高。因此，会议也成为一种地位象征和待遇象征。我们常常发现这样的情况：有的人之所以反对某会议决议方案，部分原因可能是方案本身有疏漏之处，但更重要的是没有请他参加该会议，感到自己的地位与尊严没有得到足够的重视。因此，是否参加会议，成为很多人对其地位的确认标准。

2. 科学决策

会议体现的是集体领导的决议功能。领导者对事关全局的、重大的、综合的事项，要确定办不办和怎样办的时候，召集有关人员开会研究讨论，充分就会议议题发表意见，分析得失，权衡利弊，找出解决问题或实施管理的最佳方案，最后进行决策实施。可见，会议提供了解决问题的方式。

现代决策越来越依赖于集体的智慧，即使在实行领导负责制的企业，领导个人的决策也越来越多地由各种"智囊机构"和"智囊团"先行酝酿、筹划、论证，然后再由领导个人决断。决策的依据很多，但主要是通过会议，如调查会、汇报会、研讨会、咨询会、论证会、听证会、决策会等，收集信息、发现问题、分析原因、确定目标、制订方案、征询意见等，最终作出决策。可以这么说，社会生产的每一步发展，社会文明的每一个进步，都离不开科学的决策，而科学的决策必须依靠围绕决策展开的各种会议方能实现。

通过会议的科学决策，便可以产生解决问题或展开行动的方案。

会议为与会者共享知识和经验提供了场所。全体与会者聚在一起对某个议题进行商讨可以比单一个体或独立工作的个体提出更好的想法、计划，作出更好的决策。当用多数人的经验、知识、判断和想象一起来解决问题时，可以更有效地改进计划和决策。最初的想法，经过大家的讨论，可能被测试、扩充、提炼并逐渐形成清晰的脉络，进而能满足更多的需求，说服更多的反对者。

3. 发扬民主

会议作为一种形式或者说是载体，在现代民主（包括政治民主、社会民主和管理民主等多方面)进程中发挥着巨大的作用。

(1)起着上下沟通的作用。比如,近年来在我国出现的各种听证会,就是政府机关在决策前听取人民群众意见的重要渠道。

(2)确保现代民主制度中的集体领导原则得以实现。集体领导是现代社会的一种重要的领导体制和领导原则。在我国,党的各级委员会、企业的决策机构(董事会、董事局等)以及各种社会团体,都实行集体领导原则。会议通过集体讨论、投票表决,根据少数服从多数的民主原则作出决定。从这个意义上说,会议是保证集体领导原则得以实现的一个重要手段。

(3)使人民群众的民主权利成为现实。在我国,由于实行人民代表大会制度,人民群众能够通过自己选举的代表,以人民代表大会的形式参与国家的管理,从而享有高度的民主。

同时,通过会议,可以融合各种不同的见解,达到一致的思想,从而指导组织的各个部分,在核心思想指导下协调一致地行动,增强组织的协调性。

会议有助于每个人去理解自己所在群体的集体目标,去理解通过什么方式可使个人的工作能够有助于群体的成功,从而帮助群体找到实现目标的最佳途径。

"三个臭皮匠,胜过一个诸葛亮",这句话一点不假。个人的想法往往有其片面性和局限性,一旦将想法各异的多数人集中起来,通过交流和沟通,解决问题的角度自然会呈现多元化。尤其是在现在各种专业分工精细的条件下,更迫切需要这种方式。会议中所提出的意见或建议,经集合、整理,即可形成较完善的方案,也许原来很难解决的困难,也将迎刃而解了。

4. 产生权威

通过会议形成的决议,要比单纯的行政命令更具权威性。因为,会议决议含有民主的成分、集体的智慧,反对会议决议,一定程度上就是和众人作对。

会议也使所有与会者为最终制订的决策和追求的目标而承担义务,即使是不同意见者,他们可能会遗憾于意见未能被采纳,但是同样会接受结果。而且,正是由于群体的决策约束了集体中所有的成员,所以,会议所制定的决策往往比单一领导者作出的决策具有更高的权威性。

同时,会议也是实施行政领导和指挥的重要手段之一。无论是国际组织、跨国公司,还是一个国家的政府、政党和民间团体,每一级领导机关都要通过举行会议来传达决策意图、布置落实任务、统一思想认识、协调各种关系、督促检查工作、总结交流经验、表彰弘扬先进、批评鞭策后进,从而推动工作健康有序地向前发展。

5. 信息沟通

现代社会信息高度发达,人们召开会议或者参加会议,无论出于什么动机,也不管会议采取何种形式,其最基本的、也是共同的目的就是传递或者获取信息。由此可见，会议的基本作用就在于沟通信息，其他作用都基于此而发生。会议是一种群体性的社会活动，以会议的方式来沟通信息，具有面广、直接、灵活和高效的优点，不仅可以当面获得所需要的信息，而且还可以直接传递或反馈有关信息。

一些经过筛选的与会者在得到与会信息的同时有机会对一些疑点进行提问和评论。因为领导者正确的决策，对下级认真领会意图、落实会议精神有很大好处。而真正要做到这一点，这就要靠会议来传达精神，发布信息。

因此，通过会议，可以传达上级的意图，公布企业整体状况，了解下属工作情况，明了下属思想情绪状态及沟通其他信息。

6. 联络感情

有些会议并无太多的日常管理实质内容，而纯粹是通过会议来调节与会者的情绪和心态，为某种特定的管理需求服务。例如，誓师大会，保险公司对推销员工的激励拼搏、振奋士气的早会，干部任命会议等。

会议作为一种互动性的交往方式，在人们交流思想、互通情况的同时，还有助于感情上的沟通。因此，我们还可以将联络感情作为会议的主要目的，如举行联谊会、茶话会、团拜会、招待会等，对内增强组织的凝聚力，对外树立组织良好的公关形象。

尽管会议可以拥有上述六个功能，但并不能保证会议在任何情况下都能实现这些功能。任何一个会议都可能成为一种对时间的浪费、一种导火索或一种影响实现组织目标的障碍。因此，只有认识到会议的利弊得失才能成功地驾驭会议。

二、会议的作用

许多人出于自己与会的经历，认为开会实在是没有多大的意义，从而对会议持否定的态度，开会真的没有用吗？实际并非如此。

1. 会议显示组织的存在

会议是一个组织存在的表现。如果一个组织没有聚会，或者长时间没有聚会，或者只是非正式地聊天，则不但每个成员对它的向心力会减弱，而且团体本身也失去了表现自身存在的方式和亮相公众的机会。

没有不开会的组织或部门。一个组织或部门不召开会议，它的存在价值就会受到质疑。因此，会议能够充分显示一个组织的存在价值。

2. 会议是群体沟通的方式

开会不是一对一的沟通，绝大多数情况下都是一种群体沟通。随着科技的迅猛发展，人们的沟通方式越来越多，现在人们可以通过 E-mail、多媒体等种种形式进行沟通。但是，群体沟通，即会议这种方式，是任何其他沟通方式都无法替代的。因为这种方式最直接、最直观，这种方式最符合人类原本的沟通习惯。

有些人认为,利用现代各种先进的通信电子设备,可以达到足不出户就能对各种作业项目遥控自如的目的,那种围坐在一起开会的情境可能会逐渐消失。其实这只是一种幻想。因为在现实社会中,人与人面对面的会议既是信息的沟通,也是一种情感的交流,而团体中人与人的情感交流是人类群居本性的需要,是绝对少不了的。

从沟通的角度来看,会议作为群体沟通优于个体沟通的地方在于这种沟通是面对面的,能够直接获得及时反馈,而且是多方交叉进行,是一种比个体沟通更高效的沟通方式。

3. 会议是一个集思广益的渠道

会议是一个集合的载体。会议使不同的人、不同的想法汇聚一堂,相互碰撞,从而产生"金点子"。许多高水准的创意就是开会期间不同观念相互碰撞的产物。

在开会的过程中,如果能让与会者没有压力而畅所欲言,会议就会成为一个良好的集思广益的场所。这样就可以丰富、修正彼此的观点,最终得出更加合理的结论。

4. 会议能使人得到各方面的信息

会议能使人得到各方面的信息,了解一个组织的共同目标,了解其他成员的工作进度,能够协调彼此间的工作关系,以致相互配合,协商解决问题。

案例 1-1:六方会谈

为和平解决朝核问题,在中国政府积极斡旋下,最终促成了由中国、朝鲜、美国、韩国、俄罗斯和日本参加的朝核问题六方会谈。迄今,六方会谈已在北京举行了六轮。

第一轮六方会谈(2003年8月27日至29日)

各方认真、全面地阐述了各自的原则立场和方案设想,并达成重要共识,即确认朝核问题应通过对话以和平方式解决的原则。

第二轮六方会谈(2004年2月25日至28日)

朝鲜强调只有美国放弃对朝敌对政策,朝鲜才能放弃核计划。在此基础上,朝鲜提出"口头对口头"原则作为第一阶段行动措施,即朝鲜冻结核武器计划,美国相应放弃对朝敌对政策。美国重申,在关切的问题解决后,美国最终愿与朝鲜实现关系正常化。在弃核目标上,美方再次重申"全面、可核查、不可逆转地放弃核计划"概念。与会六方最终以《主席声明》的形式阐明了各方共识,这是六方会谈首次以书面文件形式确定会谈的成果。

第三轮六方会谈(2004年6月23日至26日)

朝鲜进一步明确弃核意愿,首次表示可以透明地放弃一切核武器及相关计划。美国则提出了一项包括朝鲜弃核，同时也涵盖了朝方的安全关切、能源需求以及取消封锁要求等内容的"转变性方案"。但双方在弃核的范围和方式以及关于核冻结的范围和相应措施等方面存在分歧。最终，与会各方同意"以循序渐进的方式，按照口头对口头、行动对行动"的原则寻求和平解决朝核问题的途径。

第四轮六方会谈（2005年7月26日至8月7日；9月13日至19日）

经过两个阶段艰苦谈判，各方一致同意通过了六方会谈启动以来的首份具有实质内容的共同声明（"9·19共同声明"）。朝方承诺放弃一切核武器及现有核计划；美方确认无意以核武器或常规武器攻击或入侵朝鲜；各方尊重朝方拥有和平利用核能的权利等。

第五轮六方会谈（2005年11月9日至11日；2006年12月18日至22日；2007年2月8日至13日）

第一阶段会议通过的《主席声明》中重申，将根据"承诺对承诺、行动对行动"原则全面履行共同声明，早日可核查地实现朝鲜半岛无核化目标，维护朝鲜半岛及东北亚地区的持久和平与稳定。此后，会谈曾因朝鲜反对美国的金融制裁而陷入僵局。

经过一年多的反复磋商，六方会谈终于峰回路转。2007年2月13日，第三阶段会议通过了《落实共同声明起步行动》的共同文件（"2·13共同文件"），内容包括朝方关闭并封存宁边核设施，并邀请国际原子能机构人员重返朝鲜进行必要的监督和验证，以及各方同意向朝鲜提供价值相当于100万吨重油的经济、能源及人道主义援助。

第六轮六方会谈（2007年3月19日至22日；9月27日至10月3日）

第一阶段会议如期举行，各方听取了五个工作组的报告，就落实起步行动和下一阶段行动计划进行了探讨。10月3日，朝核问题第六轮六方会谈第二阶段会议通过了《落实共同声明第二阶段行动》的共同文件。根据文件，朝鲜将在2007年年底前完成宁边核设施的去功能化并全面申报核计划；美国根据朝方行动并行履行其对朝承诺。

复习思考题

1. 会议业产生的基础是什么？
2. 会议业的价值有哪些？
3. 我国会议业发展存在的问题有哪些？
4. 会议的定义及构成要素是什么？
5. 会议举办的条件包括哪些方面的内容？
6. 会议业的作用有哪些，并举例说明各方面的作用。

第二章

会议类型及特点

学习目的

通过本章的学习,明确按照不同标准的会议类型的划分,掌握公司会议、协会会议以及其他类型会议的特点,了解世博会和2010年上海世博会的情况。

主要内容

• 会议类型

按会议性质划分　按会议规模划分　按与会者来自或代表的地域范围划分　按会议举办单位划分　按会议内容和方式划分　按会议特征划分　按会议的职权和功能划分　新型和新颖会议类型

• 各类会议特点

公司会议的特点　协会会议的特点　其他类型会议的特点

• 世博会

世博会概述　2010年上海世博会

第一节　会议类型

会议的类型多种多样,根据不同的划分标准可以进行不同的分类。

一、按会议性质划分

1. 法定性会议

法定性会议即根据有关法律与法规规定必须举行的会议,以及特定组织为履行法定职责而举行的会议。前者如各级人民代表大会、企业的董事会议和股东大会等,后者如各种法定组织的领导人办公会议等。

2. 非法定性会议

非法定性会议即法律和法规允许的、法定性会议以外的会议,如学术研讨会、新闻发布会、交流恳谈会、经贸洽谈会等。

二、按会议规模划分

根据会议的规模即参加会议人数的多少,可将会议分为小型会议、中型会议、大型会议及特大型会议。

小型会议:出席人数少则几人,多则几十人,但不超过100人。

中型会议:出席人数在100~1000人之间。

大型会议:人数在1000~10000人之间。

特大型会议:人数在10000人以上,例如节日聚会、庆祝大会等。

三、按与会者来自或代表的地域范围划分

1. 国际性会议

国际性会议,即与会者来自或代表不同的国家或地区的会议。

2. 全国性会议

全国性会议,即与会者来自或代表全国各地或各条战线的会议。

3. 区域性会议

区域性会议,即与会者来自一个国家的同一区域或代表同一区域内若干单位的会议。这里的"区域",既可以是行政区划,也可以是自然区域或经济合作区域。

4. 单位性会议

单位性会议,即一个特定组织内部召开的会议。

四、按会议举办单位划分

一般认为,按照举办单位的性质不同,可将会议分为三大类,分别为公司类会议、协会类会议和其他组织会议。

1. 公司类会议

公司类会议的规模不一,小到几个人,大到上千人。公司管理者强调的是信息传递,而公司内部信息传递的最基本方式之一便是会议,因此公司类会议的数量极其庞大。公司会议通常以管理、协调和技术等为主题,具体可分为销售会议、经销商会议、技术会议、管理者会议及股东会议等。

2. 协会类会议

协会类会议在会议市场中同样占有相当重要的位置。协会因人数和性质而互不相同,它们的规模从小型地区性组织、省市级协会到全国性协会乃至国际性协会不等。协会类会议大致可以划分为行业协会、专业和科学协会、教育协会和技术协会等类型。其中,行业协会被认为是会议业最值得争取的市场之一,因为协会的成员多为业内成功管理人员。协会类会议常常与展览结合举行。例如,

我国定期举行的旅游交易会每次都吸引着大批来自全国各地乃至境外旅游企业的参与。

3. 其他组织会议

这类会议的典型代表是政府机构会议，许多人在电视上看到过政治性会议。电视镜头中显现的虽然是主会场，但是不难想象背后对小型会议室、套房和宴会等设施的需求。在省市一级，中小规模的政府机构会议的召开十分频繁，从而形成了可观的市场。在很多国家里，工会同样是最重要的会议举办者。

五、按会议内容和方式划分

根据会议的内容和举办方式不同，会议又可以划分为以下几种类型。

1. 年会

年会是就某一特定主题展开讨论的聚会，议题涉及政治、经贸、科学、教育或者技术等领域。年会通常包括一次全体会议和几个小组会议。年会可以单独召开，也可以附带展示会，多数年会是周期性的，最常见的周期是一年一次。参加年会全体会议的人员通常比较多，一般要租用大型宴会厅或者会议厅。小组会议上讨论的是具体问题，所租用的是小会议室。

2. 专业会议

专业会议是就某个领域的问题进行交流讨论而召开的会议。专业会议的议题通常是具体问题并就其展开讨论，可以召开分会，也可以只开大会。就与会者人数而言，专业会议的规模可大可小。

3. 代表会议

顾名思义，代表会议指由代表某一利益群体的与会者参加的会议。代表会议的规模和出席人数差别很大。代表会议这个词在英文里的对等词是congress，最常在欧洲和国际活动中使用。从本质上讲，它与另一个英文词conference（会议）大致相同，但是在美国，congress这个词用来指立法机构，所以美国指代表会议时经常用conference或convention。

4. 论坛

论坛属于非正式的、开放的会议。论坛的特点是反复深入的讨论，一般由小组组长或演讲者来主持。它可以有许多的听众参与，并可由专门小组成员与听众就问题的各方面发表意见和看法，两个或更多的讲演者可能持相反的立场，对听众发表讲演而不是互相讲给对方听。主持人主持讨论会并总结双方观点，允许听众提问。

5. 座谈会、专题讨论会

座谈会和专题讨论会比论坛要正式和严谨一些，由主持人或演讲人进行一种陈述讲演，有一些预定好的听众参加。与论坛相比，与会者在座谈会和专题讨论会中在平等交换意见的气氛和特征方面要弱一些。

6. 讲座

讲座更正式和更有组织一些,常由一位或几位专家进行个别讲演,讲座的规模可大可小。观众在讲座后可以提问,有时主办方也会不安排观众提问。

7. 研讨会、专家讨论会、讨论会

这类会议通常在主持人主持下进行,与会者参与较多,可以平等交换意见、分享知识和经验。这类会议一般在相对范围内进行,规模较小;当规模变大时,就演变成了论坛、讨论会或专题讨论会。

8. 专题讨论会

专题讨论会指为处理专门问题或特殊分配任务而进行的小组会议,与会者就某一议题进行学习和讨论,分享知识、技能和对问题的看法。

9. 培训会议

一般至少要用一天的时间,多则几周。这类培训会议需要特定场所,培训内容高度集中,由某个领域的专业培训人员教授,通过培训以实现一定的目标。

10. 奖励会议

企业或公司为了表彰、奖励工作出色的员工、分销商或客户而举行的会议,它是企业或公司一种重要的激励手段。

11. 其他特殊会议

如茶话会、晚餐会及一些娱乐活动等。这样的会议应注意选择适宜的环境和场所。

六、按会议特征划分

1. 商务型会议

一些公司、企业因其业务和管理工作发展需要在饭店召开商务会议,出席这类会议的人员素质较高,一般是企业的管理人员和专业技术人员。他们对饭店设施、环境和服务都有较高的需求,且消费标准高。召开商务会议一般选择与公司形象大体一致或更高层次的饭店,如大型企业或跨国公司一般都选择当地最高星级的饭店。商务型会议在饭店召开常与宴会相结合,会议效率高、会期短。

2. 度假型会议

公司等组织利用周末假期组织员工边度假休闲、边参加会议,这样既能增强员工之间的了解以及企业自身的凝聚力,又能解决企业所面临的问题。度假型会议一般选择在风景、名胜地区的饭店举办。这类会议通常会安排足够的时间让员工观光、休闲和娱乐。

3. 展销会议

参加商品交易会、展销会、展览会的各类与会者入住饭店,住店天数比展览会期长一两天;同时,还会在饭店举办一些招待会、报告会、谈判会和签字仪式等活动,有时晚间还会有娱乐消费。另外,一些大型企业或公司还可能单独在饭店举办展销会,整个展销活动全在饭店举行。

4. 专业学术会议

专业学术会议是某一领域具有一定专业技术的专家学者参加的会议,如专题研究会、学术报告会、专家评审会等。

5. 政治性会议

政治性会议是国际政治组织、国际和地方政府为某一政治议题召开的各种会议。会议可根据其内容采用大会和分组讨论等形式。

6. 文化交流会议

文化交流会议是各种民间和政府组织组成的跨区域性的文化学习交流活动,常以考察、交流等形式出现。

7. 培训会议

用一个会期对某类专业人员进行的有关业务知识方面的技能训练或新观念、新知识方面的理论培训,培训会议形式可采用讲座、讨论、演示等形式进行。

七、按会议的职权和功能划分

1. 法定代表性会议

即会议成员具有法定代表资格,会议的议题、议程具有法定性,会议的结果具有法定效力的会议。如各级人民代表大会、工会代表大会等。

2. 领导办公性会议

即由各级各类机关、单位的领导班子内部召开的,由全体成员出席的、以研究日常工作为主的会议,如办公会议、常务会议等。

3. 专题工作性会议

即围绕某项重要工作进行专题研究讨论,统一思想,明确目标、任务和政策的会议,如教育工作会议、思想政治工作会议等。

4. 审批鉴定性会议

即对一些重大的请示事项或申请项目举行专门的审批会议,或者对一些科技成果召开专门的鉴定会,如产品鉴定会等。

5. 咨询论证性会议

即在重大决策之前,邀请有关专家对决策目标和方案进行咨询、论证的会议,如投资咨询会、建设项目论证会等。

6. 学术讨论性会议

即围绕学术问题举行的研讨交流性会议,如"孔子教育思想学术研讨会"等。

7. 传达布置性会议

即传达有关精神、通报有关情况、布置有关工作的会议，如文件传达会、工作布置会等。

8. 总结交流性会议

即工作任务完成后，对工作中的情况、问题和经验进行总结交流的会议。有时，交流性会议也可以在工作过程中举行，以推动工作，如工作总结大会、经验交流大会等。

9. 宣传教育性会议

即通过各种报告、讲演的形式发挥宣传教育功能的会议，如形势报告会、事迹报告会等。

10. 沟通协调性会议

即以沟通信息、调解矛盾、协调工作为目的的会议，如协调会议、联席会议等。

11. 调查听证性会议

即目的在于了解情况、听取意见、获得证据的会议，如调查会、听证会等。

12. 庆祝表彰性会议

即为庆祝重要节日和重要的工作成果、表彰作出突出贡献的人员的会议，如庆祝教师节大会、优秀工作者表彰大会等等。这类会议也可以和总结交流性会议合并举行。

13. 纪念追悼性会议

即为纪念重大历史事件或重要历史人物，或者追悼已故人员的会议，如纪念会、追悼会。纪念会也可以与学术研讨性会议合并召开。

14. 谈判商洽性会议

即旨在达成合作事项、签订合同协议的会议，如招商会、订货会、贸易洽谈会等。

15. 信息发布性会议

即为发布信息而举行的会议，如新闻发布会、记者招待会等。

16. 交友联谊性会议

即为交换意见、联络感情、结交朋友而举行的会议，如茶话会、恳谈会、团拜会等。

17. 典礼仪式性会议

即郑重举行的、具有模式化程序的会议活动，如各种活动的开幕式和闭幕式、签字仪式、开工仪式、竣工仪式、剪彩仪式等。

八、新型和新颖会议类型

除以上提到的会议类型外,还有以下几种新型和新颖的会议类型:"玻璃鱼缸"式会议、辩论会、角色扮演和网络会议。

1. "玻璃鱼缸"式会议

这是一种非常独特的讨论会议类型。通常由6到8名与会者在台上或房间中心围成一圈,圈子中间留有一个空座。其他与会者只能作为观众坐在周围旁听,不能发言,只有那些坐在圈子里的人才可以发言。如果有观众想发言,他必须走到圈子里,坐在中间的那个空座上,发言完毕再回到原座位。

"玻璃鱼缸"式会议通常有主持人参加,他可以参加"玻璃鱼缸"式的讨论,也可以只负责维持会议按正常程序进行。由于在会议进行中大部分观众只是在外围观看那些位于圈子中的与会者演讲或讨论,就像在观看鱼缸或鱼箱里的鱼活动一样,所以人们给其取名为"玻璃鱼缸"式会议。

2. 辩论会

辩论会是指两个人或两个团体就某一问题展开辩论,一方为正方,一方为反方。例如,我们是否应当提高服务价格?正在开发的新产品对公司是否有利?国家是否应当争取奥运会举办权?任何具有两面性的问题都可以成为辩论会的话题。

辩论会有很多好处,它着眼于问题的正反两面,可以向观众展示不同的观点和看法。辩论会通常会带来观念或过程的进步,因为辩论过程可以暴露不少问题。

3. 角色扮演

一般人可能不会想到开会时使用角色扮演这一会议形式。不过,根据讨论话题的不同,角色扮演有时会将一个问题诠释得更好。

在美国亚美酒店所有者协会的年会上,与会者曾经就特权授予人和被授予人之间的调停仲裁问题采取角色扮演这一会议形式。大家通过这一形式对相关问题进行了详细阐述而不是将其简单诉诸法律。这一方法获得很大成功,因为它经过了充分的准备,而且所有仲裁问题,如律师是如何同仲裁人打交道的,又是如何和客户打交道的,都被一步一步解释得非常清楚。另外,还有一名讲解员对案例的背景和事实给予陈述。

4. 网络会议

随着现代科技的发展和广泛运用,网络会议逐渐成为一种新的会议形式。网络会议使用的是一种被称为流动媒体的技术。简单来说,就是预先用录像带把某个事件或活动现场录制下来,然后转换成数字化的视频信号通过计算机接收后送入网络服务器。进入服务器后,人们就可以直接观看或下载下来供以后观看。这对那些由于各种原因不能参加会议但仍对某些日程感兴趣的成员或同事来说是个福音。由于是通过网络传递，所以不存在时间上的障碍。网络会议对公司召开培训会议非常有利，它不必再让有关人员乘坐飞机去往目的地，可以节省飞行、住宿、伙食、地面交通等许多费用。

第二节 各类会议特点

由于我们可按照多种标准将会议划分成多种类别，因此了解各类会议的特点，对于我们开拓会议市场的各细分市场，有的放矢地做好会议的策划、销售和服务工作，就显得十分重要和迫切了。

一、公司会议的特点

任何会议都应该有一个明确的目的、一个合乎逻辑的出席群体以及适合这一活动的地点及场地。当我们讨论公司会议的特点时，我们要记住，我们谈论的是多种规模和形式、多种开会原因以及都是由多种人员进行策划和组织的许多不同种类的会议（除了极少数例外）。

每一个会议企业、会议中心和饭店都能按照会议的特点和自身的条件，找到适合自己的会议市场；只有最无能的会议企业、最没有想象力的会议营销人员和最简陋的饭店，才会找不到能够销售和服务好的某一会议市场。一个会议企业、会议中心和饭店在对会议市场的销售中，应该暂时不管你可能缺少的某些条件和设施，而集中在你所有的条件和设施上，选择可以作为你营销目标的会议细分市场，打电话给你的营销对象，按照策划的销售活动和可以接待的会议市场的特点，来进行思考和工作。

因此，为了做好工作，你必须了解公司会议的下列特点。

1. 时间周期

公司全年都有可能举行会议，一般会议多在每周工作日时间举行（见表2-1）。

公司会议基本上是按照需求而不是按固定的时间周期来举行的。一般公司都是在需要时策划和组织会议的。不管怎么说，公司会议不像协会那样需要在某一时间举行，以保证会议的出席率。公司如要保证每一个人都出席会议，那只需公司高级管理人员下一个简单的指令或通知就行了。

表 2-1 公司会议举行的时间

公司不同季节召开的会议比例	
1月、2月、3月	25.9%
4月、5月、6月	24.9%
7月、8月、9月	25.3%
10月、11月、12月	23.9%
公司每周不同时间召开会议比例	
工作日(星期一至星期五)	59.8%
周末(星期五至星期日)	16.8%
工作日+周末(星期一至星期日)	23.5%

资料来源:《会议》杂志

2. 前期准备时间

公司会议的策划时间相对来说较短,很少超过一年的。但如果是奖励旅游的话,应提前8至12个月就要考虑要去的目的地。但是,这与协会会议使用的前期策划时间相比,还是短得多。

销售年会在召开前通常要策划8至12个月。在开会这一问题上,公司的决策程序较简单,通常由某一或某几个中层管理人员提出建议,经过对饭店的调查和筛选,再把定下的开会场所——选好的饭店上报某一高层管理人员或总经理,由他们作出最后决定。在有些公司中,也有一个人从选址到最后拍板全包的。这样肯定可以缩短会议的前期准备时间,当然这其中差异是很大的。

绝大多数公司会议的前期准备时间都很短,大型会议准备时间3至6个月。每一个公司的高级管理人员都有明天就需要开会的经历。这就是我们所指的那种紧急会议。当公司的高级管理人员说:"让我们尽快地把每个人召集在一起,把这件事讲一讲。"这就需要召开紧急会议。对于会议企业或饭店来讲,这时才开始向公司争取这个会议的业务就太晚了。如果你早已向这个公司展开营销工作的话,或者以前曾策划或接待过这个公司的会议业务的话,你也许就能争取到这次业务机会。当然对于公司来讲,任何人都没有时间再到处寻找可策划会议的会展企业或可开会的饭店,紧急会议的情况就是要快速行动,所以这种会议一般就找以前为公司策划过会议的会展企业或到公司以前开过会的饭店去开,或者这笔业务就让某一个机警的、一直在公司进行促销的饭店销售人员争取到了。

公司会议是会展营销人员需要不断去开发的业务。突如其来的公司销售会议,需要面对经销商和批发商的紧急情况,需要对售后服务人员进行的应变培训,所有这些紧急或突发情况都会为公司会议业务带来机会,而这些情况往往是会展营销人员在同公司负责会议管理的人员洽谈时所不讨论的问题。但是你在开展会展销售工作时,就必须努力给他们留下深刻的印象,并强调在下次紧急或突发情况发生并需要开会时,请他们和你联系,让你所在的会展公司或所在的饭店为他们提供服务。

3. 地理位置

对于公司会议来讲,没有笼统的地理模式。首先,通常没有理由像协会所做的那样,需要通过变更地理位置来吸引会议出席人员。当负责销售的公司副总裁要在月初于上海召开会议时,很自然地,到时候他在上海就要看到该公司的全体销售人员。

公司会议选址主要是考虑会址是否适合公司的业务和需要。如苏州明显地要比桂林更能成为华东六省一市区域性销售会议的会址。时间、交通费用和便捷程度都是影响会议选址的因素。如果一个企业的会议策划者要为全国销售人员召开一系列区域会议,他可以策划在北京、上海、沈阳、广州、昆明、西安等地开会;但是他也可以到杭州而不到上海,到珠海而不到广州,到桂林而不到昆明,到大连而不到沈阳等。这就是各地会展营销人员要做的工作。各地旅游局、会展公司、目的地管理公司(DMC)、航空公司和饭店会展营销人员应开展联合促销,积极地介绍他们的城市、会展中心、饭店或其他设施,将也许是不利条件转变成一种有利的因素。例如,杭州没有上海那么繁华、喧闹,但这却使杭州环境较少污染,空气更为清新。会展营销人员应该将促销重点放在所在城市的积极因素方面,扬长避短,而不应老是为自己城市的不足之处提心吊胆。

公司不像许多协会,很少对召开会议有什么限制。公司总裁和董事会主席也许会为了保持他们为公司设计的形象而不赞成某些地方,但这不同于写进章程的限制。稍加注意就可知道,公司的政策和公司总裁也在变化,地区和城市的形象也在改变,我国的旅游局、商业局、国外的会议局等有关政府部门、地方商业机构及企业的政策或努力也都会导致选址的变化。

4. 选择的饭店类型

公司比较喜欢在什么类型的饭店开会呢?因为公司召开的会议多种多样,所以对这个问题的回答也多种多样。一般来说,公司会议使用的饭店类型,首先是市区饭店,然后是度假饭店和郊区饭店(见表2-2)。要记住,开会的目的是影响公司会议选择饭店的关键因素。

公司会议策划者在选择会议饭店和设施时,应考虑食品服务质量,会议厅的数量、大小和质量,可谈判的餐饮和客房价格,客房的数量、大小和质量等因素(见表2-3),使公司会议从饭店的地点、场所和吸引力中得益。

表 2-2　公司会议使用的饭店类型

饭店类型	选用机率
市区饭店	61%
度假饭店	52%
郊区饭店	50%
机场饭店	29%
私人会议中心	19%
套房饭店	16%

资料来源：美国《会议》杂志

表 2-3　公司会议策划者选择饭店考虑的重要因素

认为非常重要的考虑因素	公司会议策划者考虑的比率
食品服务质量	77%
会议厅的数量、大小和质量	69%
可谈判的餐饮和客房价格	67%
客房的数量、大小和质量	58%
会议的支持服务和设备	54%
办理付款手续效率	54%
办理进店和离店手续的效率	51%
指定一人负责处理各项会议事务	43%
饭店员工有无接待会议的经验	39%
饭店的娱乐设施，如高尔夫球场、游泳池和网球场	27%
其他交通工具的便利性	25%
邻近机场	24%
可提供展示场地	21%
接近购物中心、餐馆和店外娱乐场所	18%
特殊会议服务，如预登记、特殊设备等	17%
套房的数量、大小和质量	17%
设施新旧程度	11%

资料来源：美国《会议》杂志所做的会议市场研究

适合奖励旅游和零售商年会的饭店，不一定是紧急会议和培训会议的明智选择。聪明的会议策划者会仔细地选择合适的饭店作为他的会址。有些因素会影响会议策划者作出理想的选择。数量不大的高级管理精英也许会在一个非常普通的市区饭店聚会，这种情况就说明了会议策划者对会议的定调没有做任何的工作。

一般讲，如果原来开会使用过的饭店服务得好的话，就没有理由不回原来曾开过会的那个饭店。就会议策划者和他的上司而言，另外再作选择的主要原因纯粹是厌倦了原来的会址。当然，具体还要看开什么会，喧闹非常的并高唱公歌曲的年会，也许每年需要换个地方，但是仓促急速组织的会议就不需要了。实际上，可以在上次开过会并证明靠得住的饭店再开会，或者至少可以在那些一直努力争取你们公司会议业务的饭店内开会。

特别是培训部负责人，喜欢再三地和同一饭店打交道，一些人觉得只给饭店小型会议业务是不够的，只有通过承诺经常提供业务，他们的公司才能取得饭店重要客户的地位，并获得较优惠的价位。此外，绝大多数培训部负责人还需要一个能够提供良好视听设备和卓越服务、并能不受娱乐活动干扰的纯教室型的场所。一旦他们在适合的饭店安排了会议，就不喜欢变更场所，这是可以理解的。

要仔细考虑哪一类会议最适合在哪类饭店召开。饭店如果是在市中心的城区饭店，那么就应强调它便捷的位置。特别是对于一些只参加会议部分活动的出席者来讲，舒服、便捷、熟悉的城区设施就是他们经常的选择。如果是郊区饭店或者汽车饭店，如果交通方便并能提供停车场，那就应该强调饭店的随意和无拘无束的非正式气氛。许多公司会议策划者认为，在公司会议举办期间，公司要召开的会议是否是该饭店接待的唯一会议，这也是他们考虑是否要将会议业务交给饭店的一个非常重要的因素。如果是一个机场饭店，当会议出席者坐飞机来时，那么饭店的明显长处就是方便，再加上还具有郊区饭店的特点。过去的机场饭店都是一些小型饭店，而今天则有各种规模的机场饭店可供会议策划者进行选择。如果是一个度假饭店，那么非常明显，它应该是奖励会议的选址，但也常用作避开城市繁华喧嚣的会议会址。度假饭店在淡季时能提供非常低的价格，同时又有迷人的魅力、独特的诱人之处、专业的保安、美丽的建筑物和良好的形象。

上述仅讲述了几种类型饭店的一些特点，饭店会议销售人员应该在了解公司各类会议的特点后，再将所在饭店作为最适合某个公司会议的饭店，积极地向最恰当的客户进行介绍。

5. 出席情况

根据国际会议组织有2210名公司会议策划人员参与的2000年度公司会议市场调查的结果表明，大多数会议的参与人数少于500人，只有7%的会议人数达1000人以上。

饭店从业人员比较喜欢公司会议业务，原因之一就是公司会议出席情况有可预测性，不管是一人住一间客房或者和配偶住双人房，出席情况都是可靠的。公司内部人员出席的会议几乎总是指令性和强制性的，除了不幸的灾祸和疾病之外，订好客房而不来是极少的现象。饭店可在得到充分保证的情况下安排客房并得到付款。因为公司会议的可预测性是其指令性和强制性所决定的，所以在公司会议的接待与服务中，做好贵宾和公司高级管理人员的接待服务，其重要性是显而易见的。

6. 会议期限

绝大多数公司会议是 1 至 2 天的短会,某些会议仅限制在 1 天;培训或奖励会议的会期可长达 3 至 5 天,这一类型的会议最普遍的是大约 3 天,最经常的是客人在会议开始前一天的晚上到达,这样在第二天上午会议就可早点开始。

7. 展览

展览是协会的标志性活动,然而绝大多数公司会议也经常有展示活动,这些会议展示新产品,或者进行大规模的现场演示说明活动,这也已习以为常了。所以,在为公司会议提供服务时,亦要准备满足需提供展台设施或展示面积的要求。

8. 会议厅要求

由于公司会议规模大小不一,所以公司会要求饭店做到大小会议厅都能提供。具体需要什么会议厅要因具体活动而定,有些会议要求有小会议厅。在许多培训活动中,出席人员有时要分成 10 人一个小组分头开会,然后再在大会议厅集合开大会。大多数会议组织更喜欢饭店有可随意分割的会议厅。有这类会议厅的饭店就可能招来这样的会议业务。

9. 会议策划和决策

有的公司有为整个企业服务的专职会议策划人员,但这种情况毕竟很少。一个要开大量会议的部门也许有专职的会议策划者,但即使这样,对另外一个部门来讲,通常也几乎得不到这个部门的帮助和咨询服务。例如,销售部一个非常繁忙的专职会议专家也许安排了许多销售和分销商会议,但他和人力资源部的培训会议却几乎根本没有什么关系。这就是说,会展营销人员如果在某个公司的一个部门进行促销时,就应该知道在同一公司的其他部门也还可能有着业务机会。想一想,像通用电器这样的大公司,你也许从销售部这一个部门得到了所有的会议业务,但从另外一个部门,也许什么业务也没得到。即使这些不同的部门都在一个城市内,情况也是这样的。大企业的各分公司各部门之间常常几乎互相没有什么联系,很少会了解公司内部其他部门和你这个会展公司或饭店曾经有过的好经历。所以,如果好好发掘一下,你就会发现在同一公司里还会有许多潜在的业务机会。

另一方面,在一个公司里进行促销相对要容易,因为决策是集中的,通常只是一个人或者两个人的责任,所以你只须向这些人员做好促销工作就能取得业务。然而公司大型会议和奖励旅游的决策程序就不一样了,各部门的负责人必须首先向高层管理人员提出建议,让他们先选择会议或者奖励旅游的地点,再考虑选择饭店。这样,饭店销售人员的促销工作也应该相应改变。

要记住,绝大多数大型公司,有不少人能对他们在全国各地召开的会议作出决策。公司会议的策划和决策者一般包括公司的高层管理人员(CEO 和他的助手们),各部门负责人和他们的助手们,市场营销部、人力资源总监或经理,公司专职会议策划者,会展公司和旅游目的地管理公司(DMC)。他们也许为整个公司,也许为一个部门,也许为一个部门中的分支机构作出会议策划或决策。具体会议的策划和决策者是谁,要看会议的类型、规模和层次。因此,会展营销人员对公司会议业务的招徕,即使在一个公司内,也应该多层次、多方位地进行。

10. 会议的多次预订

对于大型公司来讲,有时一个会议要在全国各地几个地方反复召开。这对于饭店连锁公司来说是件大好事。公司会议决策者如果需要在几个地方预订会议,只需将他的要求解释一次,便可让饭店连锁公司在各地的饭店里为所召开的会议提供同样的服务,把这反复召开的会议开好。

那么,这对于仅处一地的独立饭店又意味着什么呢?为了同饭店连锁公司所属的饭店进行竞争,独立饭店必须证实它是在该城市开会的最佳选择。最理想的就是这个独立饭店能让公司会议策划者在一般情况下,为其公司在各地重复召开同样会议选择一个饭店连锁公司时,到了你这个城市能打破惯例,而选择你这个独立的饭店。

许多明智的独立饭店销售人员也会和在其他城市独立饭店工作的同行合作,他们尽可能经常地使会议策划者能预订独立饭店开会,并通过推荐和业务传送使这变得容易。一个发展趋势就是,独立饭店的销售代表固定地和各地的一些独立饭店保持联系,建立松散的合作联盟和良好的合作关系,以便像饭店连锁公司那样为公司会议提供同样的"一地统办"服务。

11. 一次会议、一张支票

一个饭店允许用一张支票支付所有的服务项目,是一种很好的会议结账方式。这是会议业务的一种要求,许多公司为他们的雇员支付会议期间在饭店的一切费用,有的公司有不同的准则。你必须和会议策划者讨论总账单结算付款所包括的内容和参加会议的个人在办理离店手续时所必须支付的账目,双方一致同意的意见应写入会议业务合同并且还要通知总台。饭店的信用经理应在和客户讨论之前,对客户(公司)的信用状况做一些调查了解,并且还要提出一个以支付订金为开始的付款计划和建议日期。作为饭店的公司会议业务,还是给公司客户一个总账单让他们一起付款结账比较好。

12. 公司业务会带出其他业务

接待公司会议可有促销宴会,娱乐、会前、会间或会后观光游览,配偶活动和酒吧等其他业务的机会。例如,公司举办的鸡尾酒招待会和/或公司在饭店酒吧举行的轻松活动,增加了饭店在公司会议业务方面的利润。

每个公司会议出席者因为已经尝试了你的饭店,如果印象好,不管什么时候,如果再到你这个城市逗留时,你这个饭店也许就成了他的首选,或者你这个饭店还会得益于这个会议出席者在公司内外的推荐,只要你顺利地帮助召开了一次盛会,你就可能获得将来的业务。口碑的广告宣传是最为有效的,但这也要从两方面看:会议接待质量提高了,会议出席者就说好;如果会议接待被搞砸了,那你就等于发动了一股反对你的强大势力。在开会时,发生了问题或出了差错,那就看饭店会议服务人员如何处理了。这些令人头痛的问题和差错,让饭店在受到批评、攻击和责难的同时,也为饭店管理人员和会议服务人员提供了展现专长、发挥能力和赢得客户的机会。总之,当事情出问题时,不能被别人认为"无力对付"和"无法处理"。

13. 不易收集背景资料

因为市场竞争的激烈,一般公司的内部会议都是讨论企业内部事务,会议的议题和内容应该说是公司的商业机密,不宜对外披露。即使是公司的外部会议,如销售会议,其出席对象也是经过严格选择的。所以会展公司或饭店的营销人员很难收集公司会议的背景资料并将此作为会展营销的依据。

二、协会会议的特点

各种类型的协会会议都遵循着相当统一的模式,了解这些模式和特点,将有助于我们组织接待好协会会议并做好会议市场的销售工作。

1. 时间和周期

大型会议是按照固定的时间周期举行的,虽然有些协会一年召开两次大会,亦有些协会每两年召开一次会议,但最通常的是每年一次的年会。全国性组织内以一年为周期的会议,有规模小些的一次、两次或者三次的地区性会议作为补充。在美国,大型会议最经常的是星期日开到星期三,或者星期四开到星期日,开完结账离开饭店。

这种时间模式在美国通行的原因是,绝大多数美国航空公司要求乘客如果要购买便宜机票的话,必须星期六在外过夜。于是,以前在星期一开始的会议,只要可能的话,都被移到星期日进行大会登记,这样会议的出席者就可以利用廉价机票了。这也使得许多市内饭店的周末客房率直线上升,而以前周末则被这些市内饭店视为业务清淡的时间。

国际会展和会议协会(ICCA)的统计表明,2006～2010年5年间,国际会议召开最多的月份是9月,其次是6月,然后是10月、5月和7月。许多国际会议倾向于在8月欧美假期前举办(见图2-1)。

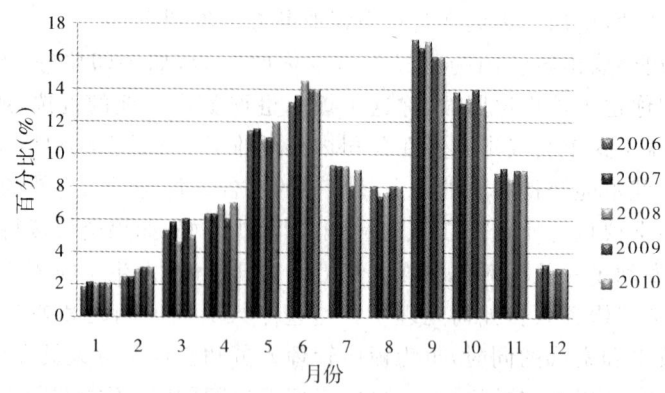

图 2-1　国际协会会议偏好的月份

资料来源：国际会展和会议协会(ICCA)统计报告

然而对于一些度假饭店，因为会议业务到周末才结束，这样对星期六过夜的要求就产生了消极的影响。美国阿美列岛种植园度假饭店营销副总裁吉姆·泰尼说："只有当人们星期六在外过夜，机票才大幅降价，这样在过去的几年，对会议业务的要求已经转移到了周末，这使得我的度假饭店和像我们一样的其他度假饭店在客房收入上付出了很大的代价。按照比我们每天市场价低的团体价格预订的会议，取代了一般在周末支付的比团队价格多得多的社会或过境散客业务。另外，星期日到星期四的会议业务，由于机票价高，造成了在这段时间的会议费用总预算的提高。为了吸引这段时间的会议业务，我们发觉我们自己还不得不通过谈判，给客户提供比我们通常房价更低的折扣价。这就造成我们每个星期两头的收入都减少了。"

在美国，协会会议一般安排在星期一到星期五的工作日，因为人们不愿在周末休息时间开会；而且在我国工作日与双休日的机票也无区别。尤其是郊区的度假饭店是人们度双休周末的所去之地，饭店更不愿牺牲高收入而接待只愿支付团队价的会议业务。但是协会考虑到让会议出席者在会议之后进行一些休闲游览娱乐活动，所以经常会将会议安排在下半周，这样开完会正好是周末，不管是协会组织活动还是会议出席者自由活动，都便于在时间上进行安排。饭店应在进行会议促销时，做好饭店休闲娱乐设施及饭店所在地旅游景点的介绍。

2. 选择会址的地理模式和其他因素

在会议的选址上，协会举行的会议也显示了一种明显的地理模式。在选址时，绝大多数国际协会在各大洲之间进行选择，国内协会则在东西部之间，或者在南北之间交替轮换地进行选择。这里重要的因素是选择区域，而不是某一特定的城市，许多选择取决于协会会员对地理区域的特殊兴趣。如果协会会员没有特殊兴趣的话,会址选择者便会提供一个有趣的地方,并将这个地方作为会议的又一吸引人之处。

对于协会举行的区域性会议活动,坦率地讲,一些会员不会特地为了这次会议活动而旅行到太远的地方去。一个协会负责人说,他的工作记录显示,每年不管在哪开会,固定来开会的总是协会的主要核心成员,这一群体加上来自离会议地点距离近的其他成员的补充,便形成了出席协会区域性会议的群体。非常明显,协会召开区域性会议就是要使协会的成员都能够参加会议。仔细研究会议选址的地理模式,可以帮助你了解协会团体下一次开会选址的可能区域。

我国许多省市协会的章程规定,协会必须把它们的会议活动选址局限在自己省市的范围之内。这是由协会业务的性质或者协会活动范围的局限性所决定的,也许还会由其他进一步的限制所决定。最近几年,协会对这样严格的规定有些松动。协会负责人打破这种局限性的一种方法,是与另外一个省市协会签署一个互惠协议。如上海的分会今年到浙江开会,浙江的分会明年到上海来开会,这样既可对本地经济有好处,又可对协会成员提供一个刺激会议出席率的理想会址。

在选择会议的地理位置时,要让与会者感到交通的方便,又要考虑协会负责人的感受。如果协会负责人认为这个位置能吸引更多的与会者,那么协会负责人就会选择这个地方。

选择会址的地理位置时还涉及其他因素,如气候、环境、城市形象和旅游景点等。许多协会还想利用度假地来增加会议出席率,如果选择迈阿密、拉斯维加斯或者选择桂林及杭州,就能吸引更多的会议出席者。这就是个策略问题,有许多方法可使按常规安排的会议更为活跃。安排刺激性的内容是个理想的方法,但是很难落实。通常是将会议安排在一个不错的度假胜地,并让会议参加者接触美丽的风光和景点,再适当地组织一些观光游览及娱乐活动,这些都会让你的会议出席者更加快乐。

体育运动在会议选址中也起着作用。会议主办方和策划者在分析他们的会议出席者时,高尔夫球、网球、游泳和划船也会成为他们考虑的因素。协会理事会或董事会中的一些成员如果热衷于高尔夫球运动的话,他们就可能会选择有著名高尔夫球场和良好环境气候的饭店开会。

3. 前期时间

协会会议都是事先计划好的。总的来讲,协会会议平均提前准备年限为:年会1~4年,大型会议35个月,其他类型的协会会议也要8个月~1年的时间。即使提前2年作的最后决策,那也是花了数年之久研究和讨论的结果。会议规模越大,前期时间就越长。会议策划者要清楚地意识到,不是每个饭店都适合他们举行会议的。他们需要时间在决策前去进行现场考察,向该饭店以前的客户核查曾在此召开会议的情况,并考察其他可供挑选的饭店。

这一漫长的前期时间可能不太令饭店的高层管理人员和销售经理愉快,但对于协会会议举办者来讲,这是必然要做的事,而且这清楚的操作模式也能使饭店会议销售经理决定何时是推荐饭店并赢得会议业务的最佳时机。

4. 选择的饭店类型

考虑到不同的协会和协会所举行的不同会议,协会是不会都在同类饭店举行会议的。这一事实并不奇怪,要求总是选择同类的饭店是不可能的,所以任何饭店都能为协会的某一种会议活动提供服务。

会议是在不同类型的饭店中举行的。具体地讲,会议在何种类型的饭店举行,要取决于会议的规模、性质和期限。2006年至2010年这5年来,绝大部分会议在会议中心和酒店举办,会议中心和酒店加起来的比例一直维持在75%左右,且酒店承接的国际协会会议最多,会议中心承办的会议数量有所减少,而在大学召开的国际协会会议呈稳步增长趋势。国际协会会议使用的会议场所类型见表2-4。

表2-4　国际协会会议使用的会议场所类型

会议场所	2006年	2007年	2008年	2009年	2010年
酒店	41.8%	41.6%	41.5%	43.9%	43.1%
会议中心	34.8%	32.0%	29.9%	26.6%	26.3%
大学	15.9%	17.1%	19.2%	20.4%	21.1%
其他场所	7.6%	9.3%	9.5%	9.1%	9.5%

资料来源:国际会展和会议协会(ICCA)统计报告

会议场所的选择一般反映了协会的规模、复杂的程度和成员的经济水平。很明显,200个客房的饭店不会被考虑用作500人会议的选择,除非这个饭店和其他饭店进行合作。一般地讲,协会要求饭店有充足并合理搭配的大小会议场所、足够的客房数量、一定规模的展示场地、吸引人的地理位置和良好的服务(见表2-5)。总之,饭店必须达到开会最基本的要求。

表2-5　协会会议策划者选择饭店时考虑的重要因素

认为非常重要的考虑因素	协会会议策划者	
	主要大会	其他会议
会议厅的数量、大小和质量	88%	63%
可谈判的餐饮价和客房价	82%	68%
食品服务质量	79%	70%
客房的数量、大小和质量	78%	47%

续表

认为非常重要的考虑因素	协会会议策划者	
	主要大会	其他会议
办理付款手续效率	57%	49%
办理进店和离店手续的效率	57%	42%
会议支持服务与设备	57%	40%
指定一人负责处理各项会议事务	52%	38%
可提供展示场地	47%	9%
饭店员工有否接待会议的经验	43%	32%
套房的数量、大小和质量	26%	12%
接近购物中心、餐馆和店外娱乐场所	24%	13%
其他交通工具的便利性	23%	19%
饭店的娱乐设施,如高尔夫球场、游泳池和网球场	22%	9%
邻近机场	18%	2%
特殊会议服务,如预登记、特殊设备等	16%	7%
设施新旧程度	6%	5%

资料来源:美国《会议》杂志所做的会议市场研究

5. 出席是自愿的

由于协会组织是自愿参加的,协会组织和协会成员之间不存在行政隶属的关系,所以协会不能用命令或强制的方法让协会成员参加协会活动。是否出席协会会议,一般由协会成员自己作出选择。协会会议策划者只能吸引协会成员来参加年会活动。也许有人认为商务和专业兴趣足够起到磁石的作用,毫无疑问,它们确实吸引了相当数量的成员,但是亦有未确定数量的"骑墙派"。他们今年是参加年会活动还是不参加呢?会议选址对于他们最后的决定将会起到重要的作用。他也许要求他的商务需要和度假愿望都能得到满足。如果你的饭店所在区域有旅游名胜,这些旅游名胜就应该成为饭店对会议市场促销的内容。不管是北京的长城、桂林的山水还是上海南京路和淮海路的购物商场,以及饭店内部的吸引物,从某种角度上讲,都比饭店装饰和设施更为重要。这就要求饭店员工了解饭店所有正面的和积极的因素,因为销售时要依靠它们。

记录表明,如果选址吸引与会者时,他们的配偶也会跟着来,这就赢得了会议出席者逗留期的延长和饭店双人房收入的增加。会议+休闲度假的安排有助于增加会议出席者的人数。

6. 会议期限

对于全国性会议活动来讲,协会会议平均期限为3~5天,小型活动也许只需要2~3天,研讨会、委员会之类的会议1~2天也就行了,绝大多数带有展示活动的会议不少于3天。因为许多展览公司在会议活动前还要举行销售会议,所以这类会议的结果还会使饭店能获得相当多的额外业务，对于协会理事会和许多委员会来讲也能获得额外的商机。

7. 价格

饭店的价格是协会负责人选择会议场所的一个重要考虑因素，我们主要指的是饭店客房价格。虽然会议厅的出租费、餐费等也要在会议费用和个人活动费用中反映出来，但影响不如客房费用大。客房价必须同参加会议人员的支付能力相配，这就是各类饭店在协会会议业务中可以开展竞争的地方。

许多协会会议组织者因为价格的原因，坚持选择传统的市区饭店，那些很多年前以低价或抵押贷款建造的老饭店常常能提供低价房，一些市内新建的饭店为了打开市场和取得市场分享率以及郊区的宾馆为了弥补地理位置的不足，亦提供低价房争取会议业务。低房价对某些协会并不能起作用，但对某些协会来讲那就可能是决定是否选择你这个饭店的重要因素。价格肯定是饭店的一个竞争因素，但要记住它不是唯一的和最重要的竞争因素。

对有关协会在哪里开会做一些研究，将有助于我们认识协会会议的价格特点。如果协会过去的会议史证明了在上海花园大酒店或北京的丽都假日这样的饭店开会很成功的话，那么你就可以非常肯定，这个协会会议组织者要为他的会议出席者选择最佳地点，并且他们是习惯支付这些饭店所定价格的；但另一方面，会议组织者也会告诉你，他们组织的会议出席者是一些中层的雇员，传统上是他们自己支付会议费用，如果他们预定在价格较高的饭店开会的话，就会从协会会员那里听到越来越多的意见和抱怨。

所以不存在一个标准的饭店会议价格水平，这个价格必须适应饭店的销售对象，或者更精确地讲，它必须适应协会负责人心中要邀请的会议出席者的情况。

8. 容易收集背景资料

协会是行业社团组织，为了吸引更多的协会成员参加会议，有关会议的背景资料必须向协会会员公开宣传，因此收集有关协会会议的相关背景资料要容易得多。

9. 与会者费用

如果协会会员是企业、政府部门或某一机构，那派出代表的与会费用就由派出单位负责，但绝大多数专业协会会员是个人会员，他们参加协会会议的与会费用得由他们自行支付。这也就是为什么协会会议的策划组织者要控制协会会议费用的一个原因。

10. 需要当地分会的邀请

国际协会在选择某一个国家举办年会或其他会议时，考虑的因素之一就是这个国家是否有本协会的分会或会员。国际协会是不会在一个没有其会员的国家开会的,即使某个国家有它的会员或分会,但如果他们没有向国际协会发出邀请到这个国家去开会,那么国际协会也是不会考虑选择这个国家的。

三、其他类型会议的特点

1. 法定性代表大会

法定性代表大会顾名思义就是由法定性代表参加的规模较大的会议,它是相对于非法定性代表大会而言的。在我国,凡按照宪法、法律、法规或组织章程召开的代表大会都属于法定性代表大会。法定性代表大会有以下特点。

(1)会议的代表按法定程序或组织程序产生

代表大会的正式代表都是按一定的法律或组织章程规定的程序选举或协商产生的。如我国各级党的代表大会代表和人民代表大会代表的推荐和选举就必须按党章或有关的法律进行。其他群众组织的代表大会也都应当根据有关的法律、法规或组织章程产生会议代表。

(2)会议代表享有法定权利

作为法定性会议的代表,自然就具有法定权利,如提案权、发言权、选举权和表决权,有的还具有质询权、视察权、弹劾权等。

(3)会议的内容和形式具有法定性或组织规定性

代表大会从会议的议题、议程的提出到审议表决的方式和具体程序都必须遵循有关的规定。如党的各级代表大会的内容和形式就必须根据党章以及党内有关规定而确定,各级人民代表大会的内容和形式则必须根据《中华人民共和国宪法》和相关法律确定。

(4)有相对固定的会期

代表大会一般都有固定的会期。如宪法规定,全国人民代表大会会议每年举行一次;党章规定,党的全国代表大会每五年举行一次。代表大会应当按期召开,非特殊情况,不得提前或者延期,更不得取消。

(5)出席会议的代表必须达到规定人数

法定性代表大会的出席人数直接关系到会议的有效性。一般规定必须达到应到人数的 $2/3$ 方为有效。

(6)会议的结果具有法定的效力或组织约束力

代表大会所形成的各项决议和决定,在会议的职权范围内具有法定效力。如我国的人民代表大会所通过的法律和地方性法规,国务院常务会议所通过的并以国务院的名义发布的行政法规具有法定效力,必须严格执行。特定组织召开的代表大会,所形成的决定和决议在组织内部具有法定效力,其成员和下属机构必须遵照执行。

2. 听证会

听证会是立法或行政主体在职权范围内就特定问题听取有关人士或组织代表意见或作证的会议。听证会的特点如下。

(1) 法定性

听证会是一种法定的会议形式。根据我国有关法律、法规的规定，立法机关和国家行政机关在立法或决策时，可以举行或者必须举行听证会。从这一点上说，举行听证会，是法定机关的一种法定行为。

(2) 广泛性

听证会的主体必须具有广泛的代表性，这是由听证会的本来意义决定的。否则，听证会就会丧失它的作用，成为一种纯粹的形式。

(3) 公开性

听证会是民主管理、民主决策的有效形式，除涉及国际秘密事项等特殊情况外，应当公开举行，允许市民旁听，允许记者采访。

3. 办公会议

办公会议是特定组织的领导人为实施管理而举行的工作性例会。其特点有以下几方面。

(1) 实行首长负责制

在各种会议中，很多都实行少数服从多数的原则，如各种代表大会、委员会会议、董事会议等。而办公会议则实行首长（如经理、院长、校长、局长、部长等）负责制，会议由首长负责召集，对会议讨论的问题由首长最后拍板定案，这一点与其他许多会议形成明显的区别。

(2) 周期性短

周期性短也是办公会议的一个鲜明特征。由于办公会议需要及时解决本单位管理中的各种问题，因此都以例会的形式定期举行，周期较短，一般每周一次，或者每两周一次。

(3) 以程序性决策为主

领导机关的决策可以分两类。一类是程序性决策，即对重复出现的问题，依据现成的经验、规范和办法所进行的决策。这类决策是大量的、经常性的。另一类是非程序性决策，即对当前出现的新问题、新情况，无法依据现成的经验、规范和办法来解决，必须做大量的、深入细致的调查和科学的研究，依靠复杂的决策技术来进行的决策。办公会议解决的问题大多属于程序性决策的范畴，因而会议内容较多、较杂。

4. 报告会

报告会就是请专人作报告的会议。报告会内容不同，具体的名称也不同，有学术报告会、形势报告会、事迹报告会,等等。报告会有以下特点。

(1)主题突出

报告会的主题一定要突出,换句话说,一次报告会要突出一个主题,使人印象深刻。目前,许多报告会都在名称上加上"主题"二字,称之为"主题报告会",其用意就是想通过突出主题来强化会议的效果。

(2)规模较大

一般来说,报告会的规模都较大。规模较大,才能形成一定的气氛,才能达到一定的效果。

5. 学术研讨会

以学术研究为宗旨,相互切磋、交流的会议称之为"学术研讨会"。学术研讨会具有以下特点。

(1)研讨的领域广泛

从目前情况来看,学术研讨会所研讨的问题几乎涵盖哲学、社会科学和自然科学的一切领域。从其研讨的目的来看,有纯学术性的,也有泛学术性的,即以学术交流和研讨为名,进行政治的、经济的、外交的,甚至是军事的合作与交流。

(2)会议主体是专家、学者

专家学者是学术研讨会的主体,这是由会议的性质决定的。这一特点使会议充满学术气氛。

(3)规模适中

学术性会议为方便交流,规模不宜过大,以中小型为宜。

(4)提倡学术民主和学术自由

学术民主和学术自由,这是学术研讨会的可贵之处,也是最显著的优势和特点。在学术研讨会上,各种不同的学术观点都应当允许发表,健康的学术争论应当提倡并加以保护,"一言堂"是学术研讨会的大忌。

6. 新闻发布会

新闻发布会是特定组织向外界传达信息、沟通协调的一种形式。新闻发布会有以下特点。

(1)会议内容具有新闻性

新闻发布会所发布的信息内容都是最新发生或形成,为公众所关心,应当知晓而尚未知晓的事件、情况、立场和观点等,这是新闻发布会区别于其他会议的最突出的特点。离开了新闻性,新闻发布会和记者招待会就变得毫无意义。

(2)会议目的具有公关性

任何一个组织之所以举行新闻发布会,其根本目的就在于通过适当的传播渠道和方式直接与媒体和公众,或者通过媒体向公众进行有效的沟通,达到宣传方针政策、发布法规规章、传达施政意图、澄清事实、解释立场、纠正谬误、检讨失职等目的。因此,就特定组织而言,新闻发布会是其公共关系日常事务中的重要部分。

(3)会议形式的多样性

就举行的时间来说,新闻发布会可以定期举行,也可以不定期举行。定期举行,可以使本组织与媒体保持经常性的联系,向社会发布新闻保持一定的频率和维持一定的发布量。不定期举行,可以使本组织选择最佳时机发布重要新闻。

就名称而言,新闻发布会的名称多种多样,可以根据情况的不同,采用不同的名称。除新闻发布会外,还有信息发布会、情况通报会、记者通气会、记者招待会、招商投资政策说明会等。

就沟通的形式而言,新闻发布会可以是单向沟通,即举办者只向新闻媒介和公众发布新闻或消息,但不回答他们的任何提问;也可以是双向沟通,即举办者既发布新闻或消息,又回答来宾的各种提问。

(4)发布对象的广泛性

新闻发布会的对象主要是报纸、杂志、电台、电视台、通讯社等新闻媒介或大众传播媒介。但是,在有些情况下,新闻发布会的对象不仅仅是新闻单位,还可以有目的、有针对性地邀请一部分与新闻发布单位关系密切或关系特殊的公众参加,通过这些公众再向其他公众进行传播,其效果有时比新闻媒介传播更好。

7. 座谈会

座谈会是一种自由平等发表意见的小型围坐式会议,有以下特点。

(1)功能广泛

座谈会的功能广泛,如咨询论证、征求意见、调查情况、纪念悼念、学习取经、交流总结,等等,对内对外都可以举行。因此,座谈会使用频率极高。

(2)规模较小

既然是座谈会,就应当使每个与会者都有机会发言。这样,会议的人数就不宜过多,十几个人或几十个人即可。特殊情况也至多上百人。

(3)气氛轻松

座谈会大都采取围坐的形式,主持人的位置并不十分起眼,其目的就是创造一种非常轻松、自然、平等的气氛。在这样的气氛中,与会者心情愉快,畅所欲言,容易取得良好的会议效果。

8. 现代化远程会议

现代化远程会议就是运用现代通信技术和计算机技术召集相距遥远的不同地点的单位和人员举行的会议。其特点有以下几个方面。

(1)科技含量高

现代通信技术的运用,使现代会议出现了崭新的面貌。比如程控电话问世后,人们可以在分散于世界各地的情况下,不再需要把大量时间花在路途上,只要拿起电话机,轻松一拨,随时可以召开电话会议。现代卫星电视会议的出现,使远隔重洋的与会者的音容笑貌以及各分会场的情况通过电视清晰可见。通过卫星电视会议不仅可以交流思想、讨论问题,还可以传阅有关文件材料,大大缩短了会议的周期,提高了会议的效率。

(2)超越传统会议的时间观和空间观

传统会议的基本模式是:同一个时间、同一个地方。有时即使设几个分会场,分会场之间也无法做到实时沟通。这一模式延续了几千年,一直未被打破。现代化远程会议技术的运用,彻底突破了这一传统的会议模式,使会议的时间观和空间观发生了根本性转变,实现了异时、异地进行会议的交流和沟通。异时,即与会者可以在不同的时间发出和接受会议信息,进行交流和沟通,这对于在有时差的地区之间举行会议,常常要在半夜起床参加会议的与会者来说,无疑是个福音,还可以避免传统会议因需要当场表态而出现的仓促和草率,人们完全有时间进行充分的思考,然后表明自己的立场和态度。异地,即与会者无虚日夜兼程,从地球的这一端赶到那一端,去参加一个时间不长的会议,然后再从那一端回到这一端,这样的会议花在旅途上的时间远要比会议本身的时间长好几倍,而且费用也高;与会者只要在自己的办公室或者家里,或者在地球的任何一个地方,都可以通过远程会议系统参加会议。

(3)实现会议的无纸化

传统会议从准备阶段开始就要花费大量的纸张印制各种文件。会议结束后,还要花许多人力和时间将这些文件立卷归档。现代化远程会议则完全改变了这种状况,会议的所有文件不再需要纸张作为载体,传统的会议记录方式也不复存在,一切思想、观点、言论以及过去必须以文件形式印制的报告、讲话、议程,等等,都可以通过远程会议直接传递沟通,记录存贮,自动归档。纸制文书将远离现代化远程会议,取而代之的是电子会议文件。

案例2-1:亚布力中国企业家论坛和中国企业领袖年会的特点

亚布力中国企业家论坛

该论坛由中国企业家论坛有限公司主办,中国滑雪胜地——黑龙江亚布力是中国企业家论坛年会永久会址。该论坛是首次按照达沃斯世界经济论坛的最新模式设计和组织的非盈利性会议,2001年开始举办,已经成为中国民营企业家思想自由飞扬的平台。

该论坛具有永久性场所和固定的会期,一直保持参会300多人的数量,企家自己的论坛，企业家的草根论坛。企业家滑雪比赛是论坛安排的重要活动之一，众多企业家可以在中国最好的滑道上展现他们敢于突破的勇气。参会企业家在一个相对封闭的环境中享受壮丽的雪景，体验从高山飞速滑下的快感。亚布力企业家论坛谢绝媒体记者参与。

这里有强烈的思想火花碰撞。不同流派经济学家以及各行各业知名企业家的各类观点充斥着会场内外。任何人都可能会受到挑战、也可以挑战其他人，只要你的观点有价值，你就会被关注。

论坛对申请参会者的要求很明确，企业年营业总收入在5000万人民币以上者。

亚布力中国企业家论坛已经连续举办了八届年会，成为我国国企、民企、外企首脑参会最多、规模最大、档次最高、讨论问题最前沿的大会，将成为传播中国企业可持续发展理念，探索中国企业创新商务模式，展示中国企业家崭新形象，催生中国的世界级水平企业和企业家的权威的、有影响力的企业高层论坛。

目前中国企业家论坛成为全国工商联直属商会成员。

2010年（第九届）中国企业领袖年会于12月3～5日照常在北京举行，年会以"新商业、新共识、新动力"为主题，共同探讨了2011年新的机遇和挑战；2011（第十届）中国企业领袖年会以"2012制度进化与市场尊严"为主题，探讨了最新的经济形势与未来对策；2012（第十一届）中国企业领袖年会依然如期举行，会议以"重塑商业安全边界"为主题，传承历年来会议的特色：商界领袖云集；政府与企业对接的平台；年度25位最具影响力的企业领袖颁布等等。2010年，亚布力中国企业家论坛10周年，10年间，最有思想、最具发展潜力的企业家相聚亚布力，共庆元宵，风雪无阻。2011年，第十一届亚布力年会"新十年 新思维 新力量"在黑龙江亚布力圆满闭幕。在三天的会议中享受亚布力冰雪中的风驰电掣；围坐在亚布力的火炉边交流新思维，激发新力量；在农家院的热炕上把酒高歌。这是中国企业家的一种生活方式。

2012亚布力年会继续坚持平等、互动的交流原则，企业家不分行业、不分区域、无论大小，共同营造自由交流、畅所欲言的思想平台，畅想下一个20年！

中国企业领袖年会

中国企业领袖年会于2002年召开第一届，由《中国企业家》杂志社主办，是中国政府高官、工商领袖、学术名流进行对话的平台。

亚布力中国企业家论坛打了"自己人"、"草根"这样的亲情牌，中国企业领袖年会就打"智慧"和"思想"的内涵牌，明确称自己是"中国领袖级企业家在全球化整合进程中探索自己群体个性、在企业界道德危机下探寻自己与社会关系"的高层论坛，打造自己高格调、高品位、高内涵的"三高"形象。

参会人员的标准：具备卓越的创新能力、公认的领袖气质，拥有全球化视野和前瞻性思维的主要行业领先企业的领导人。

中国企业领袖年会迄今已连续成功举办七届，现已成为商界巨擘、政府高官、学术名流风云际会的高端平台，是凝聚企业家精神、展示企业家形象与个性的年度商界顶级盛会。年会致力于推进政府与企业两大逻辑的对接，推动本土与全球商业智慧的融合。每届年会都以深刻而富有前瞻性的主题、高层次的演讲嘉宾和丰硕的会议成果赢得了业界的一致关注与认可。

《中国企业家》杂志2003年在中国企业领袖年会上推出首届"年度25位最具影响力的企业领袖"排行榜。该排行榜主要考察企业领袖的影响力，具体分为8个指标：国际化影响力、创新力、产业影响力、资本市场影响力、公众影响力、前瞻性、领导力及社会责任感。通过三个阶段：候选人名单确定、专家评委团评选及新浪网、中企网站的网上评选，最终得出25位获奖者名单。从经济价值上看，显然比亚布力中国企业家论坛在2002年发布的"2002年中国企业家最关注的十件大事"更好一些。

自2003年始，排行榜备受各行业及媒体关注的同时，也成为中国商界领袖年度活跃程度的晴雨表。2006年首次推出最具影响力企业领袖终身成就奖；2007年起，"25位最具影响力的企业领袖"榜单发布以晚会为承载方式，名流云集、高潮迭起。晚会现场气氛隆重而不失活泼，展现出企业家们独特的领袖魅力的同时，更结合高雅艺术欣赏，给嘉宾带来愉悦的体验。2008年在历届"最具影响力的25位企业领袖"上隆重推出"30年最具贡献的10大经济学家"颁奖典礼。在2009年中国企业领袖年会上，《中国企业家》杂志还推出"最具影响力的外资公司"榜单，在此颁奖盛典中同场发布，向那些与中国企业共同成长并表现优异的外资企业致敬。

第三节　世博会

一、世博会概述

1. 世博会的起源

世界博览会是由一个国家的政府主办，有多个国家或国际组织参加，以展现人类在社会、经济、文化和科技领域取得的成就的国际性大型展示会。它是一项具有较大影响和悠久历史的国际性活动，既是人类社会发展进程中对当时文明的真实记录，更是对未来美好前景的展望和憧憬。

世博会的历史源远流长。早在公元5世纪，波斯举办了第一个超越集市功能的博览会。当时的波斯国王以陈列财务来炫耀本国的财力物力,威慑邻国。18世纪末,人们逐渐想到举办与集市相似,但只展不卖的展览会。这一新的想法于1791年在捷克的布拉格开其先河。随着工业革命的到来,社会生产力的提高,科学技术的进步,国际交通的发展,举办世界性展览的条件逐步成熟。到19世纪中期,展览会的展品和参展商超出了单一国家的范围。

第一届真正意义上的世博会是1851年在英国伦敦举办的,这次博览会的英文名称是"Great Exhibition",可译为"伟大的博览会"、"巨大的博览会"。

当时英国正处于资本主义社会发展的鼎盛时期,工业革命的完成和殖民主义的扩张,使英国成为欧洲乃至全世界的头等强国。为了显示其伟大和自豪,英国政府耗用了4500吨钢材和30万块玻璃,在伦敦海德公园建成了一座长达1700英尺、高100英尺的"水晶宫"。这是一座新颖而独特的建筑,它向人们展示了钢结构、玻璃装饰的大空间,预示着工业化时代的到来。维多利亚女王始创了通过外交途径邀请各国参展的传统,接受邀请参展的10个国家集中了1400余件各类艺术珍品和时尚产品向世人展示,最令观众瞩目的是引擎、水力印刷机、纺织机械等技术产品。在160天的展期中,共有来自世界各地的商贸人员、社会名流和旅游观光人士约630万人次观赏。自此,人类社会的交流形式完成了从低级阶段初级产品的简单交易到工业时代的技术交流和文明成果展示的重大转变。因为这一划时代的创举,伦敦博览会被世人确认为首届世界博览会。

2. 世博会的分类

顾名思义,世界博览会是一个涉及时间、地域、门类、品种等各方面都有广泛内容的大型活动。按照国际展览局的最新规定,世界博览会按性质、规模、展期分为两种:一种是注册类(以前称综合性)世博会;另一类是认可类(以前称专业性)世博会。

注册类世博会,展期通常为6个月,每5年举办一次。在过去所举办的50多次世博会中,以注册类世博会为多。注册类世博会展出的内容包罗万象,举办国无偿提供场地,由参展国自己出钱,建立独立的展出馆,在场馆内展出反映本国科技、文化、经济、社会的综合成就。注册类世博会不同于一般的贸易促销和经济招商的展览会,是全球最高级别的博览会。2010年上海世博会属于注册类世博会。

认可类世博会,展期通常为3个月,在两届注册类世博会之间举办一次。认可类世博会展出的内容要单调些,它是以某类专业性产品为主要展示内容,下列主题可以视为认可类展览会:生态、陆路运输、狩猎、娱乐、原子能、山川、城区规划、畜牧业、气象学、海运、垂钓、养鱼、化工、森林、栖息地、医药、海洋、数据处理、粮食等。参展国在主办国指定的场馆内,自行装修、自行布展,不用建设专用展馆。2011年西安园博会就属于专业性国际博览会。

3. 举办世博会的意义和作用

现代社会的不少概念和活动方式都是从世博会开始,或从世博会中得到启发而形成的。如将许多商品汇集在一起交易的百货商店,组织观光游览的旅游活动,提供休闲娱乐的各类公园、游乐场、度假村、俱乐部等。由于世博会不同于一般的贸易促销和经济招商的展览会,是全球最高级别的展览会,是各国动员全国力量、全方位展示本国社会、经济、文化成就和发展前景的最好机会,因此一直是世界各国争相承办的大型国际活动。自英国举办首届世博会以来,国际大都市一直热衷于举办世博会。

以往举办世博会的目的是为了庆祝重大的历史事件或某个国家、地区的重要纪念活动,炫耀一个国家的实力。现代的世博会,除了展示人类在政治、经济、文化和科技等方面取得的成就外,更注重国家之间、各国人民之间的交流和合作。举办世博会,不仅能给参展国家带来发展的机遇,促进经济的发展,而且能给举办国家创造巨大的经济效益和社会效益,提升举办国家的知名度,促进社会的繁荣和进步。

世界上六大著名城市群的形成和发展无一例外都与世博会的举办有着重大关系(见表 2-6)。日本太平洋沿岸城市群就是成功举办大阪世博会而最终形成的。1970 年日本大阪举办世博会,逐步形成了以大阪为核心的关西经济带,如今大阪已成为日本重要的经贸中心。西班牙 1992 年在塞维利亚市举办世博会推动了其比较落后的南部地区的发展,塞维利亚城现已成为拥有 80 万人口、经济比较发达的西班牙第四大城市,同时世博会的举办也改变了西班牙经济的"北富南贫"现象。

表 2-6　世界六大城市群与世博会

城市群名称	举办地	举办时间(年)
美国东北部大西洋沿岸城市群	纽约	1853、1939、1964
	费城	1876、1926
北美五大湖城市群	芝加哥	1893、1933
	蒙特利尔	1967
欧洲西北部(巴黎)城市群	巴黎	1855、1867、1878、1889、1900、1925、1987
	布鲁塞尔	1985、1958
	汉诺威	2000
	阿姆斯特丹	1883
英国以伦敦为核心的城市群	伦敦	1851、1862、1908
日本太平洋沿岸城市群	大阪	1970
	爱知	2005
中国长三角城市群	上海	2010

1900年以后,世博会有一个显著的变化特点,它关注人类发展中不断出现的新问题,并谋求解决之道。今天,世博会已经成为一个富有特色的讲坛,它鼓励人类发挥创造性和主动参与性,鼓励人类把科学性和情感结合起来,将种种有助于人类发展的新概念、新观点、新技术奉献于世人面前,在这个讲坛上飘扬着和平进步与发展创新的旗帜。

4. 世博会的举办宗旨、内容及形式

世博会是有教育意义和促进和平的全球性盛会。它是一场真正意义上为普通人而设的国际盛会。它给予世界人民独一无二的机会去了解这个世界上的其他国家和人民。它的宗旨就是促进各国人民之间更好地相互了解与沟通。

世博会的展示内容围绕主题进行。一般有国际馆、国家馆、主题馆、综合馆、国家馆日活动、各参展国文艺表演、主题游行等形式。参展国可根据本国文化背景、对主题的理解及各国科学技术的水平,对展馆进行规划、设计及建造;主体馆和综合馆一般由主办国负责建造。在展期内,还举行各国馆日活动。届时,各国家首脑将出席本国馆日活动。同时,由参展国组织的具有本国民族特色的文艺演出和游行表演,在展览会各区域内巡回演出。

5. 历届世博会

表2-7列出了历届世博会的情况。

表2-7 历届世博会举办情况表

时间(年)	国别	名称	性质	会期(天)	特点、主题
1851	英国	伦敦万国工业博览会	注册类	140	展馆"水晶宫"获特别奖
1855	法国	巴黎世界博览会	注册类	150	法国第一届世博会
1862	英国	伦敦世界博览会	认可类	104	工艺类专业世博会
1867	法国	第二届巴黎世界博览会	注册类	210	首次增加文化内容
1873	奥地利	维也纳万国博览会	注册类	106	亚洲国家日本首次参展
1876	美国	费城美国独立百年博览会	注册类	159	纪念美国独立100周年
1878	法国	第三届巴黎世界博览会	注册类	190	展出汽车、爱迪生发明的留声机等新产品
1883	荷兰	阿姆斯特丹国际博览会	认可类	100	园艺、花卉展出
1889	法国	第四届巴黎世界博览会	注册类	182	纪念法国革命100周年
1893	美国	芝加哥哥伦布纪念博览会	注册类	183	纪念哥伦布发现新大陆100周年;亚洲国家朝鲜首次参展
1900	法国	第五届巴黎世界博览会	注册类	210	"世纪回眸"——展示19世纪的科技成就
1904	美国	圣路易斯百年纪念博览会	注册类	185	庆祝圣路易斯建市百年;同期举行第三届奥运会
1908	英国	伦敦世界博览会	注册类	220	世博会与第四届奥运会同时举行

续表

时间(年)	国别	名称	性质	会期(天)	特点、主题
1915	美国	旧金山巴拿马太平洋博览会	注册类	288	庆祝巴拿马运河通航
1925	法国	巴黎国际装饰美术博览会	认可类	195	宣扬"文艺新风尚"
1926	美国	费城建国150周年世界博览会	注册类	183	庆祝建国150周年,新建10万人体育场
1933	美国	芝加哥万国博览会	注册类	170	首次提出主题:"进步的世纪"
1935	比利时	布鲁塞尔世界博览会	注册类	150	"通过竞争获取和平"
1937	法国	巴黎艺术世界博览会	认可类	93	"现代世界的艺术和技术"
1939~1940	美国	纽约旧金山世界博览会	注册类	340	"建设明天的世界"
1958	比利时	布鲁塞尔世界博览会	注册类	186	"科学、文明和人性"
1962	美国	西雅图21世纪博览会	认可类	184	"太空时代的人类"
1964	美国	纽约世界博览会	注册类	360	"通过理解走向和平"
1967	加拿大	蒙特利尔世界博览会	注册类	185	"人类与世界"
1970	日本	大阪万国博览会	注册类	183	"人类的进步与和谐"
1974	美国	斯波坎环境世界博览会	认可类	184	"无污染的进步"
1975	日本	冲绳国际海洋博览会	认可类	183	"海洋,充满希望的未来"
1981	日本	神户港岛博览会	认可类	180	展出人工岛、大港口、高速列车
1982	美国	诺克斯维尔世界能源博览会	认可类	152	"能源推动世界"
1984	美国	新奥尔良国际河川博览会	认可类	184	"河流的世界——水乃生命之源"
1985	日本	筑波万国科技博览会	认可类	184	"居住与环境——人类家居科技"
1986	加拿大	温哥华国际交通与通信博览会	认可类	165	"交通与通信——人类发展和未来"
1988	澳大利亚	布里斯班休闲博览会	认可类	184	"科技时代的休闲生活"
1990	日本	大阪万国花卉博览会	认可类	182	"花与绿——人类与自然"
1992	西班牙	塞维利亚世界博览会	注册类	176	"发现的时代"
1992	意大利	热那亚世界博览会	认可类	92	"哥伦布——船舶与海洋"
1993	韩国	大田世界博览会	认可类	93	"新的起飞之路中的挑战"
1998	葡萄牙	里斯本海洋博览会	认可类	132	"海洋——未来的财富"
1999	中国	昆明世界园艺博览会	认可类	184	"人与自然——迈向21世纪"
2000	德国	汉诺威世界博览会	注册类	153	"人类——自然——科技"
2005	日本	爱知世界博览会	认可类	185	"自然的智慧"
2006	中国	沈阳世界园艺博览会	认可类	184	"我们与自然和谐共生"
2010	中国	上海世界博览会	注册类	184	"城市,让生活更美好"
2011	中国	西安世界园艺博览会	认可类	178	"天人长安、创意自然——城市与自然和谐共生"

6. 国际展览局

国际展览局(Bureau of International Expositions,BIE)于1928年根据外交公约由法国发起成立,总部设在法国首都巴黎,截至2010年5月1日,国际展览局成员国共有157个。

1928年11月,31个国家的代表在巴黎开会签订了《国际展览公约》。该公约规定了世博会的分类、举办周期、主办者和展出者的权利和义务、国际展览局的权责、机构设置等。《国际展览公约》后来经过多次修改,成为协调和管理世博会的国际公约,国际展览局依照该公约的规定应运而生。它属于政府间国际组织,其作用包括组织考察申办国的申办工作;协调展览会的日期;保证展览会的质量等。它的存在对规范、管理和协调世博会的举办,起到了很好的效果。国际展览局的收入,主要来自申办展览会的注册费和举办期间门票收入的一定比例。

国际展览局成员为各缔约国政府。联合国成员国、不拥有联合国成员身份的国际法院章程成员国、联合国各专业机构或国际原子能机构的成员国可申请加入。各成员国派出一至三名代表组成国际展览局的最高权力机构——国际展览局全体大会,在该机构决定世博会举办国时,各成员国均有一票。

国际展览局下设执行委员会、行政与预算委员会、条法委员会、信息委员会四个专业委员会。国展局的日常工作由秘书长负责,主席在国展局举行全体代表大会和必要时履行领导职责。国际展览局主席由全体大会选举产生,任期两年,可连任一届,不用坐班,没有薪金。2003年12月,吴建民任国际展览局主席。他是在国际常设组织中担任主席的第一位中国人,也是该组织75年历史上第一位来自发展中国家的主席,2005年12月连任。2007年年末,吴建民任期已满,在国展局第148次会议上,他被推举为国展局名誉主席。

国际展览局每年由在职主席主持召开两次全体成员国代表大会。这些会议由成员国代表和国际组织的观察员参加出席。

国际展览局日常工作由秘书长领导,下设四个委员会,其具体工作职责有以下几个方面。

执行委员会:为世博会所展示的内容确定分类标准;审查所有申办的注册类(综合类)或认可类(专业类)世博会的申请,并提出该委员会的意见一并提交全体大会通过;执行全体大会赋予的任务;向其他委员会征询意见。

条法委员会:审查世博会的特别规章,并将其提交全体大会通过;指定供世博会组织者使用的规章范本;制定国际展览局的内部规章。

行政和预算委员会:对国际展览局的管理活动实施监控;对国际展览局的财务管理进行检查;制定国际展览局年度预示并提交全体大会通过。

信息委员会:出版国际展览局通讯,并研究和宣传国际展览局的活动。

每个委员会设一位主席和副主席,各委员会主席同时也是国际展览局副主席。这8个成员与国际展览局主席和秘书长构成了整个国际展览局工作的管理主体。所有委员会的职位从所有的成员国代表中选举产生。

国际展览局于1993年5月接纳中国为正式成员国。中国国际贸易促进委员会一直代表中国政府参加国际展览局的各项工作。

二、2010年上海世博会

经国务院批准,1999年12月8日,中国政府驻BIE首席代表在国际展览局第126次会议上宣布中国政府申办2010年世博会。并于2002年12月3日在摩洛哥蒙特卡洛举行的国际展览局第132次大会,经投票选举,中国的上海获得2010年世界博览会的举办权。

上海是中国最大的城市之一,也是世界知名的大都市,地处中西方文化交流的前沿,形成了海纳百川的城市特点,具有巨大的亲和力和吸引力。经过20世纪最后20年的迅速发展,以上海为核心的长江三角洲城市群已成为中国经济发展最活跃的地区之一,是中国最大的城市群。在新世纪经济全球化和全球城市化的浪潮中,中国需要通过举办世博会来学习各国在城市化尤其是在发展大都市方面的经验,加强与不同类型的城市的联系,进一步扩大上海的对外开放,提升上海作为中心城市的集聚和辐射功能,带动长江三角洲城市群的发展。

1993年第一届东亚运动会、1997年国际商会大会、1999年《财富》全球论坛、2001年APEC会议等大型国际活动的成功举行,使上海为全世界所瞩目。圆满地举办这些活动,特别是上海APEC会议取得全面成功,不但为上海积累了承办大型国际活动的经验,而且大大提升了上海的国际地位,扩大了国际影响。

未来10~20年,上海的城市建设、经济和社会发展将会保持快速增长的势头,上海将建成国际经济、金融、贸易、航运中心之一,成为经济繁荣、社会文明、环境优美的现代化国际大都市。

上海世博会于2010年5月1日开幕,至10月31日闭幕,展期为6个月,历时184天,主题为"城市,让生活更美好"。举办的目标主要有以下几个:①引起深入的讨论:如何解决城市病,如何创造更多就业机会,如何提高城市居民的生活质量,选择何种城市发展模式;②推广先进的理念:绿色城市、生态城市、可持续城市、山水城市、园林城市、共生城市、循环城市、信息城市和职能城市;③展示城市文明成果:建筑新材料、新产品、新技术,保护文化遗产的旧城改造、郊区卫星新城的建设、新型就业方式、城市社区文化和艺术;④增进各国间和城市间的交流和合作:缔结友好城市、交流城市文化、引进先进技术、开展商品贸易;⑤拓展人类对城市的认识:通过不同视角和交叉学科的综合性交流,丰富城市发展的新概念、新思想、新知识、新技术;⑥推动上海的城市化进程和开发浦东地区:城市功能提升、城市环境改善、城市空间结构均衡、浦东地区进一步开发。

　　上海作为中国城市化的一个典型范例,在上海举办以城市为主题的世博会,为参观者提供了两个舞台,世界各国各方面在这里展现各具特色的城市历史、现状与未来;另一个是上海及周边城市群的现实舞台,参观者考察和体验了这个东方大都市圈的独有魅力。

复习思考题
1. 会议按内容和方式来划分,分别有哪些内容?
2. 比较公司会议和协会会议的特点。
3. 简述世博会的起源。
4. 举办世博会的意义和作用有哪些?
5. 简述2010年上海世博会对上海会议业发展的影响。

第三章

会议的组织者和审批程序

学习目的

通过本章的学习,明确会议的举办机构,掌握会议组织机构以及会议组织者的主要责任,了解 PCO 和 DMC 的定义和它们的主要工作职责,以及了解会议审批制度和会议审批程序。

主要内容

- 会议举办机构

  公司　协会　非营利组织

- 会议组织机构

- 会议组织者的主要职责

- PCO 和 DMC

- 会议审批程序

  会议审批制度　会议审批程序

第一节　会议举办机构

谁是各种规模、档次和类型的会议举办机构呢?为了方便起见,国际上一般把会议举办机构分成下列三类:公司、协会、非营利组织。其中公司和协会是两个最主要的会议举办机构,公司和协会举办的会议占整个会议市场的 80%。

一、公司

公司举办的会议在会议市场上处于特别重要的地位。在欧洲,公司举办的会议占整个会议市场的 90%。公司为了业务和工作的需要,举办不同规模和各种层次的会议。公司管理人员经常强调企业内部沟通,而公司内部沟通的最基本方法之一就是会议。

《会议》杂志把公司举办的会议细分成九个细分市场。按照开会的次数,公司会议可细分成:

(1)管理会议;
(2)区域销售会议;
(3)新产品介绍会议;
(4)全国销售会议;
(5)培训研讨会;
(6)奖励旅行;
(7)专业技术会议;
(8)股东会议;
(9)其他会议。

个人出席公司举办的会议肯定是一种业务活动,所以像交通、食宿、招待客户和会议注册费用都可作为业务费用向公司报销。而为经销商或自己雇员举行会议的公司,也可把这些活动的费用作为业务费用计入成本。这对公司举办的会议是一个有力的刺激。但在企业竞争日益激烈的今天,控制成本日益重要,这样,会议费用自然也就成了公司进行会议选址的一个重要考虑因素。

在所有的公司中,哪一类公司是举办会议的大户呢?从公司召开会议的情况来看,大公司较多(营业额超过1亿美元),但总的来讲分布还比较平衡。请看1995年从《会议》杂志亚太地区版读者(平均有6年半的时间负责计划和组织商业性会议)中得到的调查反馈(见表3-1)。

表3-1 调查反馈的公司的销售额(美元)

公司销售额	比例
1000000 以下	15%
1000000—4999999	17%
5000000—9999999	12%
10000000—49999999	19%
50000000—99999999	10%
100000000 以上	28%

资料来源:1995年亚太会议市场报告,刊登于《会议》杂志亚太版,1995,(11)

调查表反馈的公司中有43%的公司员工人数少于100人,而只有11%的公司人数超过5000人(见表3-2)。

表 3-2　调查反馈者公司的员工人数(人)

公司员工数	比例
100 以下	43%
100～249	13%
250～499	12%
500～999	7%
1000～4999	14%
5000 以上	11%

资料来源:同表 3-1 资料来源

调查显示,超过 1/4 的人在营业额超过 1 亿美元的大公司中工作,会议举行的规模、档次、人数一般同公司的规模应该成正比。

公司会议(大多数由公司自己召集)通常为公司内部事务,带有保密和隐私的性质,其成本、账户和决策几乎都不公开。因为它相当具有竞争性,所以也没有哪家饭店和会议设施的业主会公布有关数字。

公司会议有相当数量是在企业外部召开的,除了公司管理层到公司之外去开会外,公司在工作场所之外开会还有许多其他原因。《1995 年亚太会议市场报告》显示,大约一半的反馈者认为,在公司之外召开会议的第二个原因是为了职工培训,此外还有因为销售的原因到公司之外开销售会和展示会(见表 3-3)。

表 3-3　1994 年公司在工作场所外举行的各种类型会议

类型	国外/海外会议	国内会议
管理会议	30%	55%
培训研讨	26%	49%
销售会议	25%	41%
展销会/大会	27%	40%
专业/技术会议	21%	34%
新产品介绍会	11%	24%
奖励旅游	26%	19%
股东会议	5%	14%

资料来源:同表 3-1 资料来源

在国际上,在公司之外举办会议时,出席者经常有配偶陪伴。早在 1979 年《会议》杂志在北美进行的调查中,就估计那年出席 61.4 万个公司会议的 3920 万名雇员中,有 380 万个配偶陪着进行会议旅行。这意味着大约 10 个公司会议的出席者中有 1 个带着其配偶一起进行会议旅行。

我国经济为了实现两个具有全局意义的根本转变,即从传统的计划经济体制向社会主义市场经济体制转变,经济增长方式从粗放型向集约型转变,我们在体制上实行了政企分开,并深入进行了企业所有制的改革,越来越多的企业走集约化发展的道路。在实行规模经济、效益经济的发展过程中,越来越多的外资企业、中外合资企业、中资企业必然要举办各种规模、各种层次、各种类型的会议,使会议业更加活跃,更加繁荣。

二、协会

最明显的会议举办机构还有协会。协会的规模和性质有所不同,它们的规模可从小的地区性协会,到全国性协会,一直到大的国际性协会。

在美国,80%多的协会每年都要为全体成员举行一次年会。对美国饭店销售部经理来讲,最著名的团体就是美国协会管理者学会(American Society of Association Executives)。这个团体由各协会的关键决策者和会议策划者构成。他们在为其举办的协会会议选择城市和饭店时发挥着主要的作用。

在国际上,协会一般分成下列几个类型:

(1)行业协会;

(2)专业和科学协会;

(3)退伍军人和军事协会;

(4)教育协会;

(5)技术协会。

在这些协会中,行业协会通常被认为最值得作会议市场的营销目标,因为行业协会的成员绝大部分都是由各公司的管理人员组成的,他们是业务的决策者,而且在举行行业协会会议时,常同时举办展览会。

在旅游接待业中最好的一个例子就是美国餐馆协会,它每年在芝加哥聚会时出席者要达11万人左右。会议期间,餐馆厨房和餐厅设备供货商还要进行大量的招待活动。世界上几乎没有一个行业是没有本行业协会的,许多行业甚至有几个涉及行业中不同层次的协会。每一个行业的制造商通常都有他们的协会,批发及销售上也有他们的协会,还有零售商也有他们的协会。所有这些组织都是这个行业中的协会。

在专业和科学领域内无数的协会也是会议的经常举办者(见表3-4)。他们的会议主题十分广泛,每个专业既有全国性协会,也有区域性分会。如饭店接待业国际营销协会(The Hospitality Sales & Marketing Association International,HSMAI)就是国际饭店接待业中的好例子;美国医学协会(American Medical Association)在美国也几乎家喻户晓。这些专业和科学领域内的协会,除了每年有一次主要的聚会外,一年中还要举行几次区域性的工作研讨会。还有技术领域方面的协会,如上海职工技术协会也举行他们的年会。实际上,你在任何一个专业都可以至少找到一个协会。图书馆管理员、教师、医院行政管理人员、工程师等等都有自己的协会,甚至禁烟者都有自己的协会。如中国吸烟与健康协会,该协会还于 1997 年 8 月 24 日～28 日和中华医学会一起在北京成功地举办了主题为"烟草——不断蔓延的瘟疫"的第十届世界烟草与健康大会,来自世界 103 个国家的 1800 名代表参加了会议。

表 3-4　国际协会举办国际会议的前十个专业领域(按占总数的比例统计)

名次	专业领域	占总数比例(%)
1	医药科学	18.1
2	技术	14.5
3	科学	13.4
4	工业	6.9
5	教育	5.8
6	社会科学	5.3
7	经济	4.0
8	管理	3.7
9	通信	3.5
10	商务	3.1

资料来源:国际会展和会议协会(ICCA)2010 年统计报告

在欧美发达国家,退伍军人和军事协会也经常举行会议。一般来讲,这些协会聚会时,钱总是花得比较多,尤其是退伍军人的聚会。退伍军人和军事协会每年要举行大型会议,而且总是对选择度假地作为会议场所比较感兴趣。

小学、中学和高等院校的教师,还有其他参加各项学术活动的有关人员,也是会议的主要客源,他们每年要举行许多全国性的会议。许多省市也有某种教师协会,甚至饭店餐饮业教育者也有自己的协会,如美国饭店餐饮公共机构餐饮教育委员会(The Council on Hotel, Restaurant & Institutional Education, CHRIE)。教育应用会议业务对许多饭店特别有吸引力的是他们的开会时间,虽然他们不是富裕的消费者,但是他们经常选择在饭店的淡季举行会议。

在国际上,协会除了按性质分成行业协会、专业和科学协会、退伍军人和军事协会、教育协会、技术协会这五类协会外,还可按地理区域将协会分成国际性、洲内性、全国性和地区性这四种协会。

国际性协会一般要两个以上的国家作为正式成员参加。国际协会于 1947 年成立了自己的组织——国际协会联盟(UIA),该联盟总部设在布鲁塞尔。国际协会联盟一年一度出版的《国际协会手册》使我们能对大约 3.06 万个国际协会有所了解,其中 1 万多个不仅有简历,而且还有历史介绍。国际协会联盟(UIA)和国际会议协会(ICCA)数据库提供的信息,显示了各种国际组织的总部在世界各大洲的分布情况(见表 3-5)。

表 3-5　国际组织总部的分布

国家和地区	国际协会联盟(个)	地区	国际会议协会(%)
欧洲	16724	欧洲	65
北美	8476	北美、中美	20
亚洲	2754	亚洲	8
非洲	2106	南美	3
澳大利亚	559	澳新及南太平洋地区	2
		非洲	2

资料来源:国际协会联盟(UIA)和国际会议协会(ICCA)数据库

根据 UIA 数据库的资料,全球 30619 个各类国际协会每年在不同国家共举行全球国际会议 9000 个,与会人数达到 500 万人,参加成员可包括正式成员和非正式成员。这一类协会总的来讲是非营利性的。国际协会举办的会议吸引着对某一领域具有共同兴趣的人们,是非政府性的活动。这种国际范围的、专业的或职业性协会组织的年会,从数量上讲只占整个会议市场的一小部分,但这样的会议在会议市场中受到各国、各城市和市政当局的高度重视,因为国际性会议尽管人数相对少些,但其威信、影响、名声和职业地位都很高。国际协会联盟每年都要按照国家和城市排列公布召开国际会议的主要目的地。根据 ICCA 统计报告中有关国际会议的区域分布信息,2009 年国际协会在各洲举办的会议占国际协会会议市场的百分比分别为:欧洲 54.4%;亚洲 17.17%;北美 12.3%;南美 9.4%;非洲 3.5%;澳大利亚 2.7%。

洲内协会是指某一洲内范围的组织,洲内协会会议参加者也仅局限在一个洲的范围内。例如,在北美的旅游研究协会(Travel & Tourism Research Association,TTRA)每年要举行的年会,参加 TTRA 年会成员就是来自北美这两个国家。

省、市或其他领域范围内的协会一般在他们自己的区域范围内举行会议。如我国华东六省一市记者协会便是区域性协会,华东记者协会每年在华东六省一市轮流召开年会,交流工作情况和经验,开展业务讨论,进行新闻评奖活动,研究与港澳台地区和外国新闻界友好交往事宜,讨论进一步做好记协工作的新思路,在为新闻宣传大局服务、为新闻工作者服务方面作出了积极的贡献。

三、非营利组织

当讲到会议业时,还有许多不属于公司或协会的非营利组织,这些非营利组织在会议业中虽然并不处于主要地位,但也是很重要的。我们在电视上经常看到党团组织、政府部门、社会团体举办会议的报道,饭店也经常接待关于社会与环境问题的研讨会。非营利组织举办的会议就像那些协会会议一样,对他们的销售服务也应该像对待协会会议的销售服务一样。许多政府机构部门都要在政府办公场所之外的地方为政府雇员和公众举行会议。世界卫生组织(WHO)、世界贸易组织(WTO)和联合国(UN)各分支机构等也是国际会议的主要举办单位,它们介于商业性协会和半政府机构之间。这些机构用许多办法来筹得资金,但主要靠会员的会费。还有许多政府机构如国内贸易部、国家经贸委等,它们用的钱当然是公费。对于从事会展业的人来讲,这些机构的钱来自哪里并不是最重要的,最重要的还是要了解这些机构是怎样运转的,它们的会议需求是什么,以及该怎样有效地对它们进行销售和服务。这里有一点要提醒的就是,国外协会或国际机构,喜欢用缩略语,而这些缩略语有时会代表不同的组织和机构,让我们不知所措。例如 AMA,它既可代表美国医学会(American Medical Association),也可代表美国管理协会(American Management Association);还有,世界旅游组织原来的英语缩略语是 WTO(World Tourism Organization),但这个英语缩略语又可让人理解为世界贸易组织 WTO(World Trade Organization),为了避免与世界贸易组织的简称混淆,世界旅游组织的缩略语现已改为法语的缩略语 OMT(Organisation Mondiale du Tourisme)。我们应该了解和熟悉会展业中经常使用的各种缩略语,在同国外机构打交道时要听得仔细一点,记好笔记,不要脱离上下文,这样很快就能用缩略语同外方打交道了。

大的工会也已成为世界上最重要的经济力量之一,最大的工会组织在建筑行业、制造业和运输业。工会组织分为四级,即地方级、省市、地区级、国家级和国际级。各级工会组织都要召开数不清的会议,给饭店提供了很大的市场。工会的活动经费有限,但根据工作需要,它们还是不定期地举行各种表彰会、讨论会、交流会等形形色色的活动,给饭店提供了相当可观的业务。

另外一个也经常开会的非营利组织是全国各地的许多社会团体。像其他非营利组织一样,它们不是大消费者,但它们也是可观的市场,它们经常是一些研讨会和论坛的主办者。

在国际上,人们把这些非营利组织称为 SMERF,它代表社会(Social)、军人(Military)、教育(Educational)、宗教(Religious)和兄弟会(Fraternal)。对于国际上的许多饭店来讲,SMERF 群体代表了饭店业的一个主要细分市场,因为它们每年都要订大量的客房,而且又多数在饭店淡季时用房。SMERF 群体有三个明显的特点:①价格敏感性强;②喜欢淡季用房;③经常使用非专业性的会议策划者,而且每年更换。虽然 SMERF 群体对价格很敏感,会议出席者常两个人甚至三个人住一间客房,又大多数在饭店外用餐,在娱乐场所里花钱也很少,但事实证明了它们对饭店的日益重要性。喜来登公司芝加哥销售处财务经理巴伯拉·麦克唐纳先生(Barbara Mcdonald)说:"SMERF 群体业务曾是报价最低的业务,现在情况并不完全是这样,SMERF 群体是在我们没有生意时给我们带来业务的,事情就这么简单,而且小的SMERF业务还可能带来更大的业务。"凯悦饭店公司美国全国销售副总裁助理沃伦·布鲁克斯先生(Warren Breaux)说:"饭店至少要有70%住房率才能收回饭店建筑的投资。周末、假日、旺季加在一起约4个半月的时间很难让饭店住满,但SMERF群体是一个能帮助饭店住满的市场,我们当然情愿以合理的低价让客房住满,而不是让这些客房空着。当然我们不能一年365天都使用这一策略。"SMERF群体和一般业务不一样,它们会到处要求削价以便获得最好价格,但它们在饭店淡季时却给饭店提供了最好的收入来源。一个愿意提供折扣价的饭店,一个愿意帮助主要是非专业会议策划者的饭店,就能知道SMERF群体会对饭店的收入有多大的影响。

这些会议举办机构在会议中主要担任以下几种角色。

1. 会议主办者

会议主办者一般指出资举行会议的组织的通称。主办者分为三种。

(1) 协会等会员主办者

这种主办者为自己的会员举办会议,虽然参加会议者并不只局限于会员,但会议的核心是会员及组织的目标和任务。

(2) 雇主主办者

这种主办者是雇主,为自己的雇员和其他与组织相关的会员举办会议,如客户、股东、代理、分销商和总代理等。

(3) 主办者是为公众举办会议,常常称为公共研讨会

这些会议分营利性和非营利性会议。一般说来政府机构和公共团体为主办者举行的会议倾向于非营利性;各种媒体、专业协会、公司,以及想出售与会议有关产品的单位与个人举办的公共研讨会常常是营利性的。

2. 会议承办者

会议的承办单位可以是某一具体的单位,也可以指某一会议的主要负责人。会议的主要负责人可以是主办方内部或外部人选。现在出现越来越多的提供会议承办的服务公司。

3. 会议协办者

即协助会议主办者或承办者举办会议的单位或个人。有些大型的会议,尤其是大型国际会议,并不是一个主办或承办单位就能做好会议所有组织工作的,需要数家单位的共同努力,这时,许多单位是作为会议的协办单位参与会议的部分或全部组织工作的。

4. 会议赞助者

会议赞助者是指出资赞助举办会议的单位或个人。通常赞助单位出资赞助会议是为了达到提高知名度或进行广告宣传促销的作用。

第二节 会议组织机构

为保证会议能圆满成功地进行,需要有一个专门的组织来负责会议的组织和服务工作,一般称之为会议组织委员会。

一、会议组织委员会

会议组织委员会在大多数情况下都是临时性机构,但也有常设的,这主要取决于会议的主办单位和会议周期。根据会议活动的阶段,对于会议前期准备阶段的组织,又称为筹备委员会。

会议组织委员会的主要任务是负责会议的组织工作和全面的服务工作。①会议组织工作包括:收集会议信息,确定会议目标,制订会议计划,进行会议预算,确定会议模式和会议议程,选择会议地址,安排会议演讲者,进行会议的宣传和分类等内容;②会议服务工作包括:会议活动安排,会议客房安排,会场布置,会议餐饮服务,会议设备安排,会议的入场服务,会议展览服务,会议交通服务以及会议结账服务等。

1. 会议组织委员会的机构

会议组委会常设的下属机构有会议秘书机构、会议宣传机构、会议文书机构、会议安保机构和会议后勤机构等。

(1)会议秘书机构

它是会议的办事机构,主要有以下工作:①收集会议议题,安排议程;②发放会议通知,负责会议报到;③准备会议材料,协助领导撰写会议报告及其他文件;④对与会人员进行编组,布置会场,安排座次;⑤印发会议证件;⑥负责会场签到;⑦印发会议文件及会后的收回和处理;⑧做会议记录、会后整理和案卷工作等。小型会议还要负责宣传报道、后勤保卫等工作。大型会议,设置大会秘书处并将工作细分化。

(2)会议宣传公关机构

它是大型会议中专门负责会议的宣传、报道以及对外联络和公关工作的会务机构。其主要任务是负责会议宣传提纲的编制、新闻报道的组织安排,会间的采访、录音、录像、摄影以及会场的环境布置(包括标语、口号等)。

(3)会议文书机构

它是会议文件起草、审议机构。会议的准备文件、会议的主题报告以及会议形成的最后文件,都是会议文书机构的工作。此项工作在小型会议中通常由秘书机构来完成,而不专设文书机构。

(4)会议安保机构

负责会议及出席会议的人员的安全工作;负责会场、住地、会址及会议所在地点的保卫工作等。小型会议由后勤或秘书机构来担任此项工作。

(5)会议后勤机构

又称总务组。主要负责会议期间的服务工作,包括接待、住宿、交通、医疗卫生、生活服务、文娱活动安排等工作。

以上机构可根据会议大小而设立,小型会议可只设秘书组,其工作由专人负责。大型会议还设有专门的会议资料机构,来负责会议资料的准备、发送、处理等工作。会议集资机构,负责会议所需款项的筹集工作。

2. 会议组织委员会成员构成

一个庞大的、复杂的会议必须建立一个以会议组织委员会为核心的职员组织系统,而这一点对于一个小型会议也有同样的功能。

会议组织机构成员一般分为会议策划人员、会议管理人员和会议服务人员。

(1)会议策划人员

会议策划人员即会议决策者,他们决定会议目标、规划和管理预算,修订会议程序和方式,设计会场,监督讲演现场,签订谈判合同,进行舷窗管理和会后评估等。

(2)会议管理人员

他们的责任主要是管理,即运用有效的公关理论和技巧知识完善会议,解决群体问题。事实上,他们是组织联络行为的矫正专家,必须具备组织方面的特长和渊博的知识。

以上两类人员中,至少要由两名主持过会议的有经验的人组成。

(3)会议服务人员

会议工作人员中大约50%～60%的人从事会议服务工作,包括会议秘书,会议旅行、客房和会议餐饮的经理、现场操作管理员和其他人员。他们的职责只限于安排客房、餐饮、视听设备、交通、会前会后旅游、会场签到以及特殊活动(运动、娱乐、游戏)、保管财产等。

会议组织委员会因会议种类和结构的不同其职员安排也不同。一般来说,会议组织机构中会议的职员要根据工作内容来安排,一般要考虑到会议的大小、会议目标及整个会议活动的安排。会议组织机构中应包括主办单位和协办单位的代表。

第三节 会议组织者的主要职责

任何公司、协会或其他非营利组织一旦决定召开会议,就必然指定内部工作人员或外部专业会议策划组织者具体实施会议的策划和组织工作。任何会议的组织者在这时都必须明确自己的责任,那就是参加计划和组织会议的各项具体活动。

会议组织者的基本职责如下。

(1)确定会议目标

①认同和理解会议的目标;

②收集有关的信息和其所需的资料;

③分析、核实会议程序中包括的内容;

④判断会议中的需要和制定相应目标;

⑤会议执行过程中进行修正;

⑥根据会议活动综合要素决策并删除不必要的环节;

⑦编制最佳会议策划。

(2)策划会议程序

①招聘、选择、培训职员;

②策划程序;

③制订会议的资金来源计划;

④执行与职员管理相关的职能;

⑤为达到目标制订计划;

⑥分析与会者如何运用会议知识解决实际问题;

⑦协调、调解,使得与会者能最有效实现会议目标。

(3)收集会议信息

① 收集、分析会议所需信息;

② 将信息分类;

③ 综合信息;

④ 测试信息的真实性;

⑤ 传播信息;

⑥ 保证信息畅通和易于理解:使会议工作人员易于理解;建立相互之间的信息关系;如实反映关于会议策划中的问题;保证职员牢记,并完全理解目标;明确其他人的责任;使信息交流渠道畅通。

(4) 会议公关宣传

①会议宣传报导；

②协调会议组织内部关系；

③做好对外的公关工作。

(5) 解决会议过程中的问题

①协助管理检查组织工作中的问题；

②协助管理检查和解决会议中出现的问题；

③协助反馈会议结束后的短期和长期会议效果；

④与管理者考察情况；

⑤根据会议组织要求，指导和完善会议策划；

⑥收集合适的材料来补充策划；

⑦为管理人员在评估会议时提供咨询或重新设计程序；

⑧和管理者分析工作步骤，促进问题的解决，强化会议的成果。

(6) 会议内部服务

①直接为会议组织提供咨询。请会议专家指导程序策划；请公关专家提供灵活管理；请组织专家管理咨询，使会议有效运转。

②对会议组织提供间接咨询(顾问)。请程序人员协助解决问题；请公关人员起到解决问题的催化剂作用。

为了保证会议的成功，会议组织委员会成员之间无论是正式或非正式的相互交流和联系是绝对必要的。通常组委会成员之间举行定期的会议来增进交流，以便在短时间内将所有信息通报给所有成员，并给每个成员以同等的机会。非正式交流一般是在向组委会主席汇报情况时，将附本送到与信息有关的部门和成员。组委会主席应确保成员之间的信息交流。

会议组织者的主要责任可以归纳为以下几点：

(1) 选择会议地点(城市)；

(2) 选择会议饭店和其他设施；

(3) 安排会议日程；

(4) 制定会议预算/支出；

(5) 确定工作场所外会/奖活动；

(6) 制定会议目标。

在这些主要责任中，最重要的就是选择会议活动的地点、饭店或设施及制定预算。会议组织者在选择会议目的地时所考虑的因素有以下几点：总成本(包括酒店、餐饮等)；目的地便利的交通；接待会议的饭店和设施；会议代表距离目的地的距离/旅行时间；交通费用；气候；观光和其他活动；会议目的地形象；娱乐健身设施(高尔夫球场、网球场、游泳池等)。

在会议组织者选择会议地点时,成本是肯定要考虑的要素,它直接影响会议利润。此外,到目的地的交通便利程度、饭店和其他设施情况等也十分重要。

香港理工大学酒店及旅游业管理学院田桂成教授在2003年上海旅委举办的会展研习班上,将会议目的地选择标准又归纳为:普遍的看法和信誉;出发点的地理关系;航班服务和机票价格;整体旅游成本和当地的花费;住宿和设备;安全和保安;政治和经济的稳定;卫生标准。

新加坡国土面积很小,但接待的海外会议却很多,它连续十几年是亚洲首选会议目的地的事实非常值得我们思考。

正因为要考虑总成本,所以到达目的地的便利交通、会议代表距离目的地的距离、所需要的旅行时间、交通费用等,都是目的地选择的考虑要素。邻近国家和地区往往是首先考虑的目标,多数亚洲国家之所以成为受欢迎的目的地,是缘于其相邻的国家或地区。例如,中国内地是中国香港第一位的会议目的地,马来西亚是新加坡的会议目的地。而新西兰又是澳大利亚的会议目的地(见表3-6)。

表3-6 最受欢迎的会议目的地

调查反馈者的国家和地区	调查反馈者最受欢迎的会议目的地		
	第1位	第2位	第3位
中国香港	中国内地(53%)	新加坡(32%)	北美(28%)
新加坡	马来西亚(49%)	印尼(34%)	中国(20%)
澳大利亚	新西兰(18%)	新加坡(17%)	北美(17%)
印尼	新加坡(70%)	澳大利亚(33%)	中国香港(30%)
日本	北美(46%)	中国香港(22%)	美国/欧洲(20%)
马来西亚	泰国(45%)	新加坡(32%)	印尼(27%)
菲律宾	中国香港(52%)	北美(39%)	新加坡(35%)
泰国	新加坡(30%)	中国香港(32%)	北美(22%)

资料来源:《1995年亚太会议市场报告》

在会议目的地(城市)的选择要素中,还有一个重要的因素是接待会议的饭店和设施,所以会议组织者在作最后决定之前通常要四处考察。《会议》杂志亚太版在读者中进行的调查表明,46%的调查反馈者在会议前平均要考察3~4家饭店;17%考察1~2家;16%考察5~6家;只有6%忙碌穿梭饭店之间,参观6~7家饭店;而15%的人根本不考察。

《会议》杂志亚太版也在读者中就影响选择会议饭店或其他会议设施的要素进行了调查。被调查者需要在调查表上就作决策时每一要素的重要程度——非常重要、比较重要或不重要进行选择。表3-7显示的就是这一调查的结果。这一调查结果不仅可作为会议组织者在选择会议饭店和会议设施时的依据,而且对于饭店改进硬件设施,改善服务质量,占领会议市场也有很大的参考价值。

表 3-7 影响选择饭店和其他会议设施的要素

选择饭店时考虑的要素	非常重要(%)	重要(%)	不重要(%)
会议支援服务和设施	72	21	4
会议厅/室数量、面积、质量	71	24	3
食品、饮料和房价商洽	60	32	5
餐饮服务质量	59	35	3
指派专人负责会务	49	34	13
快速办理抵离店手续	48	38	11
快速办理结账手续	15	39	12
商务中心	42	39	14
酒店/设施的信誉	41	48	8
便利的机场交通	41	39	16
经验丰富的技术人员	29	47	11
客房数量、面积和质量	32	54	11
展览面积	25	33	36
会议特殊服务、会前注册、特殊教练	2	44	29
邻近商场、餐馆和娱乐设施	19	49	28
酒店网球、游泳等设施	13	44	38
酒店自设高尔夫球场	3	27	65

资料来源:《1995年亚太会议市场报告》

制定会议预算也是会议组织者的重要责任之一。会议预算一般由会议组织者的财力和实力、会议的规模和档次、活动的内容、离目的地的远近、设施和服务的规模等因素来决定。一般来讲,国内会议支出占预算的59%(见表3-8),亚太会议代表非常喜欢到国外参加会议,多姿多彩的亚洲市场也促使会议组织者尽可能多地安排会议出席者参观不同的国家及其文化。

表 3-8 预算中的国内会议与国外/海外会议百分比表

国内会议	59%
国外会议	41%

资料来源:《1995年亚太会议市场报告》

在会议的预算中,主要费用是用在饭店的支出上,几乎达总预算的1/3,25%花在机票上,地面交通费占6%,餐饮费用为19%。除此以外,会议组织者认为会议支援服务和齐全的设施设备非常重要。9%的预算要花在主讲人的出场费、招待费和视听设备费用上,最后的9%预算可分配使用到其他方面。以上这种预算使用分配是《1995年亚太会议市场报告》所显示的,可供会议组织者在制定和分配预算时参考。但这种预算使用分配并不是固定不变的,具体制定预算和分配使用经费上还要根据会议规模、档次、饭店目的地和会议活动内容等具体情况灵活地合理调节。

会议预算虽然有时也会因为经济萧条、机构精简、差旅成本控制及其他原因而减少,但根据全世界企业全球化和经济一体化的发展趋势,以及随着我国经济的日益繁荣和加入世贸组织后的进一步发展,我们可以预言,公司、协会甚至各种非营利组织的会议预算将会有很大的提高。

除上述重要责任外,会议组织者的其他责任还包括安排日程,制定目标,拟好包括邀请信、会议决议在内的各种文件,落实出席对象,等等。会议组织者必须牢记自己的责任,精心地策划和安排每一次会议。

第四节 PCO 和 DMC

一、PCO

1. PCO 的定义

PCO 是英语 Professional Conference Organizer 的缩写,即专业会议组织者,主要是指为筹办会议、展览及有关活动提供专业服务的公司,或从事相关工作的个人。

在会展业发达的欧美国家和地区,有比较多的 PCO。很多社团组织、企业等机构在开会时已经习惯于聘请 PCO 来帮助他们安排和组织。

在中国,目前 PCO 已经出现并呈发展之势。随着对外开放的不断深入,我国举办的会议也逐渐与国际接轨,会议主办单位开始将会议的主要组织工作委托给 PCO 来运作,由 PCO 为会议提供全方位服务。会议主办单位最缺少的是举办大型会议的经验,PCO 与会议主办单位共同组织会议,容易使会议获取成功。

但我国大多数 PCO 专业性尚不够强,不能够为会议提供全方位服务,而是仅仅停留在为会议预订宾馆、餐饮和解决交通、旅游等一般性的服务。特别是缺乏运作国际会议的经验、不了解国际会议的操作惯例,亟须学习提高。

2. PCO 的工作

专业会议组织者应能为会议提供全方面的服务,包括会议的主要会务工作、会议附设展览,筹集资金,安排宾馆、餐饮和旅游等。这样的好处是可将会议只委托给 PCO 一家来完成,既简化了机构之间的相互关系,也极大地方便了参加会议的代表,如通过 PCO 一家,代表就可完成注册、宾馆和旅游预订的工作。由于我国的特殊国情,举办会议时的许多工作具有政府色彩。例如,国际会议的申报、帮助国外代理办理签证、展品报关等。专业会议组织者应有资格去完成这些工作,以减轻会议组织者的压力。专业会议组织者还应与当地的政府机构包括公安、消防和海关等部门建立良好的关系,熟悉他们的要求,得到他们的充分支持。

概括起来,PCO 在帮助社团组织和企业等机构安排、组织会议时,主要做以下一些工作:

(1)会议的促销宣传、新闻报道工作;

(2)各种印刷品的制作安排;

(3)会议地点和会议场所的选择;

(4)会议住宿(宾馆)的安排;

(5)会议餐饮的安排;

(6)会议预先注册和现场注册工作;

(7)会议财务管理工作,包括会议预算、会议资金筹措、会议成本控制、会议现金管理等;

(8)会议临时员工的招聘和培训、管理工作;

(9)会议翻译(口译和笔译)人员的安排;

(10)会议技术设备和人员的安排;

(11)会议社会活动、学术访问活动的安排;

(12)会议旅行、游览等活动的安排;

(13)会议附设展览活动的安排(包括国际会议国外参展商的展品报关等);

(14)帮助有关机构进行国际会议的申报、申办;

(15)与海关协调参加国际会议的国外代表入境签证事宜;

(16)协调、处理与当地政府机构包括公安、消防和海关等部门的关系。

3. PCO 的收费方式

PCO 帮助社团组织、企业等机构安排、组织会议是一种商业行为,其目的是为了获取收入。PCO 的收费方式有以下几种。

(1)包价式

即帮助组织、运作、管理好一个会议一次性总共收取一笔费用(比如 50000 元),不管与会者人数的多少。

(2)基本费+与会者人头费

即帮助客户完成一个会议,除了收取一笔基本费用(比如 30000 元,一般比包价式低)外,再根据与会者人数每个人提取一定的费用(比如 20 元/人)。

(3)与会者人头费

即完全根据与会者人数的多少每个人提取一定的费用(比如 50 元/人,一般比第 2 种收费方式中的人头费要多),不再收取基本费。

(4)按小时收费

即完全按照为社团组织或企业安排、组织会议的工作时间来收费(比如100元/小时),而不管与会者的多少,也不再收取基本费。

不管是按哪种方式收取会议费用,PCO事先都要和会议客户协商一致,并列出收费时间表,即会议安排、组织工作进行到哪一阶段收取会议费的百分比。例如,开始工作时先收取10%,报名工作进行到一半时再收取20%,报名工作完成时再收取20%,现场报到完成时再收取30%,会议全部结束时再收取最后的20%。

PCO除了按照上述四种方式中的某一种收取会议费用外,还可以从有关会议供应机构那里获取一定的佣金作为正常收入的补充。例如,PCO把承接的某个会议安排在某个会议中心或会议宾馆,该会议中心或会议宾馆可能会从本次会议所获得的收入中按比例(比如10%)提取一定的现金作为给PCO的佣金,以表示对PCO把会议放在该会议中心或会议宾馆的酬谢。

随着国际会展举办形式及议程安排复杂性的逐渐提高,具有"专业分工、集中管理"功能的PCO角色备受重视。为了规范各国PCO的行为,1968年,国际上成立了会议组织者协会(IAPCO),这是一个非营利性的国际会议组织者专业协会,其成员遍布全世界。IAPCO致力于通过继续教育和与其他专业协会的交流来提高其成员的服务标准,每年1月,协会都要举办为期一周的专业培训。

二、DMC

DMC是英文Destination Management Company的缩写,即目的地管理公司,主要在举办城市提供会议服务。这类公司的服务项目包括订房、预订餐厅、安排机场接送车辆、娱乐项目、技术服务(电视会议、视听演示等)以及会议代表及配偶的特别活动。

许多目的地管理公司的活动属于"幕后操作",即协助会议策划者从事细节性工作。这类公司熟悉举办城市,可以提供关于目的地的详细信息,既有供应商信息,又有会议附件活动的信息(特别是观光游览)。

PCO和DMC都是会展业发展不可缺少的重要内容。国际会展的举办通常都是由PCO进行组织,在选定会展目的地城市之后,将会展的服务以及会展奖励旅游(Meetings, Incentives, Conventions and Exhibitions,简称MICE,指各类专业会议、展览会与博览会、奖励旅游、大型文化体育盛事等活动在内的综合性旅游活动)和主题活动交DMC公司负责。

在国际会展旅游业,DMC不同于传统意义上的会议公司、旅行社,DMC是将会议展览所需的资源进行有机整合,为会议展览定制更专业、更全面的目的地所需的一切服务,弥补了传统的会议公司、旅行社服务等功能缺陷。它的全方位服务包括策划组织安排国内外会议、展览、奖励旅游等,以及其延伸的观光旅游;

策划组织安排国内外专业学术论坛、峰会、培训等活动；其他特殊服务，如餐饮、宴会、娱乐、旅馆预订、交通、导游等。

第五节 会议审批程序

一、会议审批制度

会议审批制度是使办会程序化、规范化的重要手段。

会议审批制度主要是对会议的以下几个主要问题作出规定：

(1)限定会议种类；
(2)限定会议次数；
(3)限定会期；
(4)限定会议地点；
(5)限定会议规模；
(6)限定参会领导及邀请领导参会联系方式；
(7)限定会议经费；
(8)会务人员；
(9)会议伙食标准；
(10)会议住宿标准。

会议审批主项：

(1)审批《会议申报表》(见表3-9)所列内容；

表3-9 会议申报表

具体项目	内容
申报时间	
主办单位	
协办单位	
主办单位领导签字	
会议名称	
同类会议当年次数	
申报理由	
规模(人数)	
会期	
会议通知发出时间	
参会对象	
会议地点	地名：　宾馆名：　星级：

续表

具体项目	内容
申请经费总额	
邀请参会领导(职务)	
办公部门审查意见(签字)	
批准领导意见(签字)	

(2)审批《会议经费预算表》(见表3-10);

表3-10 会议经费预算表

具体项目	内容
会议名称	
会议主办单位	
会议主办单位领导签字	
会议发出通知计划日期	
会议规模(人数)	
会议申请经费总额	
1. 住宿标准	A类:人　元/日;B类:人　元/日
2. 伙食标准	
3. 会场租金	
4. 会场标语宣传费	
5. 会议标牌、文件印刷费	
6. 会议用车费	
7. 会议娱乐费	
8. 外聘专家费	
9. 摄影、摄像费	
10. 杂费	
会议奖励费(出处、数额)	
集中办会网络审查意见	
集中办会网络成员签字(章)	
办公部门	监察部门
财务部门	审计部门

(3)审批参会领导。

二、会议审批程序

1. 会议主办单位写具《会议申报表》、《会议经费预算表》,全局性会议报上级办公部门审核,部门内部会议(非全局性)报本级办公部门审核。

2. 办公部门认真审核、确定参会领导。

3. 办公部门会同"集中办会网络"成员,对《会议经费预算表》进行认真审查、核准。

4. 依据"集中办会网络"根据《会议经费预算表》的审查结果,以及主要领导和相关领导的意见,对《会议申报表》签署意见。

5. 分管会议审批工作的领导签字。

6. 依照会议审批领导签署的意见,财务部门按照核准的经费指标,集中支付,统一结算,实报实销,结余归财政。

会议审批程序如图3-1所示。

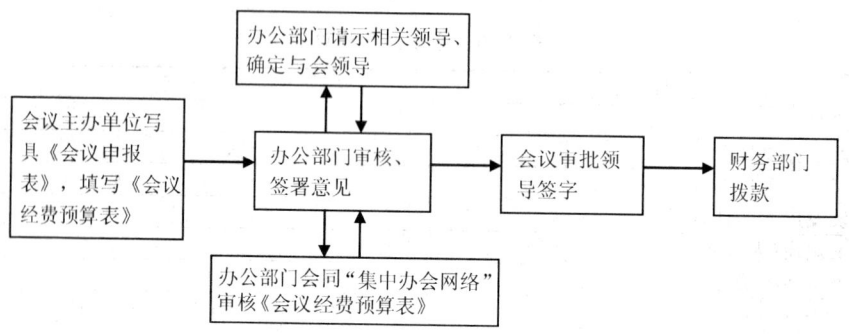

图 3-1 会议审批程序

案例3-1:某大学举办会议申请表

会议内容						
会议主办单位						
会议费经费来源						
会议地点						
会议时间						
会议主持人		会议联系人			联系电话	
会议费项目(元)	标准金额	参加会议人数	会议天数	会议费金额	备 注	
计算公式	1	2	3	4=1*2*3		
1	会场使用费					
2	会议餐费					
3	住宿费					
4	会议资料费					
5	劳务费					
6	交通费					
7	专用设备租赁费					
	合 计					
主管校领导(签字):				主管财经工作领导(签字):		
			年 月 日			年 月 日
校两办(签字):						

案例 3-2:某单位举办国际会议申请表

申报单位:

会议名称	中文:					受国际组织委托□ 与国外组织联合□		
	英文:					由中方发起举办□ 其 他□		
主办单位	国内(中文): (英文):					联系人: 电话: E-mail:		
	国外(中文): (英文):					会议秘书长 电话 E-mail:		
承办单位	国内(中文): (英文):					联系人: 电话:		
资助单位		会议规模						
		中方人数		外方人数		总人数		
中英文会议内容及背景摘要各100字								
中国台湾科技组织是否为该国际组织会员(是否邀请中国台湾地区代表)								
会议附设小型展览面积(不得超过1000平方米)								
会期	年 月 日至 月 日 共 天					地点		
经费收支预算	外汇收入	注册费	资助	其他	外汇支出	收支平衡情况		
	人民币收入	注册费	资助	其他	计划支出			
申请日期	年 月 日	申请单位领人签字:						
						申请单位:(签章)		

注:此表须报一式两份并请在填写前参考背面的"注意事项"

举办和申办国际会议注意事项

建议您在填写此表前查阅"科协发外字(2002)18号《关于印发〈国际科学技术会议与展览管理暂行办法实施细则〉的通知》"并特别注意以下问题。

1. 会议举办或申办单位要有正式公函说明会议的目的、意义、主题、内容、规模(总人数和外宾人数)、举办地点、日期等;申办单位须是法人社团或单位。

2. 凡受国际组织委托或与国外组织联合举办的会议,应说明该国际或国外组织的概况,如:成立时间、宗旨、规模等;并须重点说明我国在该组织中是否为会员,我国科学家担任何职务,我国台湾地区与该组织的关系和使用的称谓,在以前历届会议中是否出现过"两个中国"或"一中一台"等问题。

3. 受国际组织委托举办的会议,应提供该组织确认委托的文件。

4. 举办一般性国际会议须提前8至12个月申报,如有特殊情况需提早报批,应加附加说明材料。报国务院审批的规模较大的重要会议,应提前12个月(或根据实际操作所需时间适时)提出申请报批。

5. 举办的国际会议必须以学术交流为主,只能附设规模、内容和形式都有利于学术交流的小型展示,不得以办会为名搞商业性展览。会议附设的小型展览须在来函中说明其内容和展示面积(不超过1000平方米),展览必须随会议一起批准,不得单独申报。

6. 同一会议不得多渠道办理审批手续。

7. 国际科技会议的名称不宜冠以"华人"、"全球华人"等称谓。未经中国科协报有关外事归口部门批准,任何国际科技会展名称不得冠以"中国"、"中华"、"全国"等字样,也不得使用"中国国际××会议"以及其他类似名称。但可以使用中国地方性会展名称,如"中国(地区名)国际××会议"。

8. 会议一经批准,须严格按批准文件执行,不得擅自改变(如:日期、地点、名称、内容等)。如遇特殊情况,应向中国科协办理变更或重新批准手续。

9. 国际会议和展览的主办单位应在会展结束后2个月内报送总结报告,对未及时报送总结的单位,中国科协将不再受理其国际科技会议的申请。

如您有问题,请与××××××联系。

电话:×××××;传真:××××××;

电子函件(E-mail):××××××××

复习思考题

1. 会议的主办机构有哪些类型？
2. 会议组织机构的主要任务有哪些？
3. 会议组织者的职责有哪些？
4. 什么是 PCO？它的工作内容主要有哪些？
5. 什么是 DMC？它的工作内容主要有哪些？
6. 简述会议审批程序。

第四章

会议的策划

学习目的

通过本章学习,明确会议策划的概念,掌握会议策划的方法、原则和内容,了解会议策划书的制定,以及会议策划中应该注意的一些问题。

主要内容

- 会议策划的概念与方法
- 会议策划的原则与内容
- 会议策划书的制定

会议策划书的种类　会议策划书的一般内容　会议策划书的特点　会议策划书的格式

- 会议策划应注意的问题

第一节　会议策划的概念与方法

一、会议策划的概念

1. 策划的概念及特点

"策划"一词最早出现在《后汉书·隗器传》中"是以功名终申,策画复得"之句。其中,"画"与"划"相通互代,"策画"即"策划",意思是"计划、打算"。策划一词在古代有谋划、筹划、计划、计策、对策等意思。

目前我们指的策划,应该说比古代的理解更为深刻,其主要含义有以下几种。

(1)日本策划家和田创认为,策划是通过实践活动获取最佳效果的智慧,它是一种智慧创造行为。

(2)策划是一种对未来采取的行为作决定的准备过程。

(3)策划是一种构思或理性思维程序。

(4)陈放的《策划学》认为,策划是指运用人的智能,对未来所做的事情进行预测、分析,使之有效完成。

(5)《组织与管理技术》一书认为,策划是在事前决定做何事。

(6)《公共管理》一书认为,策划在本质上是较佳决定手段,也是行动先决条件。它认为,策划包括确定某机关或事业的目的,以及达到目的的最佳手段,策划在其运作过程中能影响管理者的决策、预算等,简而言之,策划就是管理。

(7)策划是人类通过思考而设定目标,为达到目标最单纯、最自然的思维过程。

(8)策划就是策略、谋划,是为达到一定目标,在调查、分析有关材料的基础上,遵循一定的程序,对未来某项工作或事件事先进行系统的、全面的构思,谋划,制定和选择合理可行的执行方案,并根据目标要求和环境变化对方案进行修改、调整的一种创造性的社会活动过程。

(9)资深策划专家舒淳认为,诸利取其重,诸害取其轻,其中"取"就是策划。又如"上策、中策、下策",即遵循客观世界的运行规律,主观地提出和提炼实现最高价值目标的谋略和方法。"策划"在中国有久远的历史,古为军师、策士、谋士,今为企划设计师、策划家。"策划"作为一种独立的行业和产业,却是近年的事,它是知识经济时代的智慧之果和精神产品。

(10)资深策划专家王树森认为,策划是"三分思维,七分科学"的系统理性活动过程。策划有三个基本属性,即目标性、创造性和可操作的科学性。

(11)小鸭集团策划总监韩志辉认为,策划=充分的信息+广播的知识+创造性思维。

(12)美国"哈佛企业管理丛书"编纂委员会对策划所下的定义综合了策划各方面的特征,是比较全面的一种看法。他们认为:策划是一种程序,在本质上是一种运用脑力的理性行为。基本上所有的策划都是关于未来的事物,也就是说,策划是针对未来要发生的事情做当前的策划。换言之,策划是找出事物因果关系,衡度未来可采取之途径,作为目前策划之依据,亦即策划是预先决定做什么、何时做、如何做、谁来做。策划如同一座桥,它连接着我们目前之地与未来我们要经过之处……策划的步骤是以假定目标为起点,然后定出策略、政策,以及详细内部作业计划,以求目标之达成,最后还包括成效之评估及回馈,而后返回起点,开始策划的第二次循环。策划是一种连续不断的循环。

在综合比较了对策划所作的各个角度的理解后,我们认为,策划是一项立足现实、面向未来的活动。它是策划者依靠自身理性并根据收集到的各种信息来判断事物变化发展的趋势,全面构思、设计、选择合理可行的行动方式,以实现特定目标的活动。策划是一个综合性系统工程,其中目标是策划的起点,信息是策划的基础和前提,创意是策划的核心。它作为一种以人类智慧发挥为条件的高级思维活动,始终与人类社会相伴而行。

上述论述充分说明,策划活动具有以下特点。

(1)策划是一项具有明确目标性的活动。目标设定是策划的重要任务,对于不同类型的会议来说,目标各不相同,策划的首要任务,是确定会议的目标。

(2)策划是具有多重选择的活动。策划在某种程度上类似于作出一个决定或决策,而一项决策的制定不是单一的、独立的事件,而是"经历了若干时间的综合性社会活动的产物"。所以,策划活动是一项注意力高度集中的或者说是发挥智慧的过程,这种过程决定了作出最后决定的时机、设计可能的实施计划的过程以及评价被选方案并选择方案的过程。

(3)策划是一项具有风险性的活动。在理论上,人们假定决策者总是要选择为了达到目标或期望结果的最合适的行动路径。会议的策划者也总是希望能找到通往预期目标的"阳光大道"。不过,决定什么是"最合适"的"阳光大道"往往不是一件容易的事,对于最终的策划产生的结果来说,总是存在一定的不确定性。因此,在会议的策划中应尽可能将未来活动的不确定性及风险降至最低。

(4)策划是一项理性的活动。那么,策划者究竟该怎样做才能取得策划成功呢?如果我们借用经济学理论的决策模型,决策者总是理性的,并且这种理性是有意识的。也就是说,他们总是为达到预定的目标而努力,以最少的对稀缺资源的投入来达到设定的目标,能够区分并调整自己的行为。

(5)策划是创意性的活动。创意的基本原则是发现旧元素间的联系,并将旧的元素进行新的组合。所以,会议策划不仅是一项十分复杂的系统工程,而且具有很强的创新性。在策划过程中,要求不断推陈出新,通过特殊的构想、别致的手法、周密的计划、精心的安排,来达到出奇制胜的效果。

2. 会议策划的概念

会议策划是对会议进行管理和决策的一种程序,它是一种对会议活动的进程以及会议活动的总体战略进行前瞻性规划的活动。它是在会议活动开始的最初阶段就要进行的,有时甚至要贯穿于会议活动始终的一种优先的、提前的、指导性的活动。

在会议的决策过程中,由于会议的组织机构不同、所针对的问题不同、会议项目的新旧不同等,决策的程序也不尽相同。

大型会议如以国际政府部门、贸促机构、工商会、集团公司等为主办者的会议,他们大多有相应的部门或人员专门从事会议工作并有固定的决策程序,会议策划的环节相对也比较规范合理。对于小的公司而言,可能策划的环节会比较简单;连续参加或者连续举办的会议决策过程可以比较简单些,这一方面体现组织者政策和战略的连续性,另一方面也反映出这些会议项目合适、效果好。对于这些项目,组织者无须再作决策,只要在局部或细节上加以调整即可。但对于初次举行的项目,组织者应该充分调研,全面考虑,慎重选择。只有加强决策的科学性,才能避免盲目性。

一般说来,一份完整的会议策划,基本上包括策划者、策划对象、策划依据、策划方案和策划效果评估等要素。

策划者在会议过程中起着"智囊"的作用,策划者的素质直接影响着会议成果和质量水平;策划对象既可以是某项整体会议活动,也可以是会议诸要素中某一要素(如会场设计);策划依据包括策划者的知识结构、信息储存以及有关策划对象的专业信息;策划方案是策划者为实现策划目标,针对策划对象而设计创意的一套策略、方法和步骤;策划效果评估是对实施策划方案可能产生的效果进行的预先判断和评估。

会议策划诸要素之间互相影响、互相制约,构成一个完整的体系。

二、会议策划的方法

1. 头脑风暴法

头脑风暴法又称智力激励法,是一种群体策划方法,由美国创造工程学家A. F. 奥斯本(A. F. Osborn)在1939年创立的,开始主要用于创造发明学上,后来逐步引进策划领域,成为重要的群体策划方法之一。

(1)头脑风暴法的特点

头脑风暴法是一种专家会议形式,目的是进行决策预测和策划方案的设计。这种专家会议是在一种非常融洽和轻松的气氛下进行的,人们可以畅所欲言地发表自己的看法。头脑风暴法的心理基础是一种集体自由联想而获得创造性设想的方法,它可以创造知识互补、思维共振、相互激发、开拓思路的条件,因此,可收到思考流畅、思考领域扩大的效果。

这种方法适用于研讨战略性决策问题,可以从中产生出新思想、新观念、新方法、新成果。但这种方法受与会者主观素质条件限制,整理分析要花相当长的时间,甚至会延误决策。

(2)头脑风暴法的原则

掌握头脑风暴法的原则是成功运用头脑风暴法的关键。

① 互不批判原则。为了消除每个与会者的心理压力,创造一个融洽、自由、轻松、活泼的气氛,保证思维的发散性和流畅性,会议上不得对任何人提的任何设想有的丝毫批判,任何人也不得作出判断性结论。为了确保互不批判原则彻底实行,在会上也禁止吹捧、溢美之言。互不批判原则是头脑风暴法中最重要的

原则,是其他各项原则的前提和基础。

② 自由奔放原则。就是使人的主观想象力得到充分的发挥,让与会者的思维保持在自由奔放的状态,以便提出各种新颖、奇特的构想,突破各种束缚和障碍,形成富有创造性的设想和方案。

③ 数量最大化原则。会议上所提出的各种设想不在乎质量的高低,其目的在于获得最大数量的设想。这要求鼓励与会者自由地大胆地展开想象,踊跃发言,提出方案越多越好,在各种设想大量增加的条件下,各种优质设想就会蕴藏在其中。

④ 借题发挥原则。就是善于结合别人的意见来提出自己的设想,目的是鼓励对他人的设想加以改善或将他人的设想加以结合,巧妙地利用他人的设想,从而提出更加新奇的设想,这就会促成思维的连锁裂变反应。

(3) 头脑风暴法的实施程序

头脑风暴法的具体运作程序大体有如下几个步骤。

① 会前准备。会前准备有四个环节:

第一,确定会议主题。也就是确定策划所要集中解决的问题;

第二,选择主持人。主持人关系到会议的成败。主持人必须十分熟悉会议的主题,熟悉掌握 BS(头脑风暴)技法;同时要求平易近人、头脑灵活、健谈幽默,善于启发和提示,善于制造气氛和保持气氛。主持人不一定是群体中最高权威者或最高领导者,可以是群体中地位、资历、学识居于中等程度但符合以上标准的人员;

第三,组成专家小组。小组成员可以是各方面的人员,一般以 8~15 人为宜。专家小组的人员选择有三个原则:其一,参加者如果相互认识,要从同一级别的人员中选取。领导人员原则上不应参加,否则可能对参加者造成某种心理压力;其二,如果参加者互不认识,可从不同级别的人员中选取。这时,不论成员的职称或级别高低,都应同等对待;其三,参加者的专业应尽量与所讨论的中心问题相一致,同时专家组中最好包括一些学识渊博、对所论及问题有较深理解的其他领域的专家。

头脑风暴法的专家小组应由下列人员组成:一是方法学者,即策划领域的专家;二是设想产生者,即专业领域的专家;三是分析者,即专业领域的高级专家;四是演绎者,即具有较高逻辑思维能力的专家。

第四,确定会议时间。经验证明,头脑风暴会议的最佳时间要控制在 20~60 分钟。

② 会议召开。会议的程序大体上包括:

第一,会议开始,主持人宣布讨论课题,申明四项原则;

第二,自由发言。必须把自由和集中统一起来。自由指的是会议气氛轻松,大家言论无拘无束,集中是指要有重点、有针对性,而不是漫无边际地夸夸其谈。此时如果出现冷场,主持人可抛出事先准备好的设想,以起到抛砖引玉的作用;

第三,随时公布方案。应有两名记录员参加会议。一人做书面记录,另一人将发言随时整理,利用黑板或投影仪反映出来,以相互启发,相互激励;

第四,适时宣布休会。会议已达到预期效果或已超过预期时间,要适时宣布休会;同时请大家继续思考,有了新的构想后予以补充。

③ 加工处理。会议结束后,会议主持人和记录员要及时把会议讨论的问题归纳分类,进行全面的技术性分析、可行性论证和评估及系统化处理,有的方案还可以建立数学模型,然后一并送策划者优化选择。

(4)对头脑风暴法的完善(反向头脑风暴法)

头脑风暴法有利于充分发挥个人的想象力,有利于各种意见、设想的不断提出、修改、补充和完善,它能在较短的时间内,获取质量较高的策划方案。但它要受到与会者经验、知识、思维能力等多方面的限制,会议记录整理往往也比较困难。为了克服其不足,人们通常把头脑风暴法与反向头脑风暴法结合起来运用。

反向头脑风暴法,又称质疑头脑风暴法。它的做法是在召开头脑风暴法会议的基础上,召开第二个专家会议,其议题只对第一个会议提出的各种设想进行质疑性评估。它要求与会专家只对已经提出的设想、意见提出各种质疑或评论,不允许对已提出的设想做确认性的论证。

反向头脑风暴法的程序是:第一步,对已经形成的设想、意见、方案提出质疑,其重点是研究有碍设想实现的问题;第二步,把质疑和评论的各种意见归纳起来,进行全面的分析、比较和评估,在这种极其严厉的批评之中,修改各种方案,使之完善。该方法所遵循的原则与直接头脑风暴法一样,但禁止对已有的设想提出肯定意见,而鼓励提出新的可行性设想和建议。

实践表明,通过头脑风暴法和反向头脑风暴法的结合使用,可以排除折中方案,所论问题经过客观的连续的分析后,可以找到一组切实可行的方案。近年来,这一方法在各种类型的策划实践中得到了广泛的应用。

2.KJ法

KJ法是日本著名创意策划人师川喜田二郎先生所发明使用的方法。这是一种将本来众多的个别资料或要素加以整理而形成易懂的体系的方法。它的实施步骤如下:

(1)先从团体创意中收集各类意见,再将每一个意见写于名片大小的卡片上,而后将卡片如扑克牌般地排列在大桌上;

(2)将有相似之处的卡片聚成一处,则桌面上即会形成一个个卡片的小集合;

(3)以简洁的文字,浓缩每一堆卡片的意义,在每一堆卡片的最上面,放上一张以一行字代表其内容的卡片;

(4)将数张一行字的卡片,按其相似处编成中集合,再把中集合编成大集合;

(5)编完大集合后,把这些大集合中的小卡片,在大张的纸上展开做成相关图或是构造图,而后再贴上各自所属的卡片,形成各个体系的体系图。

经这些过程做成的体系图,可使最初杂乱无章的数十甚至数百种创意一目了然,并能突出问题的关键要素,对实施计划的探讨及评价非常方便。

3. 纸牌法

纸牌法是由日本新力公司的小林茂先生命名的,这个方法是 KJ 法的变形。小林茂先生希望有更简便、更好的新方法,于是创造出了由集体创造的新法,即"纸牌式集体创意法",简称纸牌法。

纸牌法是事先分配好数张卡片,请参加人员在每一张上写一个创意。然后决定一名主持人,主持人将各成员的卡片全部收集,再以洗纸牌的方法,将卡片均匀混合,再将卡片分给每一位成员,每人获得的卡片数目也大致相同。大家仔细阅读手中的卡片,若有不明白之处,可向原作者提出疑问。假如手中的卡片有相似之处,就自行先予以归类。

从主持人的右侧开始,每个人将自己手中卡片的内容当场念出来,而且一一放在桌上。在座的成员,若听到与自己手中内容相似的卡片时,也拿出来与之归于一处。如此经过一轮之后,放一张封面卡片在上面,标明这些相似内容卡片的共同特点,再放到主持人那儿。

重复进行这种程序,以后会形成数堆集合以及仅有单独一张的"单独卡片"。对"单独卡片"和整堆的封面卡片,再重复以上程序,最后会形成四五堆集合,接着就与 KJ 法一样做关联图。

纸牌法的作者曾表示,这不单是收集创意的创意法,而是使成员对一个题目利用纸牌法探究的过程,会产生各种讨论从而帮助了解。最后做关联图时,会激起所有成员的团队精神,并强烈地关心问题的解决或实行方式。因此作者又命名其为"组织复苏法"。

4. 策划树法

策划树法适用于策划过程中带有不确定性的风险型策划问题的策划分析。策划树是策划过程的一种有序的概率图解表示,因此,策划树法又称为概率分析策划方法。策划者根据策划树所构造出来的策划过程的有序图示,不但能纵观策划过程的全局,而且能在这种通观全局的基础上系统地对策划过程进行合理的分析,从而得到良好的策划结果。策划树将一系列具有风险性的抉择缓解联系成为一个统一的整体,为策划者提供了一种通观全局的描述。因此,策划树分析法是现代策划中常用的有效的策划方法之一。

所谓策划树就是从一个基点出发,将各种可能性全部标注在一个树状的图示中,从而对在策划过程中由于主客观条件所造成的各种可能性进行分析,在此基础上再对最终的策划方案作出选择。

策划树表现为一个树状的图示,图示上的各个节点称为策划环节。策划树上的策划环节有两种情况:一种是可以由策划者凭主观意志作出选择的策划环节,称为主观抉择环节,在策划树中通常用方块表示;另一种是不能由策划者主观意志选择的策划环节,称为客观随机抉择环节,在策划树中通常用圆形表示。对于由策划环节出发可能出现的可能性,在策划树中通常用箭头表示,这个箭头将指向下一个策划环节。这样可以将各种可能性全部联结在一个树状的图示中(见图4-1)。

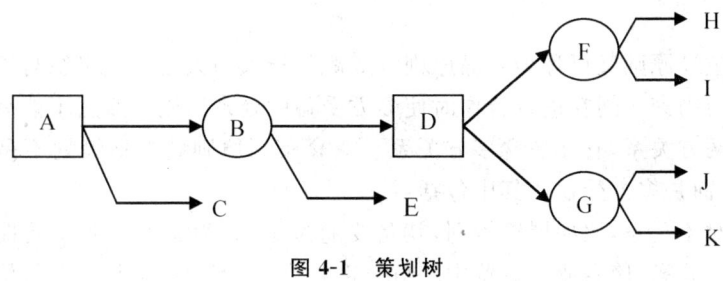

图 4-1 策划树

对于风险策划来说,在所有的策划过程中都存在着风险度,因为凡是在成功概率非唯一的情况下都意味着存在失败的可能性。

在图4-1中A点就是策划树的基点,从其引出的各条支线称为方案枝。从A点可以引出两条方案枝,或者说有两种可能,这两条方案枝分别可以达到B点和C点。如果通过分析认定C点所代表的情况不可能出现,则可以不再继续分析下去,而专门去考虑从B点再往下一步发展的情况。

从B点还可以引出两个方案枝,即可能出现D点和E点所分别代表的两种情况,同样排除E点后,再继续分析从D点引出的方案枝,依此类推。

第二节 会议策划的原则与内容

一、会议策划的原则

会议策划是为综合性、大规模的会议活动提供策略的指导和具体的计划。它必须遵循市场经济的客观规律和会议活动的基本原则。

1. 目的性原则

会议，从大的方面说，或者为促进地区经济的增长，或者是为传递有关的信息、知识、观念，或者为打造品牌，促进经济一体化发展，总有一定的目的。因此，在会议策划过程中，应该遵循目的性原则。

2. 利益主导原则

依据亚当·斯密的"经济人"的观点，利益是每个人、每个团体、每个阶级，乃至整个国家所追求的目标，它是整个人类社会前进的动力。因此，人类的一切策划活动，实质上就是在谋求特定的利益。每一项会议活动都需要有一定的时间、人、财、物甚至包括"政治资本"（如政治影响、政治威望）的投入。策划者应该根据会议的类型明确地知道所要追求的利益，以及潜在的利益，并为利益的实现合理配置资源。对于潜在利益，策划者应考虑是否值得一定成本的投入去实现潜在的利益。

利益主导原则又可称为双赢原则。双赢是指人与人之间或组织与组织之间以及国家与国家之间在进行合作时使多方受益的处理原则。双赢不能只从字面上理解为两方关系，它亦包含多方关系。双赢策划原则就是指策划不是单纯的一方受益，而是多方受益。其中包括：

策划对象受益，比如展览策划，就是要通过策划，为参展企业发展提供一套切实可行的方案，使企业在展览中获益。也就是说，策划必须是要有效果的。

策划者本身受益，如会展公司从事策划，往往是一种职业行为，专职策划是有报酬和收益的。

总之，策划时要注意多方面的权益，要注意各方面的利益，损害哪一方，或哪一方没考虑周全，这个策划就可能不是成功的策划。双赢原则近几年在处理外交事务中，也往往被采用。但在策划时这一原理也适用，当今社会竞争是主流，双赢等于共赢，策划中没有输家才是高明的策划。

3. 整体规划原则

依据系统论的观点，任何事物都可视作一个系统。系统由次系统构成、次系统又由次次系统组成，如此不断循环。整体规划原则要求策划者应具有全局观、能从长期利益出发。一场成功会议的举行，从会前准备到会后的评估，包括了会议场地的选择、食宿安排、出席者邀请函的设计与分发、会议期间的组织与管理等技术上的事项，所有这些事项是会议的组成部分。为了保证所有的客户都能满意，所有的事情都需要统筹规划，在有效的时间内用最有效的方式来计划和协调。

4. 客观现实原则

以线路设计为例，策划者应该单独或考虑下面三个问题：一是物质层面的问题。比如说设计从住地到会议地点的路线,从"效率"的角度出发,重点当然会根据行程距离和所需时间,放在"两点之间最短的距离"上;二是"政治"方面的问题。在设计线路时需要考虑政治资源的获得或丧失等因素,例如从住地到会议地点间"最短的路线",可能还应该包括因某些原因需要绕道而行;三是"组织的(Organizational)"问题。比如说,城市专家认为所选定的路线道路状况不佳,如果重新修建,一是不经济,二是不符合城市整体发展规划,因此决策者需要考虑城市专家的建议。

5. 可操作性原则

会议策划不但要为会议活动提供策略指导,而且要为它们提供具体的行动计划,使会议活动能够在总体策略的指导下顺利进行。会议的实施是会议策划的直接目的,因此会议策划应该有充分的可操作性。会议策划的操作性原则要求在做策划方案时要结合市场的客观实际情况,以及企业、会议公司的具体情况、实施能力来进行,否则就是纸上谈兵。

6. 周密性原则

由策划的内涵可知,会议策划工作需要对会议的诸多方面制订周密的计划和作出精心的安排。如果计划不够周密,安排不够周到,就可能给一个活动造成无法弥补的损失。

7. 整合原则

整合,就是将相关联或不相关联的事物联系起来,创造出新的价值绩效,我们将这种行为称为整合。整合是策划的一个重要原则,策划往往是一个系统工程,所以也可称为系统原则,不是一个人能够完成的,也不是一件单独的事情,在这个时候就需要整合。随着社会化大生产的形成,社会活动日益复杂多样,规模、层面越来越大,相关事项也越来越多,策划活动所处理的数据资料也更多、更复杂,而策划活动的影响也越来越大;这时,许多策划就不是一个人、一个单位能够完成的,需要集中集体智慧或请各方面的专家才能完成,参加单位也不是一个两个,需要组合好几个单位才能完成。这时,整合本身就变成了一个策划,怎样整合这些人和单位,怎样进行最佳搭配和组合,这本身就需要策划。从某种意义上讲,整合就是策划。

8. 规范性原则

随着中国加入WTO,作为服务贸易的一部分,会议业将全方位对外开放,服务贸易壁垒将逐步被拆除,中国会议业将面临外国同行更为直接和激烈的冲击,会议经济将会以更快的速度和国际接轨。因而,尽快建立统一、公平、有序的市场体系,提高会议市场的透明度和规范度,是我国会议业亟待解决的问题。

会议策划的规范性原则要求,首先必须遵守法律的原则,在不违反法律法规的前提下展开会议策划。我国会展方面的法律规范主要包括国务院颁布的行政法规和其他一些规范性文件。其次，必须遵守伦理道德，在不违背人们的价值观念、宗教信仰、图腾禁忌、风俗习惯下进行策划。

规范性还要求会议策划必须遵循行业规范，做到管理规范、程序合理、操作有方、竞争有序，在深刻把握会议经济内在规律的基础上完成策划。

二、会议策划的内容

1. 会议目标和任务的策划

(1) 会议目标和任务的含义及作用

目标即期望，会议的目标是会议组织者的期望，而会议的任务则是在目标统率下所要完成的具体工作。换句话说，目标是会议所要完成的具体任务的总和，而完成任务则是实现会议目标的具体步骤。会议是一种目的性很强的群体性社会交往活动，人们举行会议无不是为了达到某种目的、完成一定的任务：或沟通交流、或达成协议、或作出决策、或布置工作、或联络感情……总而言之，确定会议目标和任务就是要解决为什么开会这一最基本的问题，开会只不过是实现组织者目标和期望的手段而已。目标清晰、任务明确，会议才能发挥应有的功能。

在会议过程中，会议目标和任务的作用表现为以下几方面。

①制约会议的主题和议题。会议主题是会议目标的转化，是会议主要内容和实质问题的高度概括。会议议题是围绕主题设立的一个个拟讨论的问题。会议的目标和任务不是空洞虚幻的口号，在会议过程中，它必须落实到具体的会议主题和议题上。主题和议题是为目标和任务服务的，并为目标和任务所制约。有什么样的会议目标和任务，就会有什么样的会议议题。

②决定会议的性质。会议的性质必须符合会议目标和任务的要求。比如，要确定党的建设和国家发展的路线、方针、政策、法律，就必须召开全国党员代表大会、党的中央全会、全国人民代表大会或全国人大常委会会议。又比如，解决本单位日常工作安排和行政事务问题，应当举行领导人办公会议。

③影响会议的方式。会议的方式即用以达到会议效果的手段，包括会场布置、气氛渲染、活动的样式等。会议采取何种方式，使用哪些技术手段，必须有利于会议目标的实现和会议任务的圆满完成。会议目标也直接影响会议方式，会场布置和气氛渲染能影响与会者的情绪和注意力，丰富新颖的活动能提高与会者的兴趣，现代化的传递方式如电话会议、电视会议能提高会议的时间效益和经济效益。

④引导会议的结果。如果说会议目标是动机的话，那么，这一动机应当与会议的效果相统一。也就是说，只有当会议的结果同会议的目标一致时，会议才算得上是成功的。正确合理的目标与任务以及为实现这些目标与任务而制定的议

题、议程、规则、程序和采取的有效的会议策略,能创设一种良好的会议氛围和正确的导向,并对与会者产生积极的心理定式,影响与会者对问题的认识和判断,甚至影响他们的立场和态度,使会议产生与目标一致的结果。

(2)会议目标和任务策划要注意的问题

① 提出的目标和任务要切实。开会是为了解决问题、协调关系、推动工作,因此,会议的目标和任务一定要切合工作实际和人们的思想实际。目标过高或者太低,以及目标空洞、虚幻,具体任务不明确,不仅无助于会议的成功,有时甚至还会造成负面效果。

② 处理好目标层次之间的关系。会议的目标根据实际需要可以是一个,也可以是多个。具有多个目标的会议,要处理好目标层次之间的关系。

第一,处理好总目标与具体目标的关系。有的大型会议需要解决的问题较多,在总目标之下需确定一些具体的目标。但总目标与具体目标之间是统率与被统率的关系,总目标统率具体目标,具体目标必须服从于总目标。

第二,处理好主要目标和次要目标的关系。有些工作性会议常常需要讨论解决几个不同性质的矛盾和问题,以减少召开会议的次数,提高会议的效率,因而会议的目标多而且杂。举行这类会议首先要明确会议的主要目标,处理好主要目标与次要目标的关系。同时,还要适当控制次要目标的数量。实践表明,一次会议的目标越集中,会议的议事质量就越高,与会者对会议的结果印象就越深刻,贯彻会议的精神也就越顺利;反之,会议目标庞杂,主次不分,势必造成议题杂乱无章、与会者精力分散、议事质量下降、会议时间无效延长的后果。

由于会议的目标是少数会议领导者和组织者在会前确定的,难免存在主观性和片面性,因此,必须接受会议全过程和社会实践的最终检验。

2. 会议主题和议题的策划

(1)会议主题和议题的含义及作用

会议主题是会议目标的转化,是会议主要内容和实质问题的高度概括,会议的潜在参与者通过它就可以了解会议的大体内容。会议议题是围绕会议主题而设立的一个个拟讨论的问题,它是会议主题的具体化。

会议中的节目、活动安排都围绕会议主题进行,因而选好会议主题对会议的成功举办有着非常重要的作用。会议议题能帮助与会者更好地讨论问题,避免脱离会议主题。

(2)会议主题和议题策划的要求

① 服务于会议目标和任务。会议的目标决定会议的主题和议题,反过来,任何一种会议目标都必须通过会议的主题和议题来体现。也就是说,会议的主题和议题应当根据会议的目标和任务来确定,与会议目标和任务无关或者偏离

会议目标的主题和议题都应当舍弃。正因为如此,主题和议题应当在会议召开之前与目标和任务一起确定,当然,在会议过程中也可以围绕目标与任务补充新的议题或修正原来的议题,甚至提出反议题——针对某项议题的反对性议题。

案例4-1:博鳌亚洲论坛主题

2002年,新世纪、新挑战、新亚洲——亚洲经济合作与发展

2003年,亚洲寻求共赢:合作促进发展

2004年,亚洲寻求共赢:一个向世界开放的亚洲

2005年,亚洲寻求共赢:亚洲的新角色

2006年,亚洲寻求共赢:亚洲的新机会

2007年,亚洲寻求共赢:亚洲制胜全球经济——创新和可持续发展

2008年,亚洲寻求共赢:绿色亚洲:在变革中实现共赢

2009年,经济危机与亚洲:挑战与展望

2010年,绿色复苏:亚洲可持续发展的现实选择

2011年,包容性发展:共同议程与全新挑战

2012年,变革世界中的亚洲:迈向健康与可持续发展

案例4-2:亚欧首脑会议主题

1996年,促进发展建立全面的亚欧新型伙伴关系

1998年,如何应对亚洲金融危机

2000年,建立新千年稳定和繁荣的亚欧伙伴关系

2002年,多样性中的统一性

2004年,进一步振兴、充实亚欧伙伴关系

2006年,亚欧会议十周年:共同应对全球挑战

2008年,对话合作、互利共赢

2010年,改善民生:提高公民福利和尊严

② 高效。议题对会议的效率有直接的影响,为此要做到以下几点。

第一,凡拟提交会议讨论的议题必须是必要的并且是需要立即讨论的,避免让那些没有必要性的问题分散精力和占用会议时间;

第二,一次会议的议题要适量,避免因议题过多导致会议时间冗长、会议效率下降;

第三,分清议题的主次轻重,明确中心议题或主要议题,以保证与会者能够把主要精力集中于最重要和最需要认真思考的问题上。有些工作性会议,如领导人的办公会议,需要讨论和解决的问题较多,这时,应将其中比较重要的问题以较多的时间和精力进行研究和解决。明确中心议题实际上就是明确会议的主要目标和任务,就是抓工作中的重点和难点;

第四,准备一定要充分。在拟定议题的同时,还要提交相关的背景材料,有的还要形成两个以上的备选方案,以便在讨论和决策时参考。这样既可以节省会议时间,也可以最大限度地提高会议的决策质量;

第五,相关的议题集中或归并讨论,避免或最大限度地减少重复讨论。

③ 准确。准确包括两个方面的要求:

第一,议题的表述要清楚准确,避免含混或产生歧义;

第二,议题的内容必须与会议的权限相符,不能超出会议的职权范围。

2009年博鳌亚洲论坛年会主题是经济危机与亚洲:挑战与展望。其中六大焦点议题包括:亚洲资本市场,中国房地产市场,国际金融体制改革,多哈回合,危机中的展望,寻求金融创新、开放与监管平衡,金融危机下的企业生存。2010年年会主题是绿色复苏:亚洲可持续发展的现实选择。主议题包括经济转型中的资本市场定位;从G8到G20:全球经济治理的新架构、新原则、新力量;亚洲发展模式的再思考。

(3) 议题的形式

① 书面形式。重要会议的议题要采用书面形式,以示郑重,便于与会者仔细研究。书面形式包括三点。

a. 议案。单项议题的正式书面文件叫做议案。重要的会议,特别是法定性会议,正式代表和法定机关提出的议题应当采用议案这一书面形式。议案必须经过一定的审查程序并获得通过才能成为会议的议题,列入会议的议程。

b. 议程表。议程表是反映多项议题讨论顺序的书面形式,有些研究工作的内部性会议(如领导办公会议)或协调性会议,可以直接用议程表的形式表述各项议题,无须形成议案。

c. 提纲。如讨论提纲、调查提纲等。一般用于无严格会议程序的讨论会、调查会等。

② 口头形式。有些事务性会议或小型调查会无须强调议题的程序性,可事先将议题口头告知与会者,由会议主持人根据会议具体进展灵活掌握,不一定采取书面形式。

(4) 议题的提出、汇总与审查

① 提案权与提案义务。提案权即提出议案(包括动议)的权利,法定性会议的议事规则都必须对此作出明确的规定。一般来说,会议的正式成员、具有法定关系和法定职权的组织和个人都有权向特定的会议提出相应的议案,如全国人民代表大会的代表、代表团、国务院拥有向全国人民代表大会提出议案的权利。

提案义务即提出议案建议的义务。提案义务是广泛的,可以由组织章程、工作制度、议事规则作出一定的规定,也可以作为一项社会义务,凡对某项工作承担责任或者感兴趣的个人和组织都可以建议的方式向有关的会议提出议题,由会议的领导机构决定是否列为会议议程。

② 议题提出的时间。分为三个时段。

a. 会前提出。议题一般都应当在会议正式举行之前提出,以便会议的领导机构进行审核,决定是否列入会议议程。

b. 截止时间前提出。法定性会议需要规定提交议题(议案)的截止时间。

c. 临时提出。临时提出的议题称之为动议。动议的提出也必须符合会议的有关规定。

③ 议题的汇总。议题(议案)提出后,由会务工作部门统一整理、登记、汇总,然后提交给会议的组织者或大会主席团进行审核。

④ 议题的审查。会议的组织者在将有关的问题正式作为会议议题之前,或在收到会议成员及相关组织的议案后,应对该议题(议案)进行审查。议题的审查可以委托会务工作机构进行,必要时可设立议案审查委员会,专门负责议案的审查工作。议案审查的重点如下。

a. 该议题及可能作出的决定是否符合组织的管理目标并属于会议的职权范围。

b. 该议题理由是否充分,相关材料是否可靠。

c. 该议题的时机是否成熟,是否必须在本次会议上讨论。

d. 该议题提出的程序是否符合有关规定。

(5)议题的决定和处理

① 议题的决定。纵向性会议的议题经过审查,直接提交给会议的领导机关或领导人参考和决定;横向性会议的议题则要经过表决或磋商确定。确定的议题列为会议的议程。

② 议题的处理。不能确定的议题,按下列办法处理。

a. 撤题。即把不符合组织的管理目标、不符合上级领导机关或本级领导机关政策精神的议题,以及在分管领导职责范围内可以决定而不需要拿到会上讨论的问题予以撤回。

b. 转题。即把不属于本级领导机关或本部门研究决定的问题,也就是不应当由本次会议讨论的议题,转给相关的领导机关或部门的会议去研究处理。

c. 缓题。即对那些情况复杂一时难以搞清楚,解决问题的时机尚未成熟,或者相关材料准备不足,需要充实情况的议题,采取缓议的办法,等时机成熟后再议,或退回有关部门进行补充后提交下一次会议讨论。

d. 协调。即对内容涉及诸多部门和单位的议题应在会前充分协调,使各方的立场趋于一致,并能形成一个初步方案,再提交会议正式通过。议题的协调是一项十分重要的工作,是会议取得成功的关键,具体的方法要视会议的性质而确定。

(6) 其他应当注意的事项

① 思想上高度重视议题的安排。安排好会议的议题是会议工作的一项重要内容。会议的准备就是议题的准备。有些会议组织者对安排议题的重要性缺乏认识,会前不认真研究,到时随便凑几条议题,这样的会议要么大而化之,不着边际,解决不了实际问题;要么事无巨细,样样都谈,成了"婆婆"会。

② 处理好主题与一般性议题的关系。当前,主题性会议层出不穷。举办主题性会议,既要突出主题,又要处理好主题与议题之间的内在联系。主题应当统率议题,议题要体现主题的思想性,同时能将主题具体化。

3. 会议性质、与会人员、规模与方式的策划

(1) 会议性质的策划

会议的性质要根据会议的目标、任务、议题来确定。此外,在策划会议性质时还要充分考虑以下几方面的问题。

① 会议的职权。会议的性质是各不相同的,有的会议属于立法性会议,有的会议属于行政决策性会议,有的属于贯彻执行性会议,有的则是调查情况、征求意见的会议。会议的性质不同,其职权也不同。会议组织者一定要遵守会议的职权原则,正确处理会议议题与会议职权之间的关系,避免出现越权越位的情况。比如,立法性议题必须在各级人大会议、国家行政机关会议上讨论决定;征求对决策方案的意见,应当召开咨询论证会、听证会等。

② 会议的功能。不同性质的会议,其功能也各有侧重。有的会议侧重于决策,有的会议侧重于研讨,有的会议侧重于联络感情。会议的组织者应当根据会议的目标,并在考察各种会议功能的基础上,确定会议的性质类型。

(2) 会议与会人员的确定

会议的与会人员应当依据会议的目的、性质、议题以及议事规则来确定。它既是会议领导者的职权,也是与会人员的法定权利,同时又关系到会议的目标是否能顺利实现,因此要特别慎重。

① 确定与会人员的几种程序。

a. 领导确定。即由会议的组织者、领导者根据会议的目的、性质和议题来确定。纵向性会议(如表彰会、经验交流会等)和部分横向性会议(如调查会、联谊会等)的与会人员一般由会议的组织者或领导者确定。

b. 规则确定。即会议的与会人员是由法律、法规、会议的组织章程、议事规则本身规定的。各种法定性会议(如党代表大会、人民代表大会、政府会议、董事会议等)的会议成员都是根据组织章程或议事规则产生的,享有参加会议的基本

权利,非经必要程序,不得取消他们的与会资格。

c. 磋商确定。即由会议的发起者、主办者或成员之间根据会议目的和议题,通过平等协商确定各方参加会议的代表人选。会谈和谈判、国际多边会议等就是如此。

d. 选举确定。即按照一定的方法,通过选举程序产生代表,作为会议的成员。

② 确定会议与会人员必须注意的问题。

a. 合法性。合法性即会议与会人员的确定必须符合法律、法规、规章以及组织章程、议事规则的有关规定。

b. 必要性。必要性是强调即明确哪些对象必须或应当参加会议。根据会议的议题和性质必须参加的单位和个人,不能遗漏。可参加可不参加会议的,不应当列入参加范围。

c. 明确性。一是指对象的职务或级别明确,即明确担任什么职务和级别的人员必须或应当或可以参加会议。有的会议必须是正职干部才能出席,有的会议需要分管某项业务的人员参加,有的会议则规定必须是一定级别以上的干部参加。二是指对象的资格明确,即明确每一个对象以何种资格参加会议。对象的身份不同,参加会议的提法也不一样:正式成员称之为"出席";列席成员称之为"列席";旁听成员称之为"旁听";特邀成员根据具体的对象,可以称为"出席",也可称为"列席"。当不需要对与会者的资格作区分时,也可以通用"参加会议"一词。当会议对象的资格不同时,应当在邀请书或会议通知中说明与会者的资格,或以"出席"和"列席"、"旁听"区分,以免误会。

d. 代表性。与会者是否具有代表性,是会议能否真正发扬民主、集思广益的关键因素。因此,代表大会、调查会、听证会等等,应充分考虑与会人员的代表性。

(3) 会议规模的策划

会议的规模一是指会议组织存在的时间,存在的时间越长,规模就越大;二是指会议占有的空间,包括动用的人和物的总和,动用的人员和物资越多,规模就越大。一般来说,决定会议规模的主要因素是动用的人员,其中又以参加会议的总人数为主要依据。

策划会议的规模必须综合考虑以下几个方面的因素。

① 效果。会议的规模与会议的效果密切相关。有的会议保密性较强,必须严格控制与会人数和会务人员,以防会议内容的扩散。有的会议要求造声势,扩大影响,需要达到一定的规模才能产生效果。当然,盲目追求规模,则会产生不良影响和效果。

② 效率。会议的规模直接制约会议的效率。换句话说,会议人数越少,会议所花的时间就越少,会议效率就越高;反之,会议人数越多,意见越不容易集中,会议时间也越长,效果就越低。管理学家经研究发现,出席会议的人数超过12人,其中就可能出现懒于思维者。因此,除了法定性会议和必须举行的大规模会议之外,要尽可能地控制与会人数。

③ 场地。一般来说,规模决定场地,但由于场地的限制,规模必然受到相应的限制。因此,决定会议规模之前应当先考察场地条件。

④ 成本。会议规模与会议成本二者构成正比关系,规模越大,动用的人力、物力、财力就越多,会议成本也就越高。在确定会议规模时,要做到量力而行。除了考虑会议的显性成本外,还要预算一下隐性成本。

(4) 会议方式的策划

在确定了会议的目标、议题、性质、对象和规模之后,就可以确定会议的方式。确定会议的方式应当综合考虑以下几个方面的问题。

① 会场的座位格局。会场的座位格局也就是与会者座位的摆放形式,它同会议的目的、性质和会议的效果有着密切的联系。比如,座谈会应当将与会者的座位摆放成围坐式,以增加轻松和谐的气氛;报告会应当突出报告人的地位,需要设主席台,座位格局以上下对应式为宜。

② 会议气氛的渲染手段。怎样运用宣传手段和会场布置创设会议的特定气氛以达到会议的目标,是会议方式的重要因素。不同的会议需要根据会议的目标、性质采用不同的手段渲染会议的气氛。有些特殊的会议,还需要运用传播的手段给会议创造良好的社会氛围。

③ 会议的技术手段。运用现代技术手段举行会议是现代会议的主要特征。比如,运用电视、电话、计算机及其网络系统召开的远程会议,由于快捷方便,大大提高了会议的效率,降低了会议的成本,日益受到人们的青睐,成为现代会议方式的亮点。

4. 会议时间与地点的策划

(1) 会议时间的策划

会议时间的策划涉及两个方面问题:一是指会议召开的时间;二是指会期的长短。

① 策划会议时间应当把握的几条原则。

a. 时机原则。会议的时间问题首先是一个准确把握会议召开时机的问题。具体包含三方面的含义:第一,解决问题的时机必须成熟。如果说会议的目的是为了解决问题,那么解决这些问题的时机成熟与否,则是会议的组织者在确定会议时间时,不得不首先考虑的因素。只有当解决问题的条件充分具备,时机完全成熟时，适时召开会议，才能水到渠成，瓜熟蒂落。时机未到，条件不具备，宁可推迟会议；否则，会议的效果就得不到保证，甚至还会适得其反。第二，时机成熟的会议应当及时召开。问题迫切需要解决，条件也已具备，时机已经成熟，这样会议应及时召开。拖而不议，则会错失良机，贻误工作。第三，选择合适的会议时间。合适的会议时间一是指会议召开的时间富有意义，能烘托会议的主题；二是指会议召开的时间有利于推动工作；三是指举行会议的具体时间应当符合人的生理和心理规律，注意劳逸结合。

b.需要原则。会期的长短要依据会议的实际需要来确定。一般要考虑这样几个问题：会议的各项议程是否能够完成；会议的发言是否充分，与会者能否充分表达意见；会议中是否会有临时动议提出，如果提出动议，大致需要花多少时间进行讨论和表决；是否需要留出一定的机动时间，以应不测。

c.成本和效率原则。会议时间的长短与会议的成本和效率密切相关，一般情况下，会议的时间越简短，成本越低，效率越高。因此，在满足需要原则的前提下，适当、合理地压缩会议的时间，是降低会议成本、提高会议效率的有效手段。

d.协调原则。会议往往是领导人的主要活动形式，安排会议，特别需要注意协调领导人之间参加会议的时间，以免相互冲突。如果是多边会议、联席会议，或者会议是共同主办的，还应当与其他方面协商确定举行会议的具体时间。

e.合法合规原则。由法律法规以及由组织章程或议事规则明确规定会期的，应当严格按规定的会期召开，非特殊情况不得提前或推迟。

② 策划会议时间需要注意的几个问题。

a.会议的主要领导人、嘉宾、演讲者是否能在这一时间参加会议。

b.学术性会议、招标性会议、论证会、听证会等，与会者是否有足够的时间准备提交相关文件或发言材料。

c.会议的各项组织和准备工作是否能够完成。

d.会议的具体日期一定要考虑周到，是否同与会者的民族风俗不符或有可能伤害与会者的宗教感情。

(2)会议地点的策划

会议地点的策划包括两方面的含义：一是选择合适的地方，如国际性会议要考虑选择在什么国家或地区以及什么城市举行；二是选择合适的场馆（包括会场、住宿的宾馆饭店等）。

① 选择会议地点有三个意义。

a.产生良好的政治影响和经济效果。事实上，随着世界政治经济的发展，会议的地点选择已经超越了会议本身的意义，而越来越具有浓厚的政治和经济色彩。在国际上，一些重大的国际会议往往会给主办者带来巨大的政治利益甚至经济利益,提高主办者的国际地位。如 2010 年世博会在上海举行,说明整个世界看好我国的政治稳定和经济发展,同时也给上海向世界展示国际大都市的形象创造了极好的机会。正因为如此,许多国家都积极申办一些重要的国际性会议,从某种意义上说,国际会议的申办已经成为国际政治较量和经济竞争的焦点之一。

从国内情况来看,越来越多的政府机关和企业在确定一些重要会议的地点时,更加关注能否推动举办地的政治、经济、文化等方面的发展,是否能从举办地获得最佳的政治、经济和社会效益。

b. 突出会议的主题。会议地点的选择不仅要考虑是否能够容纳会议的人数这类简单的问题,更重要的是考虑这一地点能否突出会议的主题、提高会议的效果并有利于实现会议的目标。

c. 营造良好的会议气氛。会议地点最佳选择还会对会议的气氛产生良好的影响。比如,我国在举办 2001 年 APEC 贸易部长会议时,对会议的举行地进行了一番别有深意的策划。上午的会议安排在上海国际会议中心举行,下午则移师被誉为"中国第一水乡"的周庄,在一艘名为"周庄舫"的大型游船上继续举行。据参加会议的原中国外经贸部副部长龙永图说,周庄是一个历经千年沧桑的古镇,依然保存着"小桥、流水、人家"的典型水乡风貌,已被联合国科教文组织列入世界文化遗产保护预备名单。选择周庄作为 APEC 贸易部长会议另一个会址,一方面,可以向世界显示一个国家在积极参与经济全球化和对外开放的同时,仍然可以很好地保留民族文化、民族传统和民族的价值观念;另一方面,在美丽的周庄开会,气氛很轻松,在这样的氛围中讨论比较重大和困难的问题,更容易达成一致。这次会议的选址,对于营造良好的会议气氛无疑具有深刻的影响。

② 策划会议地点应当综合考虑的几个具体问题。

a. 地点。第一,会议地点与会议举办者及与会者所在地的距离。会议有全国性和地方性之分。不仅是距离的适中的问题,还有一个交通成本的问题,从节约的原则出发,应考虑尽可能减少交通费用。第二,会议地点与会议前后的旅行有何关系。会议前后的旅行通常不在会议承办者的考虑范围之内,因此很容易在选择会议地点的时候被忽略。重要的问题在于是否要让与会者进行这些旅行。如果大部分与会者来自外地,则他们会进行这些旅行,那么会议地点就应该临近主要机场、火车站等。第三,会议期间,会议地点的气候将怎样。会议地点的地理位置通常决定着那里的气候。北部地区在冬天通常气候严寒,而南方夏天的温度也让人感到不舒服。不过,情况并不总是如此。有的时候阿拉斯加比明尼苏达的大部分地区都要暖和。季节的确是一个参考因素,但是如温泉等特殊的地理优势也可能使人们对季节的一般预期大大改变。

b. 历史。第一，主办者以前是否在这个地点举办过会议。从前会议的记录在回答这个问题的时候将十分有用。不论内部承办者还是外部承办者，都应该清楚会议的主办者以前是否使用过这个会议地点。如果曾经用过，那么过去的经历如何？对其是否满意？与会者是否就会议地点有过任何反馈？第二，他人以前是否在这个地点举办过会议。即使你或会议的主办者从前使用过某个会议地点，征求一下他人的意见也是有好处的。他人的意见对你的判断有帮助，但不能被当作精确的数据来参考。他们的经历无论好坏都可能反映出个人的特点、具体的会议策划和其他一些类似的因素，这些可能与你的情况并不相同。

c. 服务设施。第一，会议地点是否有汽车租赁服务。在选择会议地点的时候要考虑到那里是否有汽车租赁服务。虽然与会者在参加会议的过程中一般不需要开车（而且一般会议主办者也不鼓励与会者租赁汽车，以免他们经常离开会议地点），但是总有一些与会者希望能够有汽车租赁服务，以备不时之需。第二，会议地点是否有商店。大多数会议地点都有商店，出售一些基本的日用品，如盥洗用具、全国性报刊及其他读物、小食品。此外，那里通常还应有美容院和理发店等。

d. 公共区域及设施。第一，是否有足够多的电梯供与会者使用。所有活动都在一层楼上进行的会议在这方面没有很大的问题，但是大多数的酒店在建筑时主要都是为了提供客房。有些酒店将较低楼层上的客房改建成会场，结果可能导致电梯的拥挤。第二，会议地点是否设有欢迎与会者的标志。现在有许多会议地点都会在建筑入口处或附近设立欢迎标牌。设立欢迎标志可以使与会者得到一种满足感，他们也可以由此确认自己到达了正确的地方。在会议过程中，与会者常常会在这些标志前拍照留念。第三，走廊和公共区域是否干净整洁。会议承办者可以亲自到会议地点的走廊各处走走，查看那里的状况。如果可能的话，承办者应该在一天的不同时候到走廊中进行查看，查看那里是否有不足之处，如设置过低的烟碟或其他可能给行为障碍者和大量与会者带来不便的墙壁结构。第四，是否有足够多的公共卫生间，这些地方是否干净且设施齐备。公共卫生间有很多其他的名称，如洗手间、休息间、补妆间等。会议工作人员应该根据会场的位置和与会者的数量来判断公共卫生间的数量和分布是否合适。

e. 费用。第一，会议地点的收费情况是怎样的。酒店的收费有不同的形式，会议承办者应该在各个具体的会议地点详细了解那里的收费方式。第二，会议地点的收费是否有淡季折扣。会议地点通常在每年的业务淡季将价格下调，成为淡季价格。例如在美国，夏季是佛罗里达和夏威夷的淡季；而冬季则是一些北方会议地点的淡季（但对那些滑雪胜地来说不是）。如果会议对某个会议地点或某个地区特别感兴趣，可以考虑把会议安排在那里的淡季举行。第三，会议地点对附加收费有哪些规定。如果所有方面都进行了有效的协商，那么应该没有任何附加收费的问题。但是，有时候会议地点以为承办者知道有些服务、设备或空间是要额外付费的，但实际上他们不知道。一个解决办法是双方将所有的收费项目开列出来，并商定没有任何附加费用。

f. 景点。第一，当地的景点是否在会议地点附近。许多会议地点的附近都有一些当地的名胜。会议承办者应该留意到这些名胜，向会议地点的工作人员、当地历史协会或其他一些民间组织咨询相关的信息。第二，与会者是否会对这些景点感兴趣。不同性质的会议和与会者对不同的景点感兴趣。公众大会的主办者和公司雇主通常不太重视会议当地的名胜。当地景点只对那些激励性的会议比较重要，因为这些会议将对与会者进行回报。协会组织在主办会议的时候会特别注意将当地名胜作为会议的一个特色，并以此来吸引与会者参加。如果与会者对会议当地的名胜感兴趣，承办者就要在会议日程中安排一些时间让与会者参观这些名胜。

g. 安全。第一，会议地点是否设置了可用的火灾警报系统。会议地点仅仅设置了火灾警报系统是不够的，会议承办者还应该询问最近一次检修该系统是什么时候。如果会议地点不能确定这个日期的话，当地的消防部门可以提供该信息。第二，会议地点是否有一支保安队伍。会议地点有保安并不能说明那里安全，同样没有保安的会议地点也不一定不安全。会议承办者应该确认保安队伍如何工作。他们是否穿统一的制服？他们是否在大厅巡逻，或者他们是否在大堂或其他地方设岗？在出现紧急安全情况时如何与他们联系？第三，会议地点距离最近的急救中心有多远。会议地点通常有一些应对紧急情况的措施，会议秘书处中应该有人知道如何实施这些措施，如何叫救护车，最近的医院或急救中心在哪里，以及那里的医疗水平如何。

5. 会议名称的策划

(1) 会议名称的作用

会议名称是指会议的正式称谓，是会议基本特征的信息标志。凡举行会议都应当事先确定会议名称。会议名称的作用在于以下几点。

① 通过揭示反映会议的主题、性质、范围等基本特征的信息，便于区别各种不同的会议。

② 便于从听觉和视觉两种渠道对会议进行宣传报道，使人们了解会议和认识会议，扩大会议的影响。

③ 制作美观、寓意深刻的会标，悬挂于会场内醒目之处，可增强会议的庄重气氛。

④ 便于会议文件的记述。会议预案、会议通知、会议记录、会议决议等会议文件经常要记述会议名称，以体现会议文件的严肃性和权威性。

⑤ 便于立卷归档和今后的查考利用。会议文件是按会议名称立卷归档的，如无名称，则给立卷归档以及今后的查考利用造成不必要的麻烦。

(2)策划会议名称的基本方法

策划会议名称一般采用揭示会议主要特征的方法。

① 揭示会议主题特征。主题性会议的名称自然应当揭示会议的主题。会议主题范围划分并不要求一致，有的会议名称揭示的主题比较具体，如"国际性金融危机防范对策学术研讨会"这一名称直接揭示了会议主题是研讨如何防范国际性金融危机；有的会议主题则比较宽泛，如"纪念建党70周年座谈会"的这一会议名称只是揭示了会议的内容范围，在这一内容范围内的议题都可以在会议上进行讨论。

② 揭示会议主办者特征。如"中国科学院知识创新试点工作咨询座谈会"，主办者就是中国科学院。

③ 揭示会议功能特征。如"×××审批大会"、"××产品鉴定会"、"×××表彰大会"、"××总结交流会"，等等。

④ 揭示与会者身份特征。如"中国共产党第××次全国代表大会"、"××届全国人民代表大会第×会议"，这类会议名称说明与会者的身份是党员代表和人民代表。

⑤ 揭示会议出席范围特征。如"第四次世界妇女代表大会"、"×× ××国际学术研讨会"、"全国××工作会议"，等等。

⑥ 揭示会议时间和届次特征。年度性会议和系列性会议必须揭示时间和届次特征，如"2000年××市先进工作表彰大会"这一名称揭示了年度特征；"第22届万国邮联大会"、"国务院第8次常务会议"揭示了届次特征。

⑦ 揭示会议地点特征。地点特征往往反映出会议的东道主，有时也间接反映主办者，如"上海国际贸易洽谈会"、"广州商品交易会"等。

⑧ 揭示会议方式特征。如"××座谈会"、"××茶话会"、"××× 电视电话会议"等。

一次会议的名称所揭示特征的多寡，应当根据会议的实际情况来确定。会议目的、要求不同，会议名称所揭示的特征也各有侧重，如"第11次上海市市长国际企业家咨询会议"这一名称就揭示了会议的主办者(上海市市长)、与会者身份(企业家)、范围(国际)、届次(第11次)、会议的功能(咨询会议)等若干特征。又如"北京2000年第六届世界大城市首脑会议"这一名称就揭示了地点(北京)、时间(突出世纪之交)、届次(第六届)、出席范围(世界大城市)、与会者身份(大城市首脑)特征。

(3)策划会议名称的注意事项

① 正式场合、正式文件、会议记录应当用会议全称,以示庄重。
② 会议简报、宣传报道可以使用简称,但必须是规范化、习惯性简称,如"十一届三中全会"。

第三节 会议策划书的制定

一个成功高效的会议,其举办离不开周密完善的策划。俗话说"有备无患,未雨绸缪",只有充分完整的策划准备与彻底灵活的实施执行,才能打造一流的会议。

而会议策划最终要通过策划书的形式反映出来,这就是会议策划书。会议策划书是会议各项策划目标、意图和实施细则的书面形态。习惯上,人们将策划书又称为"预案"或"筹备方案"。其实,它们之间是有差别的:有法定程序的会议,研究探讨的工作性会议一般用"预案"或"筹备方案";而需要在某些方面有所创新的会议则使用"策划书"。比较重要的会议、会务工作机构都应事先根据领导的意图和指示制定出周密详尽的策划方案,经领导审核批准后由会务工作机构具体实施。

一、会议策划书的种类

会议策划书可以分为以下三种。

1. 代表会议策划书

该类会议参加人数多,时间长,程序严格,针对不同级别要求不同,方案也较复杂。

2. 工作会议策划书

和代表会议策划书相比,在程序和规格上的要求低,但在材料的准备工作上突出自己的特点。

3. 表彰奖励性会议策划书

表彰奖励性会议涉及面广,在财务和物资方面要求高,方案较复杂。

二、会议策划书的一般内容

1. 会议的目标、指导思想和会议名称。
2. 会议的议题、议程和日程安排。
3. 准备邀请的有关领导、贵宾;出席和列席会议的人员;会议的规模。
4. 会议的起讫时间、报到时间。
5. 会场的地址、规格及布置要求。

6. 拟设立的会议组织机构，如主席团、组织委员会、执行委员会、学术委员会、秘书处、筹备组等。

7. 会议的方式和技术手段。

8. 会议的后勤保障措施以及辅助活动的安排，如参观、游览、娱乐、聚餐等。

9. 会议的宣传方式，如召开新闻发布会、编写会议简报、邀请记者采访、发送新闻稿件等。

10. 会议经费的预算以及筹集经费的渠道和方式。

11. 其他应当说明的事项。

会议策划书的具体内容可根据实际情况和需要在详尽程度上灵活掌握。

三、会议策划书的特点

1. 预测性

应在会议事前制定，对此次会议举办原因、组织方式、效果评估，根据实际情况和先前经验周到、细致地进行设想和安排。

2. 程序性

根据会议固定、半固定或不固定的程序，结合其特点要求，进行妥善地安排布置。

3. 请示性

就会议规模、程序、经费使用、可行性等请示上级主管部门或相关领导审查批准。

四、会议策划书的格式

1. 标题

分为公文规范标题法（开会机关名称、会议名称、文种）和普通写法（会议名称、文件）。

2. 主送机关

写与不写视情况而定。

3. 正文

由开头、主体、结语组成。

开头写会议举办缘由、单位、会议名称、时间、地点、会期等，以"特制定会议方案如下"作为承上启下的连接语。

主体写会议宗旨、规模、议程、日程、流程、准备工作、经费预算、邀请嘉宾贵宾名单及他们的讲话报告文件等。

结语写"以上方案，当否，请批示"。

4. 落款

写主办单位名称、会议拟定小组或筹备小组名单、该策划书形成时间。这里要特别注意会议策划书和会议进程时间表的区别。会议进程时间表是会议的技术流程图。它是会议策划者经过对整个会议的过程进行精心的研究和计划而制定出来的。严格遵守会议进程表是保证会议圆满结束的重要保障。在格式上，它应该是一份正式详尽会议策划书的附件或直接包括内容。

案例 4-3：2009'中国旅游高等教育国际化高峰论坛

2009' International Symposium on Globalization of Chinese Tourism Education

2009 年是中华人民共和国建国 60 周年，这 60 年也是中国旅游教育迅猛发展的 60 年。中国是世界上开办旅游专业院校数量最多、在校学生规模最大、学历层次最全的国家。尤其是经历了改革开放 30 年的洗礼，中国旅游教育在拓展国际合作办学渠道和人才培养的国际化方面取得了卓著的成绩和显著的成效。目前中国 496 所开办有本科及以上高等旅游教育的院校都已广泛地与欧洲、北美、澳大利亚、日韩及东南亚等国家和地区近百所知名旅游院校开展了不同形式的国际合作。

伴随中国旅游业的加速国际化，旅游业界对人力资源的素质提出了更高要求，优质旅游教育成为中国旅游业持续发展的关键。在此背景下，教育部工商管理类专业学科教学指导委员会和中美两国大学(1+2+1 项目)旅游院校联盟联合发起召开"2009'中国旅游高等教育国际化高峰论坛"，并由上海师范大学旅游学院、上海旅游高等专科学校承办。本次会议旨在通过国内外旅游院校及教育专家的交流和探讨，进一步搭建国内外旅游高校合作交流的平台，进一步探索新型的国际合作模式，共同推进国际化背景下中国旅游高等教育的发展。

一、会议主题 国际化：旅游教育的机遇与挑战

二、组织机构

主办单位：教育部工商管理类专业学科教学指导委员会
　　　　　中美两国大学(1+2+1 项目)旅游院校联盟

承办单位：上海师范大学旅游学院、上海旅游高等专科学校

协办单位：美国普渡大学(Purdue University)、美国乔治·华盛顿大学(The George Washington University)、美国俄克拉荷马州立大学(Oklahoma State University)、美国中佛罗里达大学(University of Central Florida)、美国内华达大学(University of Nevada)、澳大利亚昆士兰大学(The University of Queensland)、荷兰鹿特丹大学(Erasmus University)、中国云南大学、中国湖北大学、中国中山大学等。

支持单位：亚太旅游协会(PATA)、上海旅游资源与文化发展创新基地

媒体支持：《中国旅游报》、《旅游时报》、《中国会展》、《中国展会》、搜狐网·

旅游频道

指定期刊：《饭店与旅游教育学报》(The Journal of Hospitality and Tourism Education)、《旅游科学》

三、会议日程

2009年6月19日(周五)	
8:00—22:00	会议报到/地点：上海和颐酒店，徐汇区漕宝路124号(桂林路口) 或上海师范大学外宾楼，桂林路100号(近钦州南路)
18:00	VIP欢迎晚宴(与会代表安排有自助餐)
2009年6月20日(周六)	地点：上海师范大学东部校区文苑楼二楼报告厅
7:45—8:30	会议现场报到
	开幕式(中英文同传)
8:30—9:10	主持人：杨卫武 　　　　上海师范大学旅游学院院长，上海旅游高等专科学校校长 国家教育部或国家旅游局有关领导 上海市旅游局相关领导 外国驻沪总领事馆代表 上海师范大学领导致辞 合影留念
	主题报告(中英文同传)
9:10—10:30	第一板块：旅游教育发展的国际趋势(一) 主持人：Dr. Hailin Qu, Regent Professor and William E. Davis Distinguished Chair, School of Hotel and Restaurant Administration, Oklahoma State University, U.S.A 9:10—9:30 大会报告一：中国旅游高等教育的发展热点与趋势 报告人：马勇 湖北大学旅游发展研究院院长/教授 9:30—9:50 大会报告二：旅游教育国际化的探索与实践 报告人：杨卫武 上海师范大学旅游学院院长(上海旅游高等专科学校校长) 9:50—10:10 大会报告三：New Directions of Globalizing U. S. Higher Education - Implications for Tourism Science 报告人：Dr. Liping Cai Professor and Associate Dean, College of Consumer & Family Science, Purdue University, U.S.A 10:10—10:30 大会报告四：Knowledge Transfer in the Internationalization of Higher Education in Tourism in China: A Proposed Conceptual Model 报告人：Dr. Larry Yu Professor, Chair of the Tourism and Hospitality Management Department, The George Washington University, U.S.A
10:30—10:50	茶歇
10:50—12:10	第二板块：旅游教育发展的国际趋势(二) 主持人：田里 云南大学工商与旅游管理学院院长/教授 10:50—11:10 大会报告五：A 3-Leg Stool Concept: Instruction, Scholarship and Service/Outreach 报告人：Dr. Hailin Qu Regent Professor and William E. Davis Distinguished Chair, School of Hotel and Restaurant Administration, Oklahoma State University, U.S.A 11:10—11:30 大会报告六：Development of Higher Tourism Education in Australia ; History and Recent Issues 报告人：Dr. Noel Scott Senior Research Fellow, Tourism School, The University of Queensland, Australia 11:30—11:50 大会报告七：Hospitality and Tourism Education at UNLV: An Integrated Model for Global Leaders 报告人：Dr. Billy Bai Associate Professor and Director of Ph. D. Program, UNLV, U.S.A 11:50—12:10 大会报告八：International Tourism Education Developing for the future 报告人：Ms. Kathryn Jayne Morse Head of International Development, Sheffield Hallam University

续表

12:15—13:15	自助午餐 旅游图书展示参观
13:20—15:20	**第三板块:旅游教育国际化发展模式** 主持人:Dr. Liping Cai Professor and Associate Dean, College of Consumer & Family Science, Purdue University, U.S.A
	13:20—13:40 大会报告九:Entrepreneurship and Leadership in Hospitality: Insights and Implications for Hospitality and Tourism Education 报告人:Dr. Raymond Wang Associate Professor, Rosen College of Hospitality Management University of Central Florida, U.S.A
	13:40—14:00 大会报告十:创新旅游教育人才培养模式——中美合作办学的探索 报告人:刘静艳 中山大学管理学院旅游酒店管理系主任,博士/教授
	14:00—14:20 大会报告十一:The Educational Transformation of Tourism and Hospitality Graduates 报告人:Dr. Leonardo Dioko Professor, Institute for Tourism Studies, Macau
	14:20—14:40 大会报告十二:Globalization of Higher Education in Tourism——Content and Research Perspectives 报告人:Dr. Juanita C. Liu Interim Dean and Professor, School of Travel Industry Management, University of Hawaii
	14:40—15:00 大会报告十三:Higher Tourism Education in Finland — Curriculum and Competences 报告人:Helena. Akerlund Professor, Dean, Central Ostrobothnia University of Applied Sciences, Finland
	15:00—15:20 大会报告十四:Global Higher Tourism Education, Paradise or Pandemic? 报告人:Mr. Bert van Walbeek Managing Director, The Winning Edge, Thailand
15:20—15:40	茶歇
15:40—18:20	**第四板块:中外旅游教育合作的国际经验** 主持人:Dr. Larry Yu Professor, Chair of the Tourism and Hospitality Management Department, The George Washington University, U.S.A
	15:40—16:00 大会报告十五:云南大学与美国麻省理工大学工商管理合作交流的经验 报告人:田里 云南大学工商与旅游管理学院院长/教授
	16:00—16:20 大会报告十六:Governance of International Cooperation on Tourism Research 报告人:Dr. Chulwon Kim Dean, College of Hotel and Tourism Science, Kyunghee University, Republic of Korea
	16:20—16:40 大会报告十七:国际化背景下旅游人才培养模式研究——以北京第二外国语学院为例 报告人:邹统钎 北京第二外国语学院旅游管理学院院长/教授
	16:40—17:00 大会报告十八:Globalization's Effect on Tourism Education 报告人:Dr. Niramit Kunanuwat Vice President, International Affairs, Suan Dusit Rajabhat University
	17:00—17:20 大会报告十九:国际酒店管理人才培养模式的创新与实践 报告人:王文君 天津商业大学旅游学院院长/教授
	17:20—17:40 大会报告二十:Understanding Differences in Education and Communication Style Between Western and Asian Hospitality Faculty and Students—Case Study UNLV Singapore 报告人:Dr. Andy Nazarechuk Dean, UNLV Singapore Campus
	17:40—18:00 大会报告二十一:广州大学中法旅游项目的成功运作经验与可持续发展对策 报告人:肖星 广州大学中法旅游学院院长/教授
	18:00—18:20 大会报告二十二:Thinking Outside of the Box: Expanding Student Global Competencies and Diversifying Curriculum Options 报告人:Dr. Philip Wang Associate Professor, Kent State University, U.S.A
18:45—20:30	招待晚宴

续表

2009年6月21日(周日)	地点:上海师范大学西部校区会议中心
专题讨论(中文,外宾安排耳语翻译)	
8:00—9:30	讨论会1:旅游教育国际化的领域和途径 地　点:3号会议室 主持人:郑向敏 华侨大学旅游学院院长/教授 发言嘉宾:待定 讨论会2:旅游教育国际化的经验及教训 地　点:4号会议室 主持人:Dr. Raymond Wang, Associate Professor, Rosen College of Hospitality Management University of Central Florida, U.S.A 发言嘉宾:待定 讨论会3:旅游研究国际合作的前景与方式 地　点:6号会议室 主持人:郑耀星 福建师范大学旅游学院院长/教授 发言嘉宾:待定
热点对话(中英文同传) 旅游教育国际化:热点问题、主要瓶颈与发展趋势	
9:40—11:30	主持人:马勇湖北大学旅游发展研究院院长/教授 对话嘉宾: Dr. Liping Cai, Professor and Associate Dean, College of Consumer & Family Science, Purdue University, U.S.A Dr. Ding Peiyi, Senior Research Officer, Tourism School, The University of Queensland, Australia Dr. Scott Richardson, Lecture, Taylors University College, Malaysia 梁文慧澳门科技大学国际旅游学院副院长/教授 李　昕大连大学旅游学院院长/教授 徐　虹南开大学商学院旅游学系主任/教授
11:30—12:00	大会互动:提问与回答
12:00—13:30	午宴暨闭幕式
13:30—16:30	参观上海师范大学旅游学院(上海旅游高等专科学校)奉贤校区 会展管理系师生介绍2010年上海世博会及世博合作计划 出版社向上海师范大学旅游学院图书馆赠书仪式
17:30	欢送晚宴(大会圆满结束,次日代表返程)

注:会议议程如有变动,以现场为准

四、注意事项

(1)组委会将于6月19日全天分别在上海师范大学外宾楼和和颐酒店设立会议注册处,如果您在下午18:00之前抵达,组委会将安排简易晚餐;

(2)会务费倘若不方便邮寄或汇款,也可20日早晨在现场注册缴费;

(3)提交了论文摘要的代表请在6月14日之前务必提交论文全文。

五、上师大地理位置及周边酒店信息

附:地图

交通推荐:

(1)从上海南站打车到上海师范大学徐汇校区,只需要起步价(11元);上海火车站到上海师范大学徐汇校区,打车30多元。

(2) 坐地铁在 1 号线漕宝路站出站,可乘坐 43 路公汽,在上海师范大学下;

(3) 坐地铁在 9 号线、3 号线或 4 号线宜山路站出站,可乘坐 712、732 或 830 路公交,在上海师范大学站下。

酒店推荐:为了方便与会嘉宾,组委会搜集了上师大周边酒店的以下信息,供参考:

酒店名称	地址	参考价格(每晚)		联系方式
		单间	标间	
A. 上海和颐酒店	徐汇区漕宝路 124 号	310 元	330 元	021—34019797
B. 上海汉庭酒店田林店	徐汇区漕宝路 233 号	260 元	260 元	021—64846666 400—121—121
C. 上海 7 天连锁酒店(光大店)	冠生园路 231 号	179 元	200 元	021—51702828
D. 锦江之星光大会展中心店	上海市徐汇区漕宝路 440 号	——	219 元	021—64519000 400—820—9999
E. 上师大外宾楼	徐汇区桂林路 100 号		280 元	021—64321577
F. 上师大学术交流中心(学思园)	徐汇区桂林路 100 号	160 元	240 元	021—64322236

注:1. 价格可能稍有浮动,若入住上海和颐酒店,声明是 2009'国际旅游研讨会的参会者可享受团体优惠价;2. A、B、C、D 为距学校 2 公里范围内的经济型酒店,交通方便;3. E、F 为校内宾馆。

六、联系及咨询

如果您还有任何疑问,请与大会秘书处联系。

联系人:高 峰

电话/传真:021—64321020   13918195450

E-mail:tourismpeak@gmail.com

热忱地欢迎海内外同人来上海参与此次盛会,并衷心感谢各位对本次会议的鼎力支持!

教育部工商管理类专业学科教学指导委员会
上海师范大学旅游学院
二〇〇九年六月十一日

案例 4-4:联合国亚太经社会/亚太旅游教育培训机构执委会第 13 次会议暨 2006'上海亚太旅游会展教育培训国际研讨会

名称:

宗旨:

加强沟通、增进了解、探讨合作、推动发展

主题：
  发展旅游会展，促进亚太合作
日期：
  2006.5.15—2006.5.18
地点：
  上海师范大学（奉新校区）、上海宾馆/静安宾馆
主承办单位：
  1. 联合国亚太经社会/亚太旅游教育培训机构执委会第13次会议
   主办单位：联合国亚太经社会/联合国亚太旅游教育培训机构
   承办单位：上海师范大学旅游学院（上海旅游高等专科学校）
  2. 2006'上海亚太旅游会展教育培训国际研讨会
   主办单位：联合国亚太经社会/联合国亚太旅游教育培训机构
      上海师范大学
   承办单位：上海旅游高等专科学校（上海师范大学旅游学院）
   支持单位：中国国家旅游局（待定）
      上海市世博会事务协调局（待定）
      上海市教育委员会（待定）
      上海市旅游事业管理委员会（待定）
      上海市国际贸易促进委员会（待定）
      上海会展行业协会（待定）
      上海世博集团有限公司（待定）
      上海市国际服务贸易行业协会（待定）
      上海市旅游行业协会（待定）
   协办单位：《中国展会》杂志社（待定）
      Shanghai Business Review 杂志社（待定）
   邀请媒体：上海电视台
      上海教育电视台
      《中国旅游报》
      《旅游科学》杂志社
      《旅游时报》
      《文汇报》
      《解放日报》
      中国展网　www.chinashow.net

演讲嘉宾和演讲选题：

演讲嘉宾
◇ 国家旅游局领导
◇ 上海世博局领导
◇ 上海旅委领导
◇ 亚太经社会官员
◇ 美国内华达大学酒店管理学院旅游与会展管理系主任帕蒂·肖克博士
◇ 中国香港理工大学酒店与旅游管理学院院长田桂成博士
◇ 上海师范大学旅游学院院长杨卫武教授
◇ 亚太会展委员会主任（或副主任）
◇ 亚洲会议观光局协会会长（或副会长）

演讲选题（暂定）
◇ 中国旅游教育的发展现状和趋势
◇ 2010 上海世博会活动策划原则和亮点
◇ 世博会与亚太地区旅游的发展
◇ 亚太旅游培训教育机构及其作用
◇ 会展管理课程体系的最佳配置
◇ 国际酒店业管理研究的前沿课题
◇ 建设旅游会展教育高地、培养现代服务应用人才
◇ 亚太会展业发展中的问题与对策研究
◇ 亚洲会展业与旅游业的互动效应

会议规模和参加人员范围：

1. 联合国亚太经社会/亚太旅游教育培训机构执委会第 13 次会议

UNESCAP 官员和工作人员（3 人）

APETIT 执委会委员（14 人）

APETIT 执委会成员陪同、非执委会成员、申请加入 APETIT 组织的中外院校代表（预计 50 人）

邀请媒体：（10 人）

2. 2006'上海亚太旅游会展教育培训国际研讨会

开幕式中外嘉宾（15 人）

UNESCAP 官员和工作人员（3 人）

APETIT 执委会委员（14 人）

APETIT 执委会成员陪同、非执委会成员、申请加入 APETIT 组织的中外院校代表（预计 100 人）

国内旅游与会展相关政府部门和专业组织、旅游与会展企业、旅游与会展院校和培训机构、赞助单位及邀请媒体（70 人）

会议组织机构：

会议顾问：

Kim Hak Su，亚太经社会副秘书长

张伟江　上海市教育事业委员会主任

道书明　上海市旅游事业管理委员会主任

吴承璘　上海市会展行业协会会长

名誉主任：
　　周鸿刚　上海师范大学党委书记
　　李　进　上海师范大学校长

主　任：
　　山川龙治　亚太经社会旅游交通处处长
　　张国风　上海旅游高等专科学校／上海师范大学旅游学院党委书记
　　杨卫武　上海旅游高等专科学校校长／上海师范大学旅游学院院长

执行副主任：
　　朱承强　上海旅游高等专科学校副校长／上海师范大学旅游学院副院长

副 主 任：
　　高　峻　上海旅游高等专科学校副校长／上海师范大学旅游学院副院长
　　杨荫稚　上海旅游高等专科学校／上海师范大学旅游学院党委副书记
　　张志豪　上海旅游高等专科学校副校长／上海师范大学旅游学院副院长
　　沈翠娥　上海旅游高等专科学校校长助理

秘 书 长：
　　金　辉　上海师范大学旅游学院会展经济与管理专业负责人

副秘书长：
　　梁保尔　上海旅游高等专科学校／上海师范大学旅游学院科研办主任
　　瞿　杰　上海旅游高等专科学校／上海师范大学旅游学院外办主任

组委会成员：
　　边良飞　上海旅游高等专科学校／上海师范大学旅游学院校办主任
　　沈骏斐　上海旅游高等专科学校／上海师范大学旅游学院财务办主任
　　郑旭华　上海旅游高等专科学校／上海师范大学旅游学院教务办主任
　　朱水根　上海师范大学旅游学院实践办公室主任
　　刘宏玉　上海旅游高等专科学校／上海师范大学旅游学院校办副主任
　　郑建瑜　上海师范大学旅游学院会展系副主任
　　刘　斌　上海旅游高等专科学校／上海师范大学旅游学院外办主任助理
　　张文建　上海师范大学旅游学院会展系
　　卢　晓　上海师范大学旅游学院会展系
　　王春雷　上海师范大学旅游学院会展系
　　冯　翔　上海师范大学旅游学院会展系
　　黄丽萍　上海师范大学旅游学院会展系

组委会工作人员：

席安琪　上海旅游高等专科学校/上海师范大学旅游学院外办
丁梅芳　上海师范大学旅游学院会展系
蒋贤为　上海旅游高等专科学校/上海师范大学旅游学院外办
白元元　上海师范大学旅游学院会展系
周　琪　上海师范大学旅游学院会展系
金　灵　上海师范大学旅游学院会展系

会议日程：

2006年5月14日 星期日		
12:00—21:00	上师大徐汇校区学术交流中心大会接待室	中方与会代表签到注册
18:30—20:30	徐汇校区外宾楼	早到者安排晚宴
2006年5月15日 星期一		
07:00—08:30	上师大徐汇校区学术交流中心咖啡厅	早餐
08:30—09:00	上师大徐汇校区学术交流中心会议注册处	注册
09:00—10:30	上师大徐汇校区学术交流中心会议厅	旅游学科体系研讨会
10:30—10:50	上师大徐汇校区学术交流中心会议厅门厅	茶歇
10:50—12:15	上师大徐汇校区学术交流中心会议厅	旅游学科体系研讨会
12:30—14:00	上师大徐汇校区学术交流中心宴会厅/客房	午餐及午休
14:00—15:30	上师大徐汇校区学术交流中心会议厅	申请加入联合国亚太经社会/亚太旅游教育培训机构组织的中方院校与机构预备会议
15:30—15:50	上师大徐汇校区学术交流中心会议厅门厅	茶歇

续表

15:50—17:00	上师大徐汇校区学术交流中心会议厅	申请加入联合国亚太经社会/亚太旅游教育培训机构组织的中方院校与机构预备会议
17:15—18:30	上师大徐汇校区外宾楼	晚餐
19:30—21:30	新天地	各地代表交流、娱乐活动
*12:00—21:00	静安宾馆大会注册处	外宾签到注册
*18:30—21:30	酒店自助餐厅	(外宾)早到者安排晚宴
2006年5月16日 星期二		
06:30—07:00	静安宾馆咖啡厅	(外宾)早餐
07:00—08:30	途中	上宾—上师大(奉新校区)
06:30—07:15	上师大学术交流中心咖啡厅	(中宾)早餐
07:30—08:30	途中	上师大(徐汇)—上师大(奉新校区)
08:30—09:00	大会注册处	研讨会注册,各院校展示参观
08:30—09:00	迎宾楼(贵宾厅)	上海市领导接见出席会议的亚太各国代表
09:00—09:30	上师大奉贤校区图书馆九楼会议室	2006'上海亚太旅游会展教育培训国际研讨会开幕式: 上海市政府领导致贺辞 国家旅游局领导致辞 上海世博会事务协调局领导致辞 上海教育委员会领导致辞 上海市旅游事业管理委员会 上海世博集团有限公司领导致辞 亚太经社会执行秘书长金学洙先生致辞 上海师范大学校长李进致辞并宣布2006'上海亚太旅游会展教育培训国际研讨会开幕 由本次研讨会组委会主任、上海师范大学旅游学院院长杨卫武主持会议
09:30—09:50		专业演讲1:"亚太旅游培训教育机构及其作用" 演讲嘉宾:亚太经社会官员
09:50—10:10		专业演讲2:"中国旅游教育的发展现状和趋势" 演讲嘉宾:国家旅游局领导
10:10—10:20		提问
10:20—10:40	上师大奉贤校区图书馆九楼会议室门厅	茶歇

续表

时间	地点	内容
10:40—11:00	师大奉贤校区图书馆九楼会议室	专业演讲3:"亚太会展业发展中的问题与对策研究" 演讲嘉宾:亚太会展委员会主任(或副主任)
11:00—11:20		专业演讲4:"2010上海世博会活动策划原则和亮点" 演讲嘉宾:上海世博会事务协调局领导
11:20—11:40		专业演讲5:"会展管理课程体系的最佳配置" 演讲嘉宾:帕蒂·肖克博士,美国内华达大学酒店管理学院旅游与会展管理系主任
11:40—12:00		专业演讲6:"国际酒店业管理研究的前沿课题" 演讲嘉宾:田桂成博士,中国香港理工大学酒店与旅游管理学院院长
12:00—12:20		就四位发言进行讨论和提问
12:30—13:30	迎宾楼餐厅	午餐+休息
13:30—14:00	奉新校区	参观
14:00—14:20	上师大奉贤校区图书馆九楼会议室	专业演讲7:"世博会与亚太地区旅游的发展" 演讲嘉宾:上海旅游事业管理委员会领导
14:20—14:40		专业演讲8:"亚洲会展业与旅游业的互动效应" 演讲嘉宾:亚洲会议观光局协会会长(或副会长)
14:40—15:00	上师大奉贤校区图书馆九楼会议室	专业演讲9:"建设旅游会展教育高地、培养现代服务应用人才" 演讲嘉宾:杨卫武教授,上海旅游高等专科学校校长、上海师范大学旅游学院院长
15:00—15:15		提问
15:15—15:35	上师大奉贤校区图书馆九楼会议室门厅	茶歇
15:35—17:00	上师大奉贤校区迎宾楼会议室	分组讨论(初分旅游管理、会展管理、饭店管理)
17:00—19:00	途中	奉新校区——上海宾馆
19:00—20:30	上海宾馆大上海礼堂	晚餐
20:30—21:30		"友谊合作,欢乐今宵"欢迎晚宴文艺演出
21:40—22:10	途中	中宾回上海师大
21:30以后	静安宾馆	外宾休息

续表

2006年5月17日 星期三		
07:30—08:30	静安宾馆咖啡厅	早餐
08:30—09:00	静安宾馆会议厅注册处	会议注册
09:00—10:30	静安宾馆会议厅	亚太经社会交通旅游部旅游处处长山川龙治先生宣布亚太旅游教育培训机构执委会第13次会议开幕
		上海旅游高等专科学校校长/上海师范大学旅游学院院长杨卫武先生致欢迎辞
		选举会议执行官员
		通过会议议程
		审核联合国亚太经社会/亚太旅游教育培训机构七大重点活动开展情况
		亚太旅游教育培训机构执委会成员在重点活动中所起的作用
10:30—10:50	静安宾馆会议厅门厅	茶歇
10:50—12:15	静安宾馆会议厅	讨论执委会成员选举标准
		讨论＊＊＊项目
12:30—14:00	静安宾馆餐厅/客房	用餐+午休
14:00—15:30	静安宾馆会议厅	讨论工作计划预案
15:30—15:50	静安宾馆会议厅门厅	茶歇
15:50—17:00	静安宾馆会议厅	审批新成员加入申请
		确定下几届执委会会议和全体代表大会的时间、场地
		其他有关议题
17:00—17:30	静安宾馆大堂	休息准备,赴浦江夜游
18:30—21:00	浦江游轮	浦江夜游及晚宴
2006年5月18日 星期四		
07:00—08:00	静安宾馆咖啡厅	早餐
08:00—09:00	途中	酒店—上海城市规划馆
09:00—10:00	上海城市规划展示馆	技术考察参观

续表

10:15—11:30	上海博物馆	技术考察参观
11:30—12:00	途中	上海博物馆—小南国饭店
12:00—13:00	小南国饭店	午餐
13:00—13:30	途中	赶赴上海科技馆
13:30—14:30	上海科技馆	技术考察参观
15:00—15:40	金茂大厦	技术考察参观
15:40—16:40	途中	回上海宾馆
17:00—18:40	静安宾馆会议厅	第十三次执委会会议总结报告讨论
19:00—21:00	方案一:(天气好) 静安宾馆大草坪	欢送晚宴
	方案二:(下雨天) 上海宾馆/ 静安宾馆某宴会厅	

联合国亚太经社会/亚太旅游教育培训机构执委会第13次会议议程(暂定)

1. 宣布会议开幕
2. 上海旅游高等专科学校校长/上海师范大学旅游学院院长杨卫武先生致欢迎辞
3. 选举大会执行官员
4. 通过会议议程
5. 审核联合国亚太经社会/亚太旅游教育培训机构七大重点活动开展情况
6. 亚太旅游教育培训机构执委会成员在重点活动中所起的作用
7. 审核联合国亚太经社会/亚太旅游教育培训机构﹡﹡﹡﹡﹡项目
8. 讨论工作计划预案
9. 接纳新入会成员
10. 确定下几届执委会及全体大会召开时间与地点
11. 其他
12. 通过会议报告

注册登记:

参会人员信息:

姓名：				
性别：男□ 女□			教师□ 行业人员□ 其他□	
单位名称：				
邮寄地址：		城市：		邮政编码：
电子邮件：		电话：		传真：
与会类型	参加我校学科体系会议及国际研讨会并申请加入联合国亚太经社会/亚太旅游教育培训机构的中方单位(15th—18th)□		参加国际研讨会的中方单位(16th)□	

所有参加联合国亚太经社会/亚太旅游教育培训机构执委会第13次会议暨2006'上海亚太旅游会展教育培训国际研讨会及我校学科体系会议的参会者或只参加2006'上海亚太旅游会展教育培训国际研讨会的参会者均需注册。

参会人员需支付注册费用，费用包括：会议、会议资料、茶歇、午餐、晚餐和会议活动费用及交通费用等。

注册费用以及付款方法如下：

分类	注册费		
	2006年2月28日前	2006年3月28日前	2006年3月28日后
参加我校学科体系会议及国际研讨会并申请加入联合国亚太经社会/亚太旅游教育培训机构的中方单位(15th—18th)	RMB1580	RMB1780	RMB1980
只参加国际研讨会的中方单位(16th)	RMB480	RMB580	RMB680

1．取消注册的赔偿方法：在2006年3月28日前取消注册的，退还人民币250元；3月28日后取消注册的，将不退还注册费用。

2．付款方式：注册费用接受银行电汇、邮局汇款。

3．开户银行：XXX

　　账号：XXX

　　开户银行地址：XXX

欲申请加入联合国亚太经社会/亚太旅游教育培训机构的中方单位与参会人员联系方式：

请将完成的会议注册表发回至以下联系人：

周小姐/白小姐/金小姐

联合国亚太经社会/亚太旅游教育培训机构执委会第 13 次会议暨 2006'上海亚太旅游会展教育培训国际研讨会组委会

    Tel:021－64323258

    Fax:021－64323258

    Mobile:13917267828　13564365323　13564070861

    E-mail：micedept@shnu.edu.cn

论文征集：
- 旅游业持续发展
- 旅游业危机管理
- 会展学科体系研究
- 奖励旅游策划与管理
- 亚太区域合作与旅游发展趋势
- 会展企业经营管理研究
- 发展中国家与地区会展业发展经验
- 世博会与亚太旅游业发展
- 旅游业与会展业资格认证的研究
- 旅游业发展与环境保护
- 休闲产业研究
- 旅游和会展人才的培养模式研究
- 科技发展对 21 世纪旅游发展的影响
- 21 世纪亚太经济发展和亚太旅游会展发展趋势研究
- 亚太地区旅游会展院校合作与交流的探讨

征稿要求：
- 稿件篇幅控制在 6000～8000 字以内,摘要为中英文两份
- 稿件及摘要以电子文本和纸本两种形式发出。电子信箱:lykx@shtu.edu.cn
- 邮寄地址:上海市桂林路 100 号上海师范大学旅游学院 211 室《旅游科学》编辑部,请注明国亚太经社会/亚太旅游教育培训机构执委会第 13 次会议暨 2006'上海亚太旅游会展教育培训国际研讨会征稿,邮编:200234
- 联系人:车婷婷小姐,梁保尔先生
- 征稿截止日期:2006 年 4 月 10 日
- 入选稿件作者,原则上应为会议出席者
- 经评审被录用稿件,会后将在《旅游科学》专刊上发表

附件:会议活动方案(省略)

    会议预算表(省略)

第四节 会议策划应注意的问题

会议策划工作鉴于其本身的重要性、艰巨性、复杂性,因此必须给予足够的关注与投入。在一般的要求和程序操作步骤之外,还应特别注意以下几个问题。

一、选择会议事前信息的收集及策划人员

会议无论是什么类型,无论处于什么样的软硬件环境,召开会议总是要达到一定的目标。因此第一个重要步骤就是收集会议相关方面的信息,通过对信息的筛选、分析、归类可以指导制订出详细缜密的计划纲要。另一方面,必须建立专门的筹备小组与策划小组,这两个小组的成员无论是专职还是兼职,其工作的最终结果是使会议顺利完成。他们的工作效率直接代表了主办单位和公司的工作水平,对公司形象的树立有十分重要的影响,因而会议的策划者一定要选择精干而有丰富经验的专业人员担当。

二、明确开会目的与必要性

没有目标的会议就没有必要召开,有些事情即使有目标也不一定非要开会来解决。目标取决于会议召集或指定成员。因此,进行具体策划之前,应该跟与会者和参加者进行深入的沟通与交流,要通过对话进行调研与评估,实际考察出他们对此会议的了解程度和知晓状况、重视与否及意见建议。只有充分妥善地处理好跟与会主体的双边互动关系,才能够做到在会议策划中有章可循,有法可依。

在设定会议目标时要注意三个具体要求。

1. 会议目标必须用书面列明

这有三个好处:有助于目标内涵的澄清;书面目标较不容易被遗忘;当目标种类繁多时,用书面形式写下比较容易调和他们之间的潜在矛盾。

2. 会议目标必须切合实际

此要求并不表明会议目标可以轻松得以实现;相反,最终确定的会议目标应该带有一定程度的挑战性,并与必要的可实现性相结合,这样的会议目标才是可取的。

3. 会议目标必须具体且可以衡量

很显然,含糊笼统的目标极难充作行动的指南,因而目标设定必须明确具体、可以量化比较并富有可操作性,此种会议目标才是成功可行的会议目标。

三、选择合适的与会者

参加会议的人数既不是简单地越多越好也不是单纯地愈少愈佳,具体人数

应视情况需要合理确定。一般来说,必要人员出席会议,相关人员列席会议,在此基础上应该遵循少而精的原则。这基于三个原因:会议本身的成本比较昂贵;与会人数多,平均享有的会议资源及发言参与机会便相应地减少;与会人数一多,沟通和组织将趋于困难。与会人员一般都应参加发言或讨论,传达通报性会议则另当别论。

在具体操作上有以下两个原则,即只选择以下两种人与会。

1. 对实现会议目标有潜在贡献的人

因为会议是以实现潜在目标为导向的,因此对这种人应优先考虑,但也有可能以会议主席在会前单独的约见方式,并征求他们的意见,避免他们不得不出席会议。

2. 能够因参加会议而得到好处的人

这些人参加会议,将有助于会议功能的发挥,但会议也并非绝对不可以缺少他们。

对于一时难以分辨是否应邀请的人士,最好在条件允许的情况下坚持邀请,以免遗漏。

四、会议日程的安排

会议日程的安排要秉承全面、具体、轻松、紧凑的要求。

1. 编排会议日程要充分考虑会期、会议议程以及拟采取的选举方式等情况,一般可根据会议日程,将大会划分为几个阶段,对每个阶段的议程及主要活动作出初步规划,然后设立具体的日期安排。

2. 根据议程的具体内容、要求,合理安排日程。程序性较强的应安排得紧凑些,使其有条不紊,环环相扣;反之,则应尽可能把时间安排得充裕一些。

3. 大会日程的编排要明确具体,一目了然。其内容一般应包括:时间、会议内容、地点、主持人等。

五、会议的营销与宣传

会议的营销与宣传工作是关系到会议财务和经济社会综合效果的重要环节,现在已发展成为衡量会议成功与否的一个重要标准,是现代会议策划一个必须认真考虑的问题。从各种渠道,出色地做好宣传营销工作,不仅为主办方带来利润与声望,更是对会议有关各方的巨大贡献。

六、会议突发事件与风险的策划与管理

和做任何事情一样,会议策划也可能遇到意外。因此,对于风险的处理应急方案也必不可少。首先,在事前我们就应做好预测,准备几套切实可行的预案,考虑问题要周全严密,统筹兼顾,在某些问题上还应尽可能地往坏处想,以避免掉以轻心。突发事件真正到来时,要做到处变不惊,临危不乱,镇静沉着地采取有条不紊的措施进行合理规避或灵活应对,力求将不必要的麻烦和损失降低到最少。

另外,在策划会议时还应遵循以下几个原则。

1. 及早动手

通常一个大型会议的构思、酝酿和策划一年前就要开始。策划是个渐进的过程。在构思和酝酿阶段中,策划的雏形实际上也在形成,只是待筹备进行到一定阶段时,要求看到工作设想和实施方案,正式的策划才破茧而出。经验表明,策划宜早不宜迟,原因是需留出讨论、修改和审批的充分时间。

2. 全面考虑

会议的准备工作涉及方方面面,需考虑周详,避免因一时疏漏在将来造成损失。如会议主题选择不当就可能使会议谈不起来;如时间选择不当,正值寒冬或酷暑,就会使与会者叫苦不迭;如会场未选合适,会议服务跟不上,就会使会议陷于停顿。"智者千虑,必有一失",虽不应对策划者求全责备,但策划者也决不能因此而放松努力。特别要抓紧关键环节,避免出现大的闪失。

3. 订出准确的时间表

为了保证策划能按时实施,必须订出各阶段任务的具体时间表。这一时间表是督促检查的依据,也是掌握进度,调整快慢的准绳。经验证明,掌握以下两个环节是关键:

(1)会议通知发出的时间;

(2)与会者抵达和签到的时间。

会议通知的发出是会议前期准备完成的重要标志。很难设想在会议名称、主题、时间、地点、与会范围及经费确定和落实之前,就发出通知。与会者的顺利抵达和签到则是会前准备已经全部就绪,会议即将开始实质性活动的另一重要标志。因此,如能科学地确定发出会议通知和与会者报到的时间,并认真予以执行,其他准备工作便可一一带动。

4. 借助他山之石

对于我们许多人来说,会议策划还是一个相对新的事物。我们的知识有限,经验不足,应当求助于国内外的先行者,汲取他们的经验教训,结合本行业、本部门、本会议的特点,加以具体策划。别人的总结、规划、报告都有参考价值,可以借来一阅。

总之,完美的会议策划不是我们必须实现的,但是我们要不懈追求,这是我们对待会议策划的正确态度,也是我们在具体操作过程中需要始终坚持的根本原则。

复习思考题
1. 会议策划的概念及特点是什么?
2. 简述会议策划的几种主要方法及各自的特点。
3. 会议策划的原则是什么?
4. 在策划会议地点时,应考虑哪些相关因素?
5. 一般会议策划书包括哪些内容?
6. 会议策划应注意哪些问题?

第五章

会议策划方案的实施要点

学习目的

通过本章的学习,明确会议工作的内容及流程,包括会前、会中和会后的各阶段工作,了解会议工作的范围,掌握会议工作的分工。

主要内容

· 会议工作的内容及流程

会前准备　实施会议　总结和评估

· 会议工作范围

· 会议工作分工

第一节　会议工作内容及流程

会议有规模大小和时间长短之分。会议的规模可以从几人到万人不等,时间也可长可短,类型也是各种各样,性质也是有所差别,但是会议工作的内容与流程却基本相似。一般的会议工作内容和流程分成三个阶段:会前准备阶段、会议实施阶段和评估总结阶段。

一、会前准备

会前准备即对会议的事前计划,它是为了达到会议目标而对各种工作任务所作出的系统安排。

会前计划一般包括以下内容:会议策划、会议选址、制定营销方案和预算制定。

1. 会议策划

要做好策划工作首先要有一个机构，这个机构就是策划委员会。

(1)策划委员会

大多数会议都需要一个策划委员会。策划委员会是一个对会议负有某些责任的团队，通常由主办组织内部成员构成。对于小型会议，承办者可以与策划委员会一起合作。策划委员会工作包括以下一些内容。

①制定目标。策划委员会要有一个具体的目标并且要以文字形式落实在书面上，要明确策划委员会与承办者之间的关系，明确策划委员会应向谁负责，明确策划委员会何时结束使命。

②确定人选。即确定策划委员会的成员来源，是内部选取，还是外部指派。

③具体运作。策划委员会要有预算，要对会场进行实地考察，其成员要定期聚会，要负责设计评估，策划委员会的工作过程要被记录下来以备将来举办会议参考。

(2)策划方案

会议策划方案的内容主要包括：

①谁(Who)。邀请谁？实际有多少人会出席？应该包括客户演讲人、搭档与组织机构。

②什么(What)。会议形式是什么(合作式、协会式还是政府类)？会议的形式可以影响预算。

③何时(When)。有效的组织会议需要充分的时间，必须考虑到财政年度、节假日和其他时间冲突等因素。

④何地(Where)。即会议将在哪里举行。应先定一个大范围，然后缩小范围。当然，举办地的交通运输是一个关键因素。

⑤为何(Why)。会议需要有一个明确的目标，如讨论、发展、互通信息等。

⑥如何(How)。这是指具体的会议形式，如是否需要单间讨论室、展览空间、餐饮服务或IT设备等。一般说来，每次会议都有一次全体大会，通常作为会议的开幕式和闭幕式，全体大会一般有一个发言人。会议最常用的是并行会议，即同时进行两个以上的会议。分散会议也叫分组会议，是在全体大会之后的小组讨论会议。

另外，由于会议的内容、风格和节奏各有不同，还应该注意以下几个方面的问题。

第一，选择好关键讲演者。在选择讲演者时可采纳同行的推荐。有时，使用言论新颖甚至带有争议性的演讲者也会给会议带来意想不到的效果。

第二，计划好会议活动类型。当然这取决于预算和客户的类型。但是如果选择得当,一个好的社会活动会赋予该会议独特的魅力,并值得与会者回忆。

第三,提供相关的城市观光或商业参观服务。这类服务往往会吸引与会者并延长他们在该城市停留的时间。

第四,合理安排时间,要有足够的机动时间以便应急。

2. 会议选址

(1)会议地点类型

会议地点的重要性是不言而喻的,会议地点的设施、环境和工作人员的服务水平对会议的成败起着关键作用。常见的会议地点有:

①酒店。现在酒店一般都配备了一定的会议设施,甚至有些酒店定位于会议市场而形成会议型酒店。特别是一些中小型会议多选择酒店进行。

②会议中心。广义的会议中心泛指任何适合举行会议的场所。一般会议中心应满足以下要求:提供会议所需要的全部设施,包括功能性房间、各类设备、客房、餐厅及娱乐区;拥有随时为会议承办者和与会者提供帮助的专业人士。狭义的会议中心是为大型会议而专门设计的,一般不设置客房和娱乐区。

③大学。大多数学校都拥有学术报告厅等会议设施,有些学校的会议场所也是向社会开放的,并且具备了与商业会议中心同样规模和水平的设施。

④轮船。轮船,特别是一些游轮,也设置会议设施。会议可以包下轮船的一部分,也可以是包下整艘船。

⑤疗养地。疗养地经常也配备会议设施,可以疗养,也可以开会。

⑥主题公园。主题公园有时也配备会议设施,可以满足一部分特殊会议群体的需求。

⑦公共建筑。就是由国家投资的用于公共事业的非营利性的设施。譬如博物馆、图书馆等,这些地点也具有一定数目的会议设施,满足会议需要。

⑧公司内部的会议地点。很多公司内部有会议设施,不但可以自己使用,而且可以对外租用。

(2)会议地点的选择

会议选址一般可以从以下几个方面加以考虑。

①距离和交通情况。即:会议地点与参会者的距离,交通情况(航班、火车、高速公路等),会议地点与会议前后的旅行的关系,会议地点的各个酒店与会场之间的距离,等等。

②举办会议的历史。这个地点以前是否举办过会议;本会议以前是否在这个地点举办过。

③住宿。需了解会议地点能够提供使用的客房总数、VIP房数量、房间设备和管理水平、客房最早进住时间和退房时间。

④费用。包括:会议地点的收费情况;是否提供免费使用的房间;是否有淡季折扣;工作日和周末费用是否有所不同;是否需要交纳押金;会议地点接受哪些货币;会议地点对取消预订有何规定;会议地点是否要求保险,谁将对财产损失负责;会议地点是否对某些设施进行特别收费;会议地点对附加收费有哪些规定;哪些费用可以延期支付;会议地点是否能够保证客房价格,等等。

⑤安全。包括:会议地点工作人员的安全意识如何;每个房间是否有烟感报警器和喷淋装置;酒店是否公开了紧急事件逃生程序和明显标记;是否配备了保险箱;是否有常驻医生等等。

⑥会议地点的服务设施。如:是否有汽车租赁服务;可以提供哪些娱乐活动;是否与附近的娱乐场所有联系;是否对使用娱乐设施收费;是否有商店,等等。

⑦会议地点附近的景点。如:景点是否靠近会议地点;与会者是否会对这些景点感兴趣;会议地点的管理部门是否与附近的景点有互惠合作,等等。

具体在进行会议场所选择时,应将可能适合的场地列在一张表单上,然后实地考察。实地考察包括:①时序场地,对会议相关事宜做到心中有数;②场地检查,评估特定场地对特定会议的适宜性;③请会议场所向办会单位提供有关场馆资料,根据会议需要讨论具体安排。

实地考察是很有意义的,可以使组织者了解到从宣传资料上无法获知的情况。实地考察时,要事先在一张清单上列明考核的所有要点,这往往是一种很有效的做法。

3. 制定营销方案

市场宣传对于一个会议的成败至关重要。

有效的营销需要有一套营销的方法,更需要对市场需求做深入的分析。从实务上来讲,市场营销需要考虑的因素如下。

(1)受众

要考虑是否对主体受众有明确定义;希望从受众那里得到什么;目标受众的预期是怎样的。

(2)宣传材料

这方面要考虑宣传材料应采用什么风格;宣传材料是否明确指出了会议的题目;宣传材料应强调会议的哪些好处;宣传材料应包括哪些有关会议策划的信息;宣传材料是否要包括一个注册表格;宣传材料是否要包括旅行和到达会议城市后的相关信息;宣传材料应针对费用问题提供什么信息;制作宣传材料是否要有专业人士参与;宣传材料中是否包括照片;关于发言人的信息是否能激起人们的兴趣;得到宣传材料的人是否知道如何反馈;宣传材料能否吸引人们进行反

馈;得到宣传材料的人能否从联系人那里得到更多信息;宣传材料是否应包括一些推荐信息。

(3)邮寄

这方面包括计划邮寄多少材料;邮寄名单是怎样的;什么时候进行邮寄;当地的邮局规定是什么;参展商需要邮寄哪些材料;是否考虑了邮寄成本和反馈率;应该单独邮寄每一份材料,还是将几份材料一起打包邮寄,等等。

(4)广告

这方面包括是否要使用专业的广告代理;应该在哪些刊物上做广告;除了印刷品广告之外,还有哪些广告形式。

除了考虑上述因素外,还有一些其他因素,包括:会议主办者是否发行期刊,该期刊提供哪些信息;在邮寄材料和打出广告之后,是否要用电话进行跟踪宣传,等等。

4. 预算制定

控制了会议预算就等于掌握了整个会议。一般认为,作为会议主办者的公司雇主或非营利性公众大会的主办者可能会规定一个总体预算数字,会议承办者则要在这个预算范围内筹办会议。营利性公众大会的主办者在制定预算的时候往往要以一定的收入或利润额为基础。

预算的第一步是确认此次会议是盈利,还是保证收支平衡。无论会议类型如何,在草拟预算时都应注意,必须显示预计收支。

然后是理清费用。费用包括两类,即固定费用和可变费用。不论与会人数多少,固定费用都是一样的,包括:场地设施费;讲演者酬金、旅费和支出;市场费(包括宣传手册、邮寄广告、新闻稿、广告、记者招待会);行政费;视听费;租用费(如家具、设备与灯光);展览费;服务费;路标、鲜花和其他用来制造气氛的项目的费用;运输费;保险费;审计费;贷款利息或透支费用。

无论预算表多么准确以及费用控制得有多好,都会有意料之外的支出发生。例如涨价、会议进程或演讲人变动。总预算中应有 10% 的额外费用。

可变费用因与会人数而变动,包括:餐饮、住宿、娱乐、会议装备(如文件夹、徽章等)和文件费(如材料邮寄、注册)。

制定预算和预算控制的内容将会在"会议财务管理"中(本书第十一章)介绍。

二、实施会议

实施会议方案时,其工作内容包括:与会人员登记注册,收集有关信息,寻求演讲者,联络场地,必要时解决投诉和纷争。

现在的会议越来越需要高度专业化的管理方法,因为与会团体对会议往往有着很高的期望,诸如扰人的空调声、不合意的座位或糟糕的视听条件都会给与会人员留下不良印象。若会议使用计算机等高科技手段,那么应聘用专业技术人员。这虽然涉及一笔巨大的支出,但却会减少因技术故障而损坏会议形象的风险。

实施会议一般包括以下步骤。

1. 编制会场手册

一般实施会议前要准备一份会议手册,既可以发放给与会代表,也可以留给会议工作人员。应明确会场手册的权威性,只有一定级别的人才有资格对会场手册作出调整。会场手册是一份操作手册,表5-1所示为其中的一页,我们可以从中发现其实用性。

表 5-1　会场手册中的一页

```
                    会议名称
                      日期
                      地点
会场指导_____
事件编号_____    负责人_____
事件名称_____
星期_____    日期_____    时间_____
地点_____
会场布置开始时间_____    会场开门时间_____
发言人_____
介绍人_____
会场管理者_____
发放材料_____
视听设备_____
标志:门_____
讲台_____
其他_____
会场布置
容量(_____)人
类型:名称_____
(平面图)_____
水_____
烟缸_____
讲台_____
麦克风:类型_____    数量_____
特殊说明_____
介绍者的结束声明_____
```

2. 设立信息中心

信息中心可以提供实时服务、个性化服务。当然,信息中心要采用恰当的形式,安排好相应的工作人员,对紧急情况也须有相应的处理程序。

3. 建立指导委员会

指导委员会与策划委员会是不一样的,指导委员会是在策划委员会领导下的指导具体工作的机构。指导委员会的工作内容包括:确定指导委员会的目标;选择指导委员会的成员;确定指导委员会成员的工作标准;提高指导委员会的工作效率和作用。

4. 促进会议日常交流

会议期间要加强会议交流。常用的办法有:制作新闻简报;设立公告牌,发布日常新闻;在会议活动中发布声明等。

三、总结和评估

会后总结工作不是独立的业务工作,而是管理工作的组成部分,总结的作用是统计整理资料,研究分析已做过的工作,为未来工作提供数据资料、经验和建议。因此,总结对经营和管理有着重要意义和作用。这一阶段的工作包括:会议总结与评估、客户回访和召开总结表彰会。

1. 会议总结与评估

会议一旦结束,应该立刻进行总结评估。可以通过调查与会人员对场地、进程和服务水平等的看法来获取反馈信息,这些信息对于分析会议成功与否起着关键作用,对计划将来的会议也很有帮助。

一般会后总结分三部分:①从筹备到会议结束的各项工作总结;②效益分析和成本核算;③本项目市场调查,如本次会议在市场同类项目中所占的市场份额、优劣比较、竞争情况等。

目前在国外,有许多专业的服务公司,如顾问公司、评估公司等,专门为会议主办单位提供评估服务。主办者投入了相当多的人力、物力和财力进行筹备工作,每次都会有很多宝贵的经验和教训,系统地进行评估,如对成本效益的评估、宣传效果的评估、会议影响力的评估等,将有利于我们发现问题、改进工作和提高效率。

2. 做好客户回访工作

会议结束不久,与会代表对会议的印象仍在记忆中,如果此时进行回访,就可加深与客户的关系。跟踪服务做得越早,效果就越明显。如果在会议闭幕后不迅速联系,目标客户就会失去在会议上产生的热情,这也就意味着可能失去这些客户,因此要做好客户回访工作。

3. 召开总结表彰会,感谢相关人员

会后应做好感谢工作,对象是所有的会议参加者、重要的支持单位、合作单位以及曾给予大力支持的媒体。对于重要的客户,我们可以采取登门致谢,甚至通过宴请方式表示谢意。

表彰会议服务人员。会议服务是一项复杂的系统工程,会议公司、酒店等各部门都可以召开表彰会。

做好媒体跟踪报道,主要是对会议进行一个回顾性的报道,将有关情况、有关统计数据资料提供给媒体,进一步扩大会议的影响。会议的各类统计数据包括:会议参加人数、专业程度和观众的反馈意见等。

第二节 会议工作范围

会议活动是一项有组织、有目的、有秩序的活动。通常情况下,围绕会议活动开展的一系列会议工作也有一个可以控制的范围。这个范围的大小根据会议本身的大小和复杂程度而变化。会议工作最终是为达到会议的既定目标而设定和开展的,作为服务性质的事务,它又是会议活动不可缺少的一部分,其质量和效益会直接影响整个会议的成败与否。

一般从理论上来说,会议工作狭义的范围大致包括以下项目:

1. 提供信息和建议,为会议领导者确定会议目标和议题起参谋作用;
2. 根据会议领导者确定的议题、时间和形式,制定会议的议程、日程以及程序的草案,呈请领导审批;
3. 根据会议领导的要求拟写会议的报告、讲话、最后文件的草案,审查与会单位和与会人员提交的会议发言材料;
4. 根据会议的要求安排会议场地并布置会场;
5. 做好会议活动的接待工作;
6. 做好会议的各项纪录;
7. 做好会议对内和对外的宣传联络工作;
8. 做好会议精神的传达和反馈工作;
9. 处理好代表的提案;
10. 总结会议工作的经验教训;
11. 收集会议文件,做好立卷归档工作;
12. 注意搞好会议活动的综合协调,及时处理好各种突发性事件,保证会议顺利进行和圆满结束。

从广义上来说,会议工作的范围还要大得多,这里只做有限的展开。

1. 关于会议产品要素的工作。这里主要包括会议主题与议题的最初拟定、比较筛选和最终确定;在会议场地和会议室的选择与布置上所做的大量调查研究和实验实践工作;会议发言人的选择和会前演练准备;会议通知的拟定、印发、传达;日常事务的时间安排;会议临时附加活动;住宿、餐饮、旅游、交通运输、娱乐、购物、人员公关交际、学术讨论与调查研究等社会活动。

2. 会议的申办与竞标活动。很显然,会议能否举办最终取决于上级主管部门的决定。因此,这就涉及会议的申办竞标的许多工作。这里公关部门的作用特别突出,但最终作决策的仍然是会议主办方的最高负责人。在最终的审批下达之前,有大量的准备工作要做,特别是会议申办报告的拟定尤为关键。此外,还要注意会议现场申办和非现场申办这两种不同情况下所采取的不同措施。在会议的招投标过程中必须深入研究相关文件要求并切实把握时运,抓住机会。

3. 会议的现场事务管理。主要包括会议论文筹集、现场注册(Site-Registration)、预先注册(Pre-Registration)和会议各项社会社交活动、专业专题活动的管理与安排。这里可能牵扯到一些会议标志(Logo)、会议标牌、会议证件、会议文件以及会议宣传广告资料的制作和使用。这些材料要求做到简洁明快、图文并茂、突出主题、强调要点。这些工作主要由会议组织机构中的秘书处、总务处等部门负责。

4. 会议的财务管理。一个在财政上严重亏损的会议不能算作一个成功的会议。和做所有的事情一样,会议也必须进行周密严格的财务控制。首先,会前就要根据所掌握的各种情况做大致的财务预测,并在不断的工作行进过程中适时进行修改完善。然后,要编制详细准确而又切实可行的会议预算,并尽力贯彻执行。同时,在会议期间的流动资金管理也不可疏忽,要利用一切可能控制会议成本,精打细算,能省则省。做到资金优化,合理使用,让有限的资金发挥最大的价值,"花最少的钱做最好的会议"。在具体实施上,寻求赞助无疑是有效、双赢的绝好方法之一。

5. 会议附设展览的运作。很多会议的举办同时或会后都附带着相关展览,无论是商业的或是非商业的,都体现着会议本身的多元化、相关性的运作方式。对于附设展览,主要要做的工作有:酝酿报批、前期准备、市场宣传、会前运作、运输物流、场地租赁、展商联系、站台搭建、现场管理、闭幕撤展和收尾后续。这里的工作环环相扣、节节相连,需要认真仔细地将每一个细节打理好,否则便一着不慎,满盘皆输。

6. 会议评估与会后工作。会议经验教训的总结和吸取,作为学习和提高自身,并为今后的工作提供参考依据的重要意义不用多说,重要的是如何进行评估。这里主要强调的是会议评估的参与者、评估的内容、时机及方法的选择。这些都是影响评估整体效果的重要指标,需要谨慎地对待。最后的会后工作,参照原计划和现实要求灵活处理。

第三节 会议工作分工

会议工作按照会议筹办机构内部的设置及会议的实际需要进行明确的分工协作,这主要通过设立若干不同种类的工作小组来实现。以大中型会议为例,可以设立以下工作小组。

1. 文件组

又称秘书组,主要负责各种会议文件的准备、起草、印发、清退、立卷归档工作。

2. 组织组

主要承办代表资格审查工作和选举方面的工作,如起草代表资格审查报告和选举办法,编制代表名册、选举程序,设计和印制选票,印发候选人情况介绍或简历等。

3. 联络组

主要负责会议主席团与各代表团之间的传达、反馈等联络工作,有时也负责做会议记录。

4. 提案组

提案组主要负责受理会议期间与会者提出的各种提案和议案。

5. 宣传组

宣传组主要负责会议的对外宣传工作,包括:制订会议的宣传与公关工作计划并组织实施;组织、安排、协调记者的采访活动,统一向媒体提供会议的新闻稿,承办新闻发布会或记者招待会;负责会议音像资料的录制和管理工作,等等。

6. 简报组

简报组主要负责编写和印发会议简报、快报。

7. 会务组

会务组又称为后勤接待组,主要负责会议的接站、报到、签到、票务、食宿、参观游览、文娱活动、车辆调度、会场安排与布置、设备保障、用品发放与管理、经费预算与筹措、财务管理等方面的工作。

8. 保卫组

保卫组主要负责会议期间的安全保卫工作。

有时还根据具体需要设置这样一些临时小组：大会发言组，负责受理与会人员要求在大会上做口头即兴发言的要求和提交的书面发言；翻译组，负责为外国人或我国少数民族代表提供翻译服务；选举组，负责有关选举、投票、表决等事宜。

上述分工可根据会议的需要做适当的增减、合并和调整，工作小组的名称也可以根据实际分工来命名。会议秘书之间既要有分工，又要有合作。这里要特别提出的是，会议工作的分工不同于会议工作人员的分工。会议工作人员有广义和狭义之分。广义的会议工作人员是指为会议活动提供各项服务的人员，包括会议秘书、司机、保卫人员和其他为会议提供专门服务的工作人员。狭义的会议工作人员是指会议秘书，其职责是根据会议领导者和领导机构的意图，安排落实会议的各项活动。需要说明的是，工作人员不属于会议的成员，不享有会议成员的权利。

复习思考题

1. 会前的准备工作有哪些？
2. 会议策划方案包括哪些方面？
3. 选择会议地点时需考虑哪些方面的内容？
4. 一般会后总结包括哪些方面的内容？
5. 简述会议工作范围。

第六章

会议的时间节点控制

学习目的

通过本章的学习,明确会议的议程,包括会议议程、会议日程和会议程序三个概念,以及它们之间的联系和区别;掌握制定会议议程、会议日程和会议程序的方法;学会控制会议进程的方法。

主要内容

• 会议议程

会议议程的含义　会议议程确定原则　安排议程的顺序　会议议程的书面结构　会议议程的内容

• 会议日程

会议日程的含义　会议日程安排要求　会议日程编排要点　会议日程的书面结构

• 会议程序

会议程序的含义　会议程序的书面结构　会议议程、会议日程和会议程序的联系与区别

• 有效控制会议进程

控制会议进程的必要性　控制会议进程的方法

第一节　会议议程

一、会议议程的含义

议程,是会议所要通过文件解决问题的概略安排,是为保证会议顺利进行所

做的程序。它所涵盖的除了足以实现会议目标的各种议案,如主题规则等之外,还包括与会者姓名、会议时间及会议地点等项目。无论何时,只要可能,一份议程应该在会议召开之前准备好,如果来不及准备,在会议开始之前花几分钟来建立议程。议程可以帮助主持者避免会议中的一些漫谈而从容地把大家带回到议程所列的诸项目中。

会议的议程是会议最为重要的文件之一,议程本身就会使与会者很好地理解会议的目的。与会者也可以提前查询相关的事实和资料。在议程各项议题上加注"信息"、"讨论"、"决策"的小标题,以便使参加会议的人知道他们努力要实现的每个议题的目的是什么。

议程不仅能够规范会议的内容,而且也足以约束沟通的次序与沟通的节奏。一旦会议欠缺议程,则会议的内容势必不确定,沟通的次序势必杂乱,沟通的节奏势必太快或太慢。换句话说,欠缺议程的会议是注定不具实效的。

二、会议议程确定原则

会议的议程应当表明需要讨论的事项顺序。一般情况,可以从发言人那里得到这些议题。对议题的安排应认真考虑,以保证最好的逻辑顺序。议程计划的另一个优点是可以正确评价在有限的时间内可达到什么目标的能力。议程的安排,作为一般原则可做以下考虑。

1. 一定要按照议题的轻重缓急编排会议的议程

一般情况下,重要的、急需解决的事项应排在议程的前端,一般性的事项则应排在议程的后端。这样做的好处是:会议前期人们精力较充沛,议事效率也高,把重要的、急需解决的问题放在前面,便于集中精力研究问题。尤其是在预定的会议时间内无法将全部议案处理完毕,但起码重要的议题已被处理过。那些一般性的议题,则可另择时间处理,或是并入下次会议中再予以处理。

2. 每一个议题应预估所需的时间并明确地标示出来

假如能这样做,则主持人可让某些人只参与与他们有关的某些特定议题的讨论。这即是说,假如议程中明示几点几分到几点几分探讨某一议题,则会议组织者可以让某些人在涉及他们的议案被讨论前几分钟进入会场,也可让某些人在涉及他们的议案被讨论过后离开会场。这样做,显然可以节省与会者的时间。不过,组织者只能有限度地容许迟到或早退,从而将会场秩序受干扰的程度控制在最小化。

3. 事先通知与会者,以使其做好准备

为让与会者对会议及早做准备,包括心理准备及物质准备,议程一定要随会议通知事先发给与会者。虽然并非所有会议都需要正式的议程,但是与会者至少应当事前有所了解,以便做好准备。议程是受到尊重还是被忽视,这与会议组织者对它的利用程度是成正比的。

三、安排议程的顺序

根据会议的性质和议题的具体情况,议程顺序的安排可以分别采取下列方法。

1. 先主后次

如果次要的议题数量较多且需要花较多的时间讨论研究,或会议时间有限,可采取先主后次的方法,即会议一开始先讨论研究主要议题,以保证开会时与会者头脑清醒,精力充沛,同时也确保有足够的时间研究主要议题。

2. 先次后主

与先主后次的方法相反,如果次要的议题数量较少,而研究主要议题可能要花较多的时间,可采取先次后主的方法,即会议开始后先将一些次要的议题解决掉,然后集中精力讨论研究主要议题。

3. 由报告,到审议,再到表决

需要对提交的文件进行表决的会议,一般都采取先报告,再审议辩论,最后付诸表决。

4. 由总结,到表彰,再到交流

总结表彰交流会,一般采取先对某项工作或某项活动作总结性报告,然后宣布表彰决定和表彰名单并颁奖,最后进行交流发言并安排领导讲话。

四、会议议程的书面结构

1. 标题。由会议全称加上"议程"二字组成,如"第十六届全国人民代表大会第一次会议议程"。

2. 题注。法定性会议议程应当在标题下方说明该议程通过的日期、会议名称,并用圆括号括入。如:(2000年3月4日第九届全国人民代表大会第三次会议预备会议通过)。一般性会议议程注明会议的起讫日期,如:(2004年3月17日—3月21日)。

3. 正文。简要概括地说明会议每项议题和活动的顺序,用序号标注,句末一般不用标点。

书面议程有一个重要的好处就是,会议组织者将其写成书面议程有助于会议目的具体化。这样,议程就能使会议按照既定轨道进行,让主持人能集中精力去处理参加会议人员彼此之间的关系。

案例 6-1:会议议程实例

天津市十五届人大常委会第十七次会议议程

1. 审议《天津市农民教育培训条例(草案)》(表决稿)
2. 审议《天津市安全生产条例(草案)》

3. 听取和审议市高级人民法院关于我市法院系统加强调解工作构建大调解格局情况的报告

4. 听取和审议市人民检察院关于我市检察机关开展刑事审判法律监督工作情况的报告

5. 听取和审议市人大常委会执法检查组关于检查《中华人民共和国科学技术进步法》实施情况的报告

五、会议议程的内容

会议的议程如同有序排列的轨道，可以令会议在预定的方向上有步骤、有计划地进行，所以会议的议程内容十分重要。一般来说，大多数的会议议程内容都需要包括以下几个方面的内容。

1. 开场

主持人的开场白是会议开始后首先需要进行的部分。开场白的内容包括：必要的与会者介绍，此次会议所要解决的问题，问题的有关背景，此次会议的目标等各方面的内容，甚至有时还要透露主持人或召集者的态度。开场白的内容范围由会议召集者来恰当把握，但具体内容应由主持人本人来控制。

2. 基本情况介绍

在主持人的开场白中提出问题后，应设计由几位与会者介绍他们对这个问题所掌握的情况，这样可以令其他与会者对这个问题有一个初步的概念，并且可以以这些基本的情况为出发点进行思考，为之后的讨论做铺垫。

这里有两点需要注意：第一，介绍者应是提前指定并对问题有了一定研究的人，他们介绍的情况应当是可靠的；第二，介绍者的发言应简练扼要，重点突出，不需要介绍更多细节方面的问题。因为即使介绍了，其他与会者也不一定能记得下来，至于一些细节问题，可以在讨论阶段再详细介绍说明。

3. 自由发言讨论问题

虽然是自由发言，但实际上仍应提前拟订一个大致的顺序，这个顺序可以让一些反应较快、性格外向的与会者首先发言，再让一些思考时间较长、较深入的与会者接着发言，这样可以避免出现无人发言的尴尬场面，并且可以使整个讨论逐步深入，从而调动和活跃大家的思维。

在差不多每个人都表明了自己的观点之后，会议的讨论就该进入更激烈的阶段了，这时与会者极容易分为几派，并且有些与会者会彼此针锋相对，虽然场面可能会有些混乱，但这时正是问题讨论最深入的时候，可以令所有的矛盾都自行充分暴露出来，为后面作出的决议做准备。

4. 结论

在充分的讨论之后，就需要逐步地进行意见整合，找到共同点，在分歧上相互妥协。这时候,主持人就应处在主导地位,他的任务主要是促成与会者们的意见相互配合,达成一致,最后以一定的形式表述出来,提交上级或传达下级。

5. 会议结束

会议达成决议后,还没有正式结束,会议主持人或是会议组织者一般都需要对会后的工作进行简单的安排,或明确地向与会者布置任务。

会议议程除应包括以上内容外,还可以根据实际需要而对会议的议程进行添加删减。例如,有的会议结束时可能需要领导发言,有的会议的议题情况介绍由主持人代为进行等。这些,都要视具体会议的情况而定。

第二节 会议日程

一、会议日程的含义

会议的日程是把会议议程规定的各项活动按单位时间具体落实安排,它不仅细化围绕会议议题的全部活动,还包括会议过程中其他的辅助活动,如聚餐、参观、考察、娱乐,等等。日程是表明会议发展的进程,同时也是对完成各项议程需要时间的预测和必要的限制,以提高会议的效率。会议日程是会议组织者对会议实施组织、与会者参加会议和人们了解会议情况的重要依据。会议日程是会议事务性文件的一种,在制作时,既可以采取文字的形式,也可采取表格的形式。

二、会议日程安排要求

会期满一天的会议都应当安排会议日程。日程不仅要将全部议程加以细化,而且还要反映会议过程中其他的辅助活动。会议日程的安排既要贯彻精简、高效的原则,又要科学、合理,做到紧中有松,劳逸结合,符合人体生理和心理活动的规律,以提高会议活动的质量。心理学家的试验表明,人的精力、体力每天呈规律性变化,其高峰出现在上午 10 时和下午 4 时左右,这时,人的思维最清晰、情绪最饱满、精力最充沛、注意力最集中,是安排重要会议活动的最佳时段。

三、会议日程编排要点

编排会议日程要科学合理,符合实际情况,一般应注意以下几点。

一是编排会议的日程要充分考虑会期、会议议程以及拟采用的选举方式等情况。一般可根据会议的议程,先将大会划分为几个阶段。以党代表大会为例,如预备会议阶段,大会开幕和讨论党的委员会、纪律检查委员会工作报告阶段,选举党的委员会和纪律检查委员会阶段,大会闭幕阶段等。对每个阶段的议程和主要活动作出初步规划,然后再根据会期设计日期。

二是要根据议程的具体内容、要求,合理编排日程。程序强的,如选举应安排得紧凑一些,使其有条不紊,环环相扣。需要代表充分酝酿讨论、发表意见的,如酝酿讨论工作报告、候选人预备人选、重要决议(草案)等,应尽可能把时间安排得充裕一些。

三是大会日程的编制要明确具体,使人一目了然。其内容一般应包括:时间、会议内容、地点、主持人。

科学合理的会议日程安排将让会议主办者很快地达到会议的目的,而且将有助于会议主办者获得预期的效果。开会当中,会议主办者可以不时抽出一些时间来检查日程表上的每一项,努力在事先规定的时间内把会议讨论推向高潮,并及时结束会议。如果还有一些问题不得不需要延长讨论时,那么请设定一个讨论的时间限制,尽量使讨论的内容紧扣中心议题。有时,与会者有个人的工作日程表,那么最好在合适的时间,逐一问问他们,这样,可以更加合理地安排开会时间。如果会议进行当中出现了一个新的问题,请立即把它加入"有待解决的事情"列表中,等会议结束后再选一个合适的时间和地点,请与会有关成员对它进行讨论。

会议日程应包括一份详细的会议议程,用以表明此次会议所需讨论的议题或内容。它由秘书和主持人商议准备,并考虑上次会议所处理的事项。在议事日程中,秘书应把需要与会人员注意的所有事项都记下来,并按它们在会上讨论的先后顺序安排,当然也要注意遵守事务的习惯顺序。

四、会议日程的书面结构

1. 标题

由会议名称加上"日程"或"日程安排"、"日程表"组成。

2. 题注

一般的会议日程若已显示了会议年份信息,则可以省去题注;若标题及其他部分均未显示年份信息,则应标明年份,以便于阅读者了解会议举行的年份。

3. 正文

正文部分有两种格式。

(1)表格式。表格式的优点在于会议活动的各项安排清晰明了,适用于需要交代各项具体信息的会议。表格式日程以会议具体活动的内容、主持人(召集人)、参加对象、活动地点、活动要求(备注)等项目为"列"或"行",以日期和单位时间为"行"或"列"。单位时间一般以上午、下午、晚上为单元,如有必要,也可利用中午和傍晚的时间。每个单位时间可再分成几段,以适应不同会议的需要。

(2)日期式。即按日期先后排列会议的各项活动。

4. 落款

一般写会议的秘书处,也可省去。

5. 指定日期。

即完整的会议议程表制定完成时的时间。

案例 6-2：表格式会议日程

2012博鳌论坛详细日程安排4月1日（星期日）

4月1日	地点	主题	嘉宾
07:00—22:00	培兰桥注册中心	注册	
07:00—14:00	博鳌亚洲论坛高尔夫球会	博鳌亚洲论坛2012年年会	"新财富杯"高尔夫邀请赛
08:30—12:00	金海岸温泉大酒店博鳌厅	博鳌亚洲论坛2012年年会	"万泉乐城杯"桥牌名人赛
13:00—14:00	金海岸温泉大酒店新博鳌厅	万泉乐城新闻发布会	
15:00-15:30	国际会议中心南门广场	上海通用汽车博鳌亚洲论坛官方指定用车交车仪式	
15:00-15:30	BFA大酒店一层东方演艺厅	海南省人民政府新闻发布会	
16:00—18:00	国际会议中心一层孔雀1厅	跨国公司中国区总裁圆桌会议	
16:00—18:00	国际会议中心一层东屿宴会大厅A	青年领袖圆桌会议:定义幸福与幸福社会 ——幸福社会是否意味着个人幸福的简单叠加? ——紧缩阵痛下,社会幸福是否应超越个人幸福? ——变革时代,政府如何平衡社会幸福与个人幸福? ——青年领袖的作用	主持人:中央电视台主持人芮成钢
16:00—18:00	国际会议中心一层东屿宴会大厅C	民营企业家圆桌会议 ——"新36条"一年回顾与民企的期盼 ——民营企业如何由价格和市场份额为中心的薄利多销模式,向品牌和客户需求为中心的可持续发展模式过渡? ——紧缩政策和低迷市况下的民企融资	特邀嘉宾:中华民营企业联合会会长保育钧
18:30—20:15	国际会议中心二层BFA主会场	欢迎晚宴	主持人

续表

4月1日	地点	主题	嘉宾
20:30—22:00	国际会议中心一层东屿宴会大厅B	能源/资源:供需双方的对话 ——能源、资源供给和需求的中长期走势 ——定价机制的形成 ——资本的作用 ——供需对话:如何构建稳定、共赢、可持续的供求关系	主持人:《华尔街日报》(博客、微博)亚洲总编辑 AlmarLatour 讨论嘉宾:沙特基础工业公司 CEO 阿尔玛迪 财团法人中技研董事长潘文炎 FMG 首席执行官 Neville Power 俄罗斯 EN＋首席执行官 Artem Volynets 中煤能源(601898,股吧)集团总经理、中国工程院院士王安 首钢集团总经理王青海 印度 GVK 集团副总裁
20:30—22:00	国际会议中心一层东屿宴会大厅D	对话鲍尔森	主持人:博鳌亚洲论坛秘书长周文重 对话嘉宾:美国前财政部长鲍尔森

案例 6-3:日期式会议日程

2011 APEC 中小企业峰会
——电子商务主题日

8月29日

1. 参会代表注册

2. 主旨演讲

3. 主题论坛:电商的基石:一体化供应链

午餐

4. 主题论坛:电商创新:微经济发展的力量

5. 主题论坛:"SNS"社区:以人为本的无限价值

茶歇

6. 主题论坛:零售业的新战略

欢迎晚宴

7. 晚间论坛 1:IPO 的前夜

8. 晚间论坛 2:微博的商业力量

8月30日

1. 特邀主旨演讲

2. 全体会议 1:创始人:开放与分享时代

茶歇

3. 全体会议 2:经济学人:产业升级的驱动力

午餐

4. 特邀主旨演讲

5. 主题论坛1：财经观察：良性企业的创新基因

6. 主题论坛2：投资人：锁定"高成长"

第三节 会议程序

一、会议程序的含义

现代会议的综合性逐渐增强，会议中交织着各种形式的活动。一次规模较大的会议往往可以分解成若干单元的活动，这样，大会的议程安排只能非常笼统和概括，而每一单元的活动本身也需要安排一个程序，这样便出现了会议程序这个概念。

所谓会议程序，就是指在一次具体的会议中按照时间先后排列的详细的活动步骤。会议程序可以让与会者了解每次具体的会议活动的内容及时间顺序，同时也是会议主持人掌握会议的操作依据。

有的会议除了议题性的活动之外，还有一些非议题性的活动和仪式，如选举、表决、颁奖、揭幕、宣誓等。为了让与会者了解每项具体的会议活动和仪式的先后顺序，同时也便于会议主持人掌握会议，编制一套较为完整的会议程序是不可缺少的。

二、会议程序的书面结构

1. 标题

由会议全称和"程序"或"顺序表"组成，如"第一届旅游资源研讨会顺序表"。

2. 题注

标明会议的具体日期、地点、主题、主办单位等信息。

3. 正文

会议程序的正文有两种格式。

（1）序号式。即用汉字或阿拉伯数字标引各项具体活动，列出相应的活动步骤和细节，要求详细、明确。

（2）时间序列式。即把各项会议活动以较为精确的时间排列先后，其优点是容易控制各项活动的时间。

4. 落款

一般为会议秘书处，也可省去。

案例 6-4:序号式会议程序实例

×××大学"终身教授奖"颁奖大会程序

一、司仪宣布:请主席台就座的领导人和获奖者入席。

二、司仪介绍出席会议的领导人和主要来宾。

三、司仪宣布:今天的大会由校党委副书记×××同志主持。

四、主持人宣布:×××大学"终身教授奖"颁奖大会开始,全体起立,奏国歌。

五、校长×××做主题讲话。

六、副校长×××宣读《×××大学关于授予朱××张××姚××钱××"终身教授奖"的决定》。

七、市教育党委书记、市教育委员会副主任、校党委书记、校长分别向朱××张××姚××钱××颁发"终身教授奖"证书。

八、学生代表向终身教授献花。

九、朱××教授讲话。

十、张××教授讲话。

十一、姚××教授讲话。

十二、钱××教授讲话。

十三、校党委书记×××讲话。

十四、市教育委员会副主任×××讲话。

十五、市教育党委书记×××讲话。

十六、主持人宣布:×××大学"终身教授奖"颁奖大会结束。

案例 6-5:时间序列式会议程序实例

中国自然资源学会旅游资源研究专业委员会
预备工作会议暨首次学术研讨会
会议程序

主办:中国自然资源学会

承办:中国自然资源学会旅游资源研究专业委员会、上海师范大学旅游学院

协办:《旅游科学》编辑部、中国旅游研究院都市旅游研究基地

主题:加强旅游资源研究,建设世界旅游强国

时间:2011 年 10 月 22 日(周六)

地点:上海师范大学外宾楼 101 会议室

08:30－09:00   开幕式

- 主持人宣布开幕并介绍出席会议领导和嘉宾
- 上海师范大学党委常委、旅游学院党委书记张国凤致辞

......
09:00－12:00　会议主题报告
　　　　　　　• 成升魁：中国旅游发展的若干问题思考
　　　　　　　• 郭来喜：关于旅游资源国家标准的讨论
　　　　　　　......
12:00－13:00　旅游学院宴请
13:00－15:30　会议主题报告
　　　　　　　• 把多勋：甘肃旅游资源特点及其开发价值
　　　　　　　......
17:30　　　　会议结束

三、会议议程、会议日程和会议程序的联系与区别

会议议程、会议日程和会议程序都是关于会议活动先后顺序的安排，它们之间的区别在于：会议议程是整个会议活动顺序的总体安排，但不包括会议期间的辅助活动，其特点是概括、明了，一旦确定，不得任意改动，凡有两项以上议题的会议，都应当事先制定议程；会议日程是将各项会议活动（包括辅助活动）落实到单位时间，凡会期满一天的会议都应当制定会议日程，以便与会者和会议工作人员了解会议的具体进程；会议程序则是一次具体会议活动的详细顺序和步骤，是会议议程的具体化和明细化，可供会议主持人直接操作。规模较大、活动较多、会期较长的会议，往往同时制定会议的议程、日程和程序，以适应不同的需要。会期较短、议题较少，并且较为灵活的会议只需制定一份会议程即可。以举行颁奖、选举、揭牌等仪式为主的会议活动，一般只制定会议程序，不制定议程。

第四节　有效控制会议进程

一、控制会议进程的必要性

会议的时间有一定限度。一般会议的时间应限制在两小时左右，是考虑了人的生理、心理承受能力而定的。超过两小时以上拖拖拉拉、松松散散的会议，只会增加疲劳而不会产生好的效果。为了保证在有限的时间内获得满意的结果，会议主持人有责任控制会议的节奏，有张有弛，既使与会者充分交流意见，又要避免发生推诿、互相扯皮等现象。

与会者在针对某个问题展开讨论时，由于各人的背景、素质、经验与价值观不同，看问题的角度不同，作出的判断、提出的解决方案等也必然会不尽相同。

与会者往往会各持己见,据理力争。这是讨论深入的迹象。但如果意见已趋向集中,这时会议主持人就应适当终止争辩。否则,针锋相对的双方互不相让,争得面红耳赤,既浪费了时间,又妨碍下面议程的进行。

有效控制会议的进程,很重要的一点就是使各项活动尽可能地依照事先预定的进程进行,不要轻易变更。在有限的时间内,围绕主题展开充分讨论。

二、控制会议进程的方法

会议进程的掌握,向来被认为是主持人的重大责任。如果会议进度掌握不好,则会议很难达到其预定目标,会议也就很难起到其应有的作用。如何有效地控制会议的进程呢？以下几种方法可作参考。

1. 为会议规定节奏

在每次会议之前,根据会议议题,作出本次会议的进程计划表,对会议讨论每个议题所占用的时间作出计划和规定。这样,只要会议的进程计划表制定得合理,并在会议进行过程中严格按照每个议题所规定的时间进行,不为某一个议题而随意拖延时间,就可避免打乱会议进行的计划。这样便可以使会议表现出一种比较合理的节奏。

2. 为会议创造节奏

除了对会议进程作出计划以外,在会议进行当中,会议主持人还要以自己敏捷的思维,言简意赅的发言,为会议创造一种快速和适度紧张的节奏,不容许会议有任何拖沓和离题的时间。

3. 灵活和合理地调整会议节奏

在对会议进程作出计划和使会议保持在较快节奏的前提下,作为会议主持人还要对会议的进行作出一些随机的调整。例如,立即结束已有结果的讨论,而不管是否已到所计划的对该问题讨论结束的时间;当讨论出现一些有价值的意见时,亦可对原有计划做适当的"有计划的拖延",以使会议取得更大的成果。

4. 控制发言时间

有太多的"饶舌者"可能会使讨论超过预定时间。这些人话虽多,内容却可能无关紧要或无重点。主持人应观察哪些人有这种问题,在请其发言时,要求尽可能简短扼要。发言者如重复已经说过的话,主持人适当提醒或制止,因为时间控制不当,会降低会议效率。

5. 在会中尽量减少与议题无关的争辩与讨论

会议中与议题无关的讨论不仅会浪费会议的时间,还会降低会议的质量。因此,要保证会议有效进行,减少离题的争辩与发言是必须的。

6. 可以采取有声互动法和无声互动法控制会议进程

(1) 有声互动法

某些暗示性的话语或声调,可以鼓励发言者继续发言或暗示其该结束发言了。通常面带微笑地说:"嗯"、"对!我了解"、"不错!继续讲"都是对发言者的正面回应。相反,如果面无表情地摇头,或者说:"哦!是这样吗?"就暗示发言者应该停下来,思考一下其论点。以上这些暗示性的话可以帮助主持人巧妙地控制与会者的发言时间及内容。

(2)无声互动法

无声互动法也是掌握会议进程的一种方法。主要包括:点头、转移视线、微笑、以目光暗示"继续讲"或"该闭嘴了"。其他肢体动作有:以手敲桌,暗示"说得好!"或"然后呢?"而改变坐姿或跷脚则可用以暗示"快失去耐心了"以及感到挫折。适度地运用无声暗示法,对会议控制有显著的功效。

复习思考题

1. 简述会议议程、会议日程和会议程序的概念。
2. 简述会议议程制定的原则。
3. 编排会议日程需要注意哪些方面的内容?
4. 阐述会议议程、会议日程和会议程序之间的联系和区别。
5. 控制会议进程的方法有哪些?

第七章

会议的文秘服务

学习目的

通过本章的学习,明确会议文秘服务的内容,掌握拟发会议通知、邀请演讲者以及会议主题活动策划安排的方法,了解会前会和会后会的工作要点。

主要内容

- 会议文秘服务内容

会议文秘服务的特点　会议文秘服务的工作内容

- 拟发会议通知

会议通知的作用　会议通知的种类　会议通知的内容　会议通知的结构　会议通知的形式　会议通知的发放

- 邀请演讲者

邀请演讲者　邀请演讲者需要注意的问题

- 会议娱乐活动策划与安排
- 会前会和会后会

第一节　会议文秘服务内容

一、会议文秘服务的特点

有人说,秘书工作主要是"三办"——办文、办会、办事;也有人戏称秘书工作是"文、会、报",即草拟文件、会议工作、编写简报和写汇报。也许概括不一定全面,但参加会议,搞好会务工作作为秘书的一项经常而重要的工作,是人们所公认的。任何一个秘书,都可以在秘书工作活动系统的"直角坐标系"中找到自己的"纵坐标"和"横坐标",从而明确自己的特定位置和角色。能否成功地组织好一次会议,秘书在其中扮演着重要的角色。会议文秘服务表现出以下特点。

1. 服务性

会议文秘服务是随着开会的需要应运而生的,它的一切活动,都是为了给会议提供方便条件,做好各项服务工作,保证开好会议。

2. 被动性

会议文秘服务的辅助地位决定了它的被动性。

3. 事务性

无论是值班接传电话,还是记录整理简报,很多环节都有较强的事务性,烦杂而琐碎。但是,正是通过这些事务性工作,保证了会议的顺利进行。

4. 综合性

由于会议文秘工作是直接为领导机关和领导同志召开的会议服务的,会议涉及的内容十分广泛,参加会议的人大都知识渊博,因此要做好会务工作,需要了解社会科学和自然科学的多学科知识,特别是管理学知识,需要掌握同本职工作相联系的各方面的情况,需要掌握使用各种为会议服务的自动化、电子化设备的技能和本职工作的业务知识,要求会议秘书工作人员成为"通才"和"杂家",能够从全局出发观察与考虑问题,有高度综合的眼光和能力。会议秘书工作人员的综合能力越强,越有利于提高专业化水平;会议秘书工作人员的专业化水平越高,总揽全局的综合能力也就越强。

5. 时间性

会议是一种有组织有领导的活动,有很强的时间性。作为与会者应遵守时间,按时参加会议。作为会议文秘服务人员更应有高度的时间观念,决不能出现诸如与会者已到齐了,会议记录人员还未到或是会场还未布置好等现象。

二、会议文秘服务的工作内容

秘书在会议工作的以下环节中发挥重要作用。

1. 确认日期、时间、地点

确认会议与活动的日期、时间,要精确到年、月、日、时、分。由会议开始到结束这段时间被称为会期。预定地点要根据会议规模来定。一般小型会议可在本单位办公室或接待室召开。中型或大型会议可在单位礼堂或多功能厅召开,也可在宾馆饭店或能提供会议服务的其他场所召开。确认日期、时间、地点是会议成功召开的前提,体现会议文秘服务工作中的重要职责。

2. 确认与会人数

开会当然也必须注意确认与会人数,这关系到会议规模、场地安排、餐饮食宿安排、经费的估算和支出等具体会议准备事宜。一般情况下,均由秘书向与会者发出书面或电话等口头形式的邀请或通知,待得到被邀请者的回复后统计并确认实际的与会人数。

3. 发送会议通知

会议通知一般采取书面形式,分标题和正文两部分。标题包括"单位名称＋会议名称＋通知"。大型会议,如各种代表大会的通知要编发文号。一般性的日常工作会议,可只写"会议通知"而不编发文号,会议单位应写在通知正文下面并注明年、月、日。正文应写明单位、何时、何地、开何会议,会议的目的、期限、内容、日程,与会人员应做哪些准备,报到时间、地点,等等。文字要简明、准确。

4. 编组

报名、报到及为与会人员编组,这是发出通知后要做的工作,它关系到会议主体——人的问题,要细致做好。接到与会人员报名后,会议工作部门应当为其做好必要的准备工作。如制发证件、排列坐次、准备文件、安排食宿和交通工具等。报名一般采用信函、电话、电报、电子邮件等形式。许多会议的与会人员不是由一个人自始而终出席,而是根据会议时间、性质等调整出席会议的人员,会议秘书人员接到更换通知后,应立即做好相应的修正工作,如换发证件、调配住宿等。与会人员报到时,会议秘书人员应将事先准备好的文件袋(包括文件、证件、餐券和会议用品等)发给本人,同时注意登记到达的时间和随员人数情况。要随时掌握报到人数,发现该报到而未及时报到的应抓紧催促,保证其按时参加会议。尤其应注意有外埠代表参加会议的报到工作。在确定了与会人员名单之后要对与会人员进行分组。编组的基本方法有两种:一是按地区编组,二是按专业编组。编组的目的是为了进行小组活动或分组讨论等。大会中间常常需要穿插小会(或者说小会是整个会议的重要组成部分),大会的许多具体工作要靠小会去完成。许多具体议题总是需要分组进行讨论研究的。与会人员的编组名单,最后要经领导审定。

5. 设备准备和调试

先进的设备可为会议的成功召开提供可靠的保障,合理的设备服务可以节省会议的开支,优质的设备是会议成功的关键。

在大型的会议、演说和讨论会议中,为了突出所讨论的重点,必要的视听设备有:基本的功放、麦克风、录音设备、录像设备、投影仪、幻灯机和精巧的背投式视频荧光屏幕和幕布等。如果是国际性会议还应有传译的翻译间等设备。

6. 会场布置

布置会场,应根据会议的不同内容采取不同的形式。一般大中型会议的会场布置应设主持人台与代表席,在许多情况下,主持人台与讲台是合二为一的。中小型会议的主持人台与代表席更近一些。另外,要注意设置一些标记牌放在桌子上,以标明主持人应在哪里。

7. 接待与会者

开会前,秘书应把与会者的名单送往会务处,有时为了安全起见,要为每位与会者准备用以证明身份的证章。当与会者互相介绍时,秘书应热情、主动。如果只有几个人,秘书可以负责介绍工作,对与会者逐一互相介绍,并陪同到会议室。如果与会者众多,可以微笑着与大家点头示意,再将他们引到衣帽间,然后引到登记处,最后陪同他们进入会场。也可以安排助手引导与会者们前往指定地点。秘书应嘱咐登记人员记住演讲者、贵宾和显要人物的身份和到达的时间,以便为他们与会期间的活动做相应的安排。

根据会议安排的工作需要,秘书也可以在主持会议方面发挥作用。近年来很多大企业为了提高经济效益,减轻领导者的工作负担,将会议的主持工作交由秘书来负责。

8. 讲话

会议中,有时需要秘书发表讲话。比如,介绍大会演讲者,秘书就应该亲自询问或从公开发表的资料中掌握演讲者的背景资料。要了解演讲者现在的职称,正确无误地读出他的名字。介绍要简短,避免把演讲者的所有功绩如流水账般地陈述一遍,要选用最关键、具有代表性的事迹,客观简练地介绍。不要使人感到秘书在对演讲者进行吹捧。

在某些会议上,秘书也可能被要求对全体与会者发表讲话。要使讲话能达到一定的效果,应注意以下几个问题。

(1)预备好要演讲的主要内容,可以草拟一个讲话提纲,也可以将提纲写在卡片上。

(2)演讲所用的资料一定要经过调查,确保与事实相符。要为回答与会者的提问而事先准备必要的资料。

(3)在镜子面前练习,注重练习自己的面部表情、形体姿态及手势的表达。

(4)站姿挺直,神态自然,眼睛要始终注视着下面的听众,以示尊重。

(5)主题明确,证据充分,举例生动。

(6)语言通俗易懂,语言标准,语调有变化,声音洪亮。

(7)对演讲的时间进行合理的安排,并在规定的时间内完成演讲。控制讲话速度,既不能太快也不能太慢。

(8)在适当的地方停顿一下,以使大家能跟上你的思路,理解所讲的内容。

(9)要有一个良好的精神状态,准备充分,完全知道你需要讲什么及如何去讲,如果演讲内容引起了与会者的重视,多花点时间是值得的。

第二节　拟发会议通知

一、会议通知的作用

会议通知是告知与会者有关与会事项的会议文书,是传递召开会议信息的载体,是会议组织者同与会者之间会前沟通的重要渠道。拟发会议通知是会议准备工作的重要环节,具有以下几方面的作用。

1. 传递会议信息

会议通知可以传递有关会议的内容、性质、方式、时间、地点等基本信息,以便与会者做好充分的准备,按时赴会。

2. 收集信息

收集与会者提出的议题、对会议议程的意见、提交的论文或报告以及其他需要在会议上进行交流的文件,以便进一步完善议题议程,审定或筛选论文、报告和其他交流性文件。

3. 反馈信息

向会议组织者反馈与会者的有关信息,如姓名、职务、人数等,为会议的接待工作做准备。

4. 履行相关义务

在一些法定性会议中,正式成员具有出席会议的法定权利,向他们发出会议通知是会务工作机构的法定义务,同时也是对与会者权利的尊重。

二、会议通知的种类

1. 按通知的形式分

按通知的形式可分为口头通知和书面通知。口头通知,如当面通知、电话通知,具有方便、快捷、即时的优点,但容易遗忘。书面通知尽管需要打印、分发或者邮寄,手续较多,时间较慢;但显得严肃、庄重,而且具有备忘的作用。重要会议应当使用书面通知。

2. 按通知的性质分

按通知的性质可分为会议预告通知和正式通知。预告通知先于正式通知发出,其作用主要是为了让与会者事先做好参加会议的准备。凡需要事先征求与会者的意见,或者需要与会者事先提交论文、报告、答辩和汇报材料,或者先报名然后确定与会资格的会议,应当先发预告通知,待议程、时间、地点以及与会资格正式确定后,再发正式通知。有些预告通知要附回执,方便统计与会的相关信息。

3. 按通知的名称分

按通知的名称分为会议通知、邀请信（函、书）、请柬、海报、公告等。有时,举行一次会议需要根据不同对象分别使用会议通知、邀请信、请柬。

(1)会议通知用于研究工作、进行决策的会议,发送对象是会议的当然成员和法定成员、本机关或本单位内部的工作人员、下级机关或所属单位、受本机关或本单位职权所制约的单位。

(2)邀请信一般用于横向性的会议,具有礼节性,发送对象是不受本机关职权所制约的单位以及个人,如召开学术性会议或者技术鉴定会,以发邀请信为宜。

(3)请柬主要用于举行仪式类活动,如开幕式、竣工仪式、签字仪式等等。发送对象一般都是上级领导、社会人士、兄弟单位等,多使用书面语,语言恭敬儒雅。

(4)海报是一种公开性的会议通知形式,通常采用招贴的方式,主要用于可以自由参加的学术性报告会。

(5)公告是一种专门用于股份公司召开股东大会时,通过登报发出的会议通知。

案例7-1:会议邀请信

2009'中国旅游高等教育国际化高峰论坛
2009' International Symposium on the Globalization of Higher
Tourism Education Shanghai, China, 20-21 June 2009
邀请信
INVITATION LETTER

尊敬的　　　　女士/先生:

为促进中国从世界旅游大国走向世界旅游强国,推进上海建设世界著名旅游城市,提升中国旅游高等教育的国际化水平,加强国内外旅游专家的交流和探讨,搭建国内外旅游高校合作交流的平台,探索新型的旅游高等教育国际合作模式,由教育部工商管理类专业学科教学指导委员会主办,上海师范大学旅游学院承办的"2009·中国旅游高等教育国际化高峰论坛"将于2009年6月20日—21日在上海师范大学召开。预期届时有中国、美国、澳大利亚、英国、芬兰、荷兰、马来西亚、泰国、韩国、新加坡、中国澳门等国家和地区的150余位专家参会。现定于2009年6月20日上午8:30至9:10在上海师范大学徐汇校区东部文苑楼报告厅举行开幕式,敬请您莅临会议开幕式给予指导!

此致

敬礼

教育部工商管理类专业学科教学指导委员会
上海师范大学旅游学院
二〇〇九年六月十一日

三、会议通知的内容

会议通知的内容要尽可能详尽、明确。书面通知一般应当写明以下几方面的内容。

1. 会议名称

会议名称一定要写全称。

2. 主办者

联合主办的会议,要写明所有主办者的名称。

3. 会议的内容

包括会议的目的、主题、议题、讨论的提纲、议程等。报告会应当写明报告人的姓名、身份和报告主题。

4. 参加对象

如果通知是发给单位的,应当说明参加会议的人员的具体要求,如职务、级别;专题工作会议应要求分管领导到会;会议通知也可以直接发给与会者个人。按与会者资格不同,通知中应分别用"出席"、"列席"、"旁听"、"参加"等词语来表达。有的会议为了达到一定的规模,通知中还规定每个单位参加会议的人数。

5. 会议的时间

包括报到时间、会议正式开始和结束时间。

6. 会议的地点

应具体写明会场所在地的地名、路名、门牌号码、楼号、房间号、会场名称,必要时画出交通简图,标明地理方位及抵达的公交线路,以方便与会者。

7. 其他事项

如参加会议的费用、报名的方式和截止日期、有关论文撰写和提交的要求、入场凭证以及组织者认为必须说明的事项。

8. 联络信息

如主办单位或会议筹备机构的地址、邮编、银行账号、电话和传真号码、网址、联系人姓名,等等。

四、会议通知的结构

会议通知篇幅不长,但告知项目必须齐全、明确、具体。会议通知的一般结构包括标题和正文两部分。会议规模和性质不同,会议通知的写法也不同。

1. 小型会议会期不长,告知事项简单,会议通知的写法也相对简单。一般结构为:

标题。一般写"会议通知",或"关于召开×××会议的通知",不宜只写"通知",甚至不写标题。

正文。写明会议时间、地点、内容、出席(列席)人及与会有关要求。

2. 大型或重要会议会期长,内容丰富,告知事项比较多,通知的写法就相对复杂一些。一般结构为:

标题。通常写法是"关于召开×××会议的通知"。

正文。通常包括开会缘由、赴会应知事项和要求。"开会缘由"写明召开会议的原因、目的、任务;"应知事项"写明会议内容议程、时间及会期、地点、出席会议人员、报到时间、报到地点及方式、应带材料、注意事项等,有些会议还要说明代表资格、名额分配等。

说明:写明有关联系方式、电话、联系人等。有外埠与会者,要说明接待办法。

五、会议通知的形式

一般情况下,会议通知最好是在开会前一个星期寄到与会者手中,因为现代人在安排各种活动时,多半提早一个星期做规划,而且一个星期的时间大概足以做好开会前的各种准备工作。超过一个星期的会议通知比较容易被遗忘,因此当你有必要发出超过一个星期的会议通知时,最好能在开会前两三天设法再向与会者提醒开会时间。除非是紧急会议,否则不要发出短于一个星期的会议通知。切记太匆促的通知,不但令与会者来不及做好会前的准备工作,而且也很容易令他们觉得会议召集人把他们当作"呼之即来"的人看待,从而也不能引起与会者对会议的重视。

常见的会议通知主要有:口头通知、电话(传真)通知、书面通知、电子邮件。

1. 口头通知

口头通知最突出的优点就是快捷、便利,适合与会人员较少的小型会议。当然口头通知也有弊端,比如责任的问题,因为传达通知时,是以声音为媒介进行的,不易保存;事后,如果接受通知的人员遗忘了这件事情,或者没有完全弄清楚具体的开会时间、地点以及会前要做的准备工作等,对会议的顺利进行就会带来不利影响。所以,比较正式的会议一般都不采取口头通知的方式。

2. 电话(传真)通知

目前,大多数会议都采用这种方式通知。以电话(传真)为媒介传递信息,快捷、准确、到位,一般情况下,成本也不是很高。需要注意的是,以这种方式传达通知时,会务人员为了明确责任问题和出于有的与会者因某些原因没有接到电话(传真)的考虑,必须在事后选择合适的时间继续通知,直到他接到电话(传真)或知道了会议通知的信息为止。在传达通知时,要据实填写好会议通知传达情况登记表(见表 7-1)。

表 7-1　会议通知传达情况登记表

项目	通知内容	通知对象	接电人姓名	通知时间	备注
1					
2					
3					
4					
5					
……					
情况记载					

通知人（签字）：_____
年　　月　　日

3. 书面通知

书面通知是一种传统的方式，它适合于大型会议，如果企业的分支机构多而分散，那么在召集有各分支机构人员参加的会议时，最理想的方式也许就是书面通知。由于书面通知在传递的过程中需要一定的时间，所以要提前准备，如果在预定的时间内，对方没有收到，还需要及时采取措施做相应的补发等工作，让对方尽快知道参加会议的事宜，以便做相应准备工作。书面通知的方式效率比较低，如通知材料的起草制作、邮寄（或专人传递）等，经过的环节较多。但是，书面通知对于议题比较多的会议，也是很有必要的，因为通过书面材料可以将有关事宜交代得清清楚楚，对于与会者来说，可提供很大的方便。

4. 电子邮件

电子邮件是在信息高度发展的今天产生的，它综合了上述三种方式的优势——快捷、准确、低成本，而且内容清楚，一目了然。正是因此，目前通过电子邮件传达会议通知的企业越来越多。但是，由于有的地方尚未普及网络技术，所以这种方式的采用还会有所限制。在有条件的企业，为了保证会议通知传递的有效性，必须要对这种方式加以必要的规范。

在使用电子邮件拟发会议通知时，请注意以下几点：

（1）每位员工必须申请电子信箱名称；

（2）每位员工必须养成浏览电子信箱的习惯；

（3）同一办公室的员工有义务互相转告会议通知信息。

公司会议通知的传达应根据具体情况而决定选择哪一种方式，也许有时是单一的一种方法，有时会将几种方式结合起来操作，一定要灵活应变。

六、会议通知的发放

会议通知拟好后,就要进行发放工作,如前所述,会议通知一定要提前发放,这样与会者可以早做准备。下面就发放会议通知的程序和应注意的事项分别予以介绍。

1. 准备和分发会议通知

会议通知应按有关章程或规定办理。一般来说,规模较大、较为重要的会议都应以书面形式通知。在特殊情况下还可采用公告的方式,如果参加人数不确定,可在报上刊登广告。除了公告通知外,必须确定送达被通知人的,应取得相关的收讫证明(例如签收、收据、挂号信单据等),以免事后发生问题。

2. 打印会议通知

会议通知写好以后,要注意存盘,以便将来查找或修改。在打印之前,再仔细检查一遍,看看是否有写错的地方。打印时,可以先打一份样张看看效果,以避免纸张和油墨的浪费。打印之后,通读打印稿全文,查看有无打印错误之处,发现错误要及时修改,确认无误后,方可送到复印室复印。在复印之前还要统计复印的数量,留足备份,以备不时之需。

3. 发送会议通知

如果以信件的方式发送会议通知,请注意以下问题。

(1)要写清接收单位的地址和单位全称,有时还要写收信人姓名。特别要注意的是,单位名称不要随意简化否则容易造成误解和错发;

(2)信封封口之前仔细检查一遍是否装入了通知;

(3)通知装入信封之后,要逐个将信口封贴起来,防止失落;

(4)将名单与信封核对,防止遗漏或重复;

(5)信封送到收发室时要进行清点,请收发人员打上编号,以备查询。

4. 注意事项

(1)对拟任免、调动的人员发通知要特别注意,不能把准备调动但尚未调动的人的通知发错单位。

(2)对于一些区域性、全国性乃至国际性会议,需要安排与会人员食宿和回程的,还要在发送会议通知的同时附上会议通知回执,以便会务人员安排接站和订购车票、机票。

(3)有时,会议期间要开一些小会,所以还有会间通知的问题。会间通知要贴在醒目处,一定要写清会议的详细场所。会间的通知最好在会上宣布或在饭前通知,否则,很难通知到所有与会者或有关与会者。

案例 7-2：会议通知

2009'旅游教育国际化研讨会第一轮通知
2009' International Symposium on the Globalization of Tourism Education

2009 年是中华人民共和国建国 60 周年，也是中国旅游教育迅猛发展的 60 年。中国是世界上开办旅游专业院校数量最多、在校学生规模最大、学历层次最全的国家。尤其是经历了改革开放 30 年的洗礼，中国旅游教育在拓展国际合作办学渠道和人才培养的国际化方面取得了卓著的成绩和显著的成效。目前，中国 496 所开办本科及以上高等旅游教育的院校都已广泛地与欧洲、北美、澳大利亚、日韩及东南亚等国家和地区近百所知名旅游院校开展了不同形式的国际合作。

与此同时，伴随中国旅游业的加速国际化，旅游业界对高质素人力资源的需求不断提升，优质旅游教育成为中国旅游业持续发展的关键。在此背景下，教育部工商管理教学指导委员会旅游学科专业组和中美两国大学(1＋2＋1 项目)旅游院校联盟联合发起召开"2009·旅游高等教育国际化研讨会"，此次会议由上海师范大学旅游学院承办。本次会议旨在通过国内外旅游院校及教育专家的交流和探讨，进一步搭建国内外旅游高校合作交流的平台，进一步探索新型的国际合作模式，共同推进国际化背景下高等旅游教育的发展。

一、会议主题：国际化：旅游教育的机遇与挑战

二、组织机构

主办单位：教育部工商管理教学指导委员会旅游学科组

中美两国大学(1＋2＋1 项目)旅游院校联盟

承办单位：上海师范大学旅游学院、上海旅游高等专科学校

协办单位：美国普渡大学（Purdue University）、美国乔治·华盛顿大学（The George Washington University）、美国中部佛罗里达大学（University of Central Florida）美国内华达大学（University of Nevada）、澳大利亚昆士兰大学（The University of Queensland）、荷兰鹿特丹大学（Erasmus University）、中国上海师范大学、中国云南大学、中国湖北大学等。

媒体支持：《中国旅游报》、《旅游时报》、《中国会展》、《中国展会》、搜狐网·旅游频道

指定期刊：《饭店与旅游教育学报》（*The Journal of Hospitality and Tourism Education*）、《旅游科学》

三、会议时间与地点

时间：2009 年 6 月 20 日—21 日

地点:上海师范大学文苑楼、会议中心(上海市徐汇区桂林路100号)

时间安排	主要内容
2009年4月15日前	与会者提交论文题目、中英文摘要;院校参展报名(参见"五、配套活动",类型自定
2009年5月1日前	提交论文全文:院校提交展示方案
2009年5月15日	经选取,寄出论文录用通知书
2005年6月19日	报到(和颐酒店,地址:上海市徐汇区漕宝路124号,上师大正门北500米)
2009年6月20—21日	召开会议

四、会议议题及论文征集

世界旅游业与旅游高等教育发展的新趋势

旅游高等教育国际合作的成功经验与模式

旅游前沿课题研究的国际合作

中国旅游高等教育的国际化

旅游师资建设的国际化和本土化

旅游专业设置与课程建设的国际化

旅游专业学生海外实习基地的建设

本次会议将为国内外旅游高校提供一个了解旅游教育发展趋势、交流最新合作模式、展示高等旅游教育发展水平的国际交流与合作平台。入选本次国际会议的论文将结集正式出版,有关论文的格式等要求请详见附件二。

五、配套活动

1. 建国60周年旅游图书展

向国内外的知名出版社(以国内出版社为主)、著名旅游学者和各主要旅游院校发出邀请,在会议上设立专门的旅游图书展区,会议结束后所有图书将赠送给会议承办单位——上海师范大学,建立"中国旅游图书陈列馆"。

2. 中外大学旅游高校合作展示会

邀请国内外知名旅游高校介绍旅游教育国际合作方面的经验,与会代表共享旅游教育国际合作的成功经验。

六、会议注册

参会者请填写"2009·旅游高等教育国际化研讨会"注册登记表(请见附件一),并通过电子邮件或传真发至大会秘书处。会议注册费国内代表人民币500元,注册费含会议资料、会议期间餐饮、黄浦江游览等费用。交通、住宿费用自理。会议报名截止日期为2009年5月31日。

电汇账号
开户名称:上海师范大学
银行账号:033872-08017004511
开户银行:农行徐汇支行桂林所
(附言请注明"2009'旅游高等教育国际化研讨会",并写明参会人姓名及单位)
邮政汇款
汇款地址:上海师范大学旅游学院
邮政编码:200234
收款人:贺球红
(附言请注明"2009'旅游高等教育国际化研讨会",并写明参会人姓名及单位)

七、联系及咨询

大会秘书处:上海师范大学旅游学院
地址:上海市桂林路100号,邮编:200234
网址:http://sit.shnu.edu.cn
联系人:高峰
电话/传真:021-64321020
E-mail:mail:tourismpeak@gmail.com
境外与会组联系人:袁怡琴
E-mail:sit_wb@shnu.edu.cn
交纳注册费联系人:贺球红
E-mail:cloffice@shnu.edu.cn
联系电话:021-64322763
学术论文组联系人:吴凌菲博士
E-mail:sitwlf@163.com
教育部工商管理教指委旅游学科组负责人:马勇教授/博导(湖北大学旅游发展研究院)
电话/传真:027-88661113
E-mail:mytcn@yahoo.com

教育部工商管理教学指导委员会旅游学科专业组
上海师范大学旅游学院
二〇〇九年三月十日

第三节 邀请演讲者

一、邀请演讲者

选择和邀请演讲者是一个复杂的过程,对其进行科学的管理十分重要,如果会议需要许多演讲者,情况更是如此。

1. 演讲者人选问题

会议邀请演讲者有各种考虑。要达到传递信息的目的或是要有启示鼓舞的作用,这主要取决于会议的目的和性质。

演讲者可以是某个问题的专家,也可以是一个与会议主题相关的特别代表。不论出于何种原因,都必须让会议组织的每一个人都清楚选择的标准。

有的时候会议也可能需要邀请一些有争议的人物作为演讲者,这主要取决于争议的性质。

2. 演讲者演讲主题

在对演讲者发出邀请的时候,应该向对方介绍会议的目的。一些演讲者可能准备了很精彩的发言,但是却与会议的主题不符。演讲者对会议目的了解得越多,他们的演讲就能与会议联系得越紧密。

要明确演讲者的演讲主题,是会议组织者提供,还是自选,这要看话题和演讲者哪一个更重要。如果演讲者占据首要地位,那么他就有选择话题或至少提出相关建议的权利。当然,在选题方面不能给演讲者全部的自由,因为有的话题可能不适合该会议。演讲者并不知道哪些题目不适合与会者,因而会议组织者应该负责提供这方面的信息。但要意识到演讲者可能在听说所有这些禁忌后将决定不接受会议的邀请。另一方面,通过讨论,会议组织者也可提出一个该发言人从前没有涉及过的但感兴趣的话题。

也可以先确定话题,由会议组织者拟订发言的内容和方式。在这种情况下,会议组织者应该向候选演讲者说明其发出邀请的原因。

3. 演讲者时间安排问题

会议策划的需要必须与演讲者的时间安排相协调。演讲者常常要在某个全体会议上讲话,而会议策划在这类会议的日期和时间安排上却没有很大的灵活度。

二、邀请演讲者需要注意的问题

要做好邀请演讲者的工作,还要考虑以下几点事项。

1. 演讲者是否同意录音

不是所有的会议都需要录音,但是给会议录音现在正在成为一种潮流。根据法律,会议方面在进行这类录音之前必须得到相关演讲者签字同意的协议。

2. 是否需要特殊的设备

会议方面有必要确认演讲者需要哪些特殊设备,这些信息可以通过建议表来收集。值得注意的是,该建议表通常在确定演讲者人选的几个月前就收集上来了,而在这个过程中演讲者可能又有了新的需求。会议方面应该让所有的演讲者在一个规定日期前提出对设备的需求,在该时限之后,这类需求只能在特殊的情况下才能被会议方面接受。这样,将更有利于统一管理。

3. 最终确认

我们前面是从会议组织者的角度讨论准备过程,但是演讲者方面的准备工作也不可忽略。会议方面对演讲者发出邀请,可能在发出邀请和接受邀请之间有一段时间差。在几乎所有情况下,会议方面都应该安排专门人手来确定演讲者是否对参加会议仍然感兴趣,以及是否还有时间。很多会议组织者往往都一厢情愿地认为只要自己邀请演讲者参加会议,对方就会准时出席。显然,比较好的做法是跟演讲者确认一下他们是否成行以及时间安排和演讲内容。

第四节 会议娱乐活动策划与安排

一、寓"会"于乐,事半功倍

一日以内即可完成的会议不需要用娱乐活动来调整节奏,但是长达几天的会议通常需要安排一些娱乐活动作为其他活动的补充。娱乐活动可以单独安排,也可以作为宴会或类似活动的一部分。在有些会议上,娱乐活动被安排在全体大会之前,作为一种烘托气氛的手段。

会议是否要安排娱乐活动?每个会议主办者都可能对这个问题作出不同的回答。会议在安排娱乐活动时,必须仔细考虑这些活动与会议目的和主办者形象之间的关系。没有经过周密计划的娱乐活动将显得过于轻率,而且会被视为对主办者资源的一种浪费。不过,娱乐活动也可以被视为对与会者提供的一种额外福利。

由于人们现在越来越注重健康和体质,所以各类会议也对为与会者提供运动有关的娱乐活动产生了兴趣。这类活动可以作为会议的一部分被安排进日程,也可以作为与会者在自由活动时间的可选活动。这样做可以满足那些习惯经常运动的与会者的需求。

一定量的运动和娱乐可以提高人的注意力,因此向与会者提供运动和娱乐活动可以使他们精力更充沛。但是,如果与会者不想参加这些活动也绝不能强迫他们。散步等其他一些休息方式也同样对人有好处。重要的是提供尽量多样的娱乐活动,让与会者自己选择是否参加。

营利性公众大会的主办者可能利用会议中的娱乐活动来吸引与会者。在这种情况下,娱乐活动必须具有较高的质量,才能产生足够的吸引力。而非营利性公众大会的主办者在是否安排娱乐活动的问题上则必须从会议目的、主办者和资金等角度进行考虑。

另外,会议主题有时可以直接暗示出与之相对应的娱乐形式。以"合作"为主题的会议应该安排一些能够体现合作精神的群体性活动。而以"工作"为主题的会议则应该在娱乐活动中更多地表现工作,而不是休闲。会议主题与娱乐活动之间的关系应该让所有的人都一目了然。有时候娱乐活动也可以与会议主题无关,但是必须防止两者相互冲突。例如,以"处理预算危机"为主题的会议就不应该安排过于奢侈的娱乐活动。

二、了解与会者身份,适合不同口味

会议一般要为与会者及其陪同人员安排一次或几次娱乐活动。娱乐活动可以是在会议正在召开时组织与会者家属进行的项目,也可以是会议期间专门安排的与会者及其陪同人员共同参加的活动。为与会者安排活动之前要了解他们的身份背景。今年的与会者是否与去年的一样?今年的新的与会者,可以为他们安排以前成功的活动吗?如果与会者还是去年那一群人,那么活动不必比去年的更大或更好,但却必须与去年的活动有所不同。

由于不同会议的与会者有不同的性格特点,所以在此主要的责任就是你所计划的活动要适合与会者的口味。

与会者的年龄和身体状况是需要考虑的主要问题。平常不参与竞争性体育运动的人在参加会议的时候也不会破例。如果会议准备组织竞争性体育运动,一定要精心策划和实施,以免影响与会者参加正常会议的兴致。

有些会议的与会者特点过于分散,因此几乎不可能选出能够让所有人都满意的娱乐活动。不过,在有些会议中,与会者还是有一些相似之处,这时就应该使娱乐活动符合尽量多人的口味。例如,一个会议的与会者年龄集中在50~65岁之间,为他们安排摇滚乐演出显然是不合适的,而比较怀旧的风格可能会更受欢迎。世俗喜剧可能在久经世故的与会者看来十分有趣,而对那些宗教主题会议的与会者来说就很难接受了。

人们很难事先预料与会者将对演员的表现作出什么样的反应,但是有些明显的问题应该尽力避免,如宗教、民族、种族问题。

会议期间安排的娱乐项目还要根据会议的目的、类型、举行地点等情况具体决定。常见的娱乐项目有:观光旅游、交谊会、运动项目、文化活动、参观、乘船游览、看地方戏曲、欣赏芭蕾舞、垂钓、水上活动、海边晚会、舞会、主题晚会以及参加地方传统节日活动,等等。

三、考察娱乐资源,丰富娱乐形式

会议组织者必须决定是利用内部资源还是外部资源来提供娱乐活动,或是双管齐下。酒店等会议地点一般情况下可以为包括与会者在内的客人提供娱乐服务。酒店的娱乐服务通常是酒吧式的歌舞表演,但场地有时却选在餐厅剧场里。酒店里的娱乐节目种类很多,会议承办者可能会发现要在会议中使用这些节目将十分方便,当然前提是它们要适合在该会议上演出。会议可以安排为与会者集体订票,或者包下整场演出。

即使会议地点不提供娱乐活动,但附近的地方可能有娱乐场所。在会议地点之外安排娱乐活动可能需要会议提供交通工具,但是可以免去自己组织这类活动的麻烦。

有些地区的娱乐团体有相当高的水平。但是,这些地方团体可能是由业余爱好者或半专业人士组成的,因此在选择时应该注意。会议组织者应该亲自或指派秘书处中有这方面能力的人对这些娱乐团体进行面试,而不能只听信当地人的推荐。这些地方团体虽然可能有一些不足,但是通常比从远地聘请的专业演员收费低廉,却同样能够给人们带来乐趣。全国各地都有不同的音乐、舞蹈和风俗,这些对来自外地的与会者都非常具有吸引力。

有些会议所在地可以提供一些特殊的娱乐机会。如在三峡附近城市举办的会议可以租用游轮,组织与会者进行一番游历,观赏当地的风光,并在船上举行餐会,并安排一些余兴节目。纪念馆、遗址地也是会议娱乐活动的好去处,各地一般都有许多反映当地历史和重大事件的纪念馆、遗址地。

会议娱乐中可供选择的项目可谓千变万化、丰富多彩,由会议组织者综合多种因素,根据会议的实际情况具体决定。下面就会议最常安排的娱乐项目分别予以介绍。

1. 交谊会

交谊会也被人们称为热身、破题或开局,是一些专门设计用来促进人们之间交流的活动,彼此并不相识的陌生人可以借此机会一起交谈,帮助与会者尽快进入会议的状态,并使他们感到舒适。如果进行顺利,交谊会可以为会议制造一种热烈融洽的气氛。

交谊会必须有一个明确的目标,否则就不应举行。如果大多数与会者已经彼此相识,那么再举行交谊会就可能为会议定下错误的基调。一些形式的交谊会需要宽敞的场地和大量可移动的座椅,如果无法具备这些条件,就应该考虑更换其他形式。

交谊会应该被纳入会议的整体策划,举行交谊会的时段不要安排其他的活动。一个会议可以举行几次交谊会,但都应安排在会议较早的时候进行,最好在第一次会议举行之前,或作为它的一部分。

2. 旅游、参观

会议旅游、参观就是在会议期间安排与会者到会议举行地点附近的风景区、度假山庄、名胜地、纪念馆等地进行短途旅游或参观。

该活动的目的在于让做客的与会者更多地在会议期间得到放松和休闲,并增进与会者之间的个人交流。它通常更适合于小规模会议,在单位内部的会议中也经常采用。

会议要做的安排主要是做好日程和计划。会议组织者要查清有多少与会者将参加这一活动,除非有不同寻常的原因,这个过程只要通过报名登记就可以完成了。

旅游参观活动一般应用于两日以上的会议。该活动应该早在会议的策划阶段就进行计划,以便给与会者留出足够的时间进行安排。

3. 文化活动

文化活动包括观看戏剧、芭蕾舞演出、音乐会、歌剧,以及参观博物馆和展览等。对有些与会者来说,激动人心的体育赛事也是很好的文化活动。在大型会议中,这两类文化活动都有安排,以便满足更多与会者的需求。如果将体育赛事作为文化活动,可以将其列入会议的策划方案或者作为自由活动时间的可选节目。

国际性会议通常要举行一些文化活动,可以是去附近的名胜实地旅行,参观当地的手工艺品展览,或观看民间歌舞等。

博物馆等许多可以进行文化活动的地方都可以从会议地点方便地到达。如果合适的话,可以组织与会者去往文化活动地点。不过,路程的距离应该比较合理,否则会降低与会者参与活动的积极性。

会议应该为与会者提供与文化活动有关的所有信息。曾经有一次会议,会议是在几个不同城市连续举行的,在北京的时候,虽然与会者们已经很疲劳了,他们仍收到通知将观看一场芭蕾舞表演。由于他们很少有机会能观看芭蕾舞表演,所以都乘车前往剧院,而节目的一开始人们看到的却是一场话剧。在中场休息的时候,又累又气的与会者请求离开剧院,返回酒店,而承办者也只好十分不情愿地同意了。直到第二天早上,与会者们才知道在他们出发去剧院的途中原定的芭蕾舞已经因故推迟演出,而在他们返回后的第二天却恢复了芭蕾舞演出。这些都是因为会议承办者没有得到该演出的完整信息造成的。

4. 针对特殊兴趣与会者安排的活动

有特殊兴趣的与会者,常常希望在会议过程中与其他具有相同兴趣的与会者会面交流。会议可以专门安排一些这方面的活动,也可以在会议组织中专门安排一个兴趣活动场地。在小型和大型会议中,兴趣活动场地都十分有用。大型的会议中通常设置几个兴趣活动场地。这些场地的数量取决于会议的具体情况和会议场地的房间数量。

在兴趣活动场地里不应发表任何演说,这里的活动应该是非正式的,以便与会者随时加入,与其他具有相同兴趣的与会者进行讨论。场地上可以提供一些与兴趣主题相关的文字材料或其他信息。兴趣活动场地也可以提供一些软饮料,但是这方面要严格控制,以防各个兴趣活动场地之间彼此竞争。在大多数会议中,兴趣活动的工作人员通常是一些具有同样兴趣的志愿者。他们不一定是相关领域的专家,而只是会议协调员,向与会者表示欢迎并回答问题。他们应该得到一些基本的相关信息以便作答,并知道如何将没有答复的问题转交给该兴趣活动场地的负责人或会议的主办者。

四、做好娱乐活动的组织安排

对于会议期间的娱乐活动,必须认真做好组织工作,使其有序进行,消除娱乐参加者的后顾之忧,才能达到预期目的。在组织安排过程中,应重点把握以下几个问题。

1. 谁来负责组织安排娱乐活动

如果娱乐活动只是会议日程安排中不起眼的一小部分,而且不需要进行复杂的试演和协商,会议承办者就可以毫不费力地完成相关工作。不过,对于大型会议来说,组织安排娱乐活动将是一个非常耗时的工作,而承办者也应该指派专人负责此事。

2. 是否要将娱乐活动的组织外包给专业公司

在自己组织能力和人力有限的情况下,也可以考虑将会议的娱乐项目外包给专业的娱乐公司承办;但对此可能要增加一定的会议预算。

3. 会议地点有哪些娱乐设施

会议地点也许可以提供一些娱乐设施,如舞台设备齐全的剧场等。剧场应该具有帘幕、通道以及复杂的灯光系统。

另一种可能是,会议地点也许没有任何娱乐设施,而且无法方便经济地临时准备这些设施。如果会议主办者已经安排有此类活动内容,必须预先做好妥当安排。

4. 预先对商业演出进行订票

利用商业演出为与会者提供娱乐是一件较为便利的事。但是,这就需要会议组织者预先向商业演出单位订票。会议承办者有时可以购买一个观众区的门票,但是这样做比较有风险。这些票需要在演出的几个月前预定,而且不论最后与会者购买多少门票,承办者都可能必须预先买下一个完整的观众区的门票(不过有的时候可以办理退票)。

在演出十分火爆,门票购买困难的时候,预订整个观众区的门票比较有利。会议承办者应该就如何向与会者出售这些门票制订相应的计划,通常遵循先到先买的原则,票价可以保持不变或有所折扣。

5. 考虑娱乐活动的经费预算问题

娱乐活动的成本应该包括在会议预算中。随着协商的进展,最初的预算可能需要进行一些调整。如果成本低于原来的预算,当然不会造成任何问题,但是如果协商进展结果表明需要比原来预算更多的资金,会议方面的代表就应该及时把情况通知承办者,以便尽快对预算作出调整。预算中不仅要包括对演员的报酬,还有交通、补助、预演、背景音乐等与娱乐节目有关的其他费用。

五、娱乐安排应注意的事项

会议娱乐的组织工作十分复杂,以下问题还必须提醒会议组织者特别注意。

1. 会议地点是否能够提供这些娱乐活动

有些会议地点,尤其是会议中心,可以提供非常好的娱乐活动。会议承办者在选择会议地点的时候也会考虑到这些便利条件,并进行相应的策划,使与会者能够利用这些便利条件。建立运动和娱乐活动设施时并没有针对特定的人群,因此承办者必须判断一个会议地点所提供的运动设施是否适合与会者的特点。

组织和进行户外运动等娱乐项目的时候应该格外小心。一年中任何时候都可能出现坏天气,破坏整个运动的计划。相比之下,室内运动就可靠多了。所有这些运动和娱乐设施都不必一定在会议地点提供。一些会议地点与附近的高尔夫球俱乐部、网球场和游泳池有联系,可以向与会者提供这些服务。一定要事先查看这些运动场地和设施,并与其负责人面晤。

2. 如果预定的节目不能演出怎么办

不论是由于自然灾害还是会议与演出档期重叠,预定的节目不能演出所带来的最大危害就是令与会者的希望落空。如果可能的话,会议承办者应该准备一个应急方案,具体情形要根据与会者对演出的关注程度和可能的补救机会而定。承办者应该在附近找一些娱乐场所,作为应急时备用。

3. 是否有人在进行选择之前观看过这些娱乐节目

选择从没有看过的演出作为会议娱乐活动是十分冒险的;即使由著名演员

进行表演,会议承办者也应该事先看过对方将为会议表演的节目。大多数演员都可以表演许多节目,因此可以根据会议主题和与会者适当地对演出进行调整。

对于不很知名的演员就更应该事先观看其节目了。娱乐公司通常都会夸大自己代理的演员,他们的观点总是偏面的。有些会议承办者可能对如何通过试演来选择演员不很在行,他们可以让其他熟悉此道而又可靠的人来负责这项工作。

4. 娱乐节目是否需要预演场地和时间

大多数演员都要求在演出地点至少进行一次预演,而会议组织者则应该根据预演的日期、地点和所需工作人员等因素考虑安排预演。

承办者应该确定预演的日期、地点和时间,用作预演场地的房间是否已经预订。有时候,演员必须在最后演出的场地进行预演,其他时候承办者只要安排一个空闲的场地进行预演就可以了。如果该场地或附近场地还有其他人使用的话,安排好恰当的预演时间就格外重要了。如果有乐队在场地中进行预演,而隔壁的会场正有会议进行,预演就可能打扰会议。最后,预演可能还需要其他一些人员,包括电工、乐师、音响工程师、舞台工作人员和替补演员。

5. 会议承办者是否应该就娱乐活动安排签订正式的协议

与演员或娱乐公司签订正式的演出协议是很重要的。这需要得到一些法律方面的建议,不过大多数时候只要签订一份简单的协议书就可以了。大部分协议的目的不仅是为将来可能的纠纷提供一份可以递交法庭的证据(当然避免发生这种情况更加重要),而且可以将承办者与演员或娱乐公司就演出日期、费用、旅费、补贴、报酬、人员成本、设备成本以及取消预订等事项协商的结果落实到文书。

第五节 会前会和会后会

一、会前会

会前会是指在正式会议召开之前召开的会议。主要目的是:鼓舞士气、培养集体精神和合作精神;布置工作、明确任务;检查工作、发现问题;互通情况、相互学习等。会前会一般分为筹备会、检查会、动员会等。

1. 筹备会

筹备会是为会议的筹备工作而召开的会议。筹备会的目的是介绍情况、布置工作、明确责任,为如何开展会议工作提出指导性意见,激发员工的工作热情,指导员工按时按质完成筹备工作,并让员工培养集体感和协作观念。开筹备会议时,最好是由会议组织委员会的最高领导参加并主持会议,项目经理或协调人主讲。会议的会务小组、秘书处、宣传小组、后勤服务以及会计等部门的具体负责人应当参加会议,并就各部分工作提出要求。

2. 检查会

检查会是检查会议筹备工作的会议。会议可以在正式会议开幕前1~2个星期召开。其目的是检查工作,主要包括:会场布置、会场设施安装、用品准备等工作的安排;与会人员行程、住宿、膳食等安排;检查服务人员是否合适。

3. 动员会

动员会是正式会议开幕前的动员会议。会议可以安排在开幕前一天召开,所有会议工作人员必须出席会议。这次会议是筹备工作结束、正式会议开始的会议。会议主要内容是:强调会议目的;介绍会场分布情况;要求工作人员和服务人员做好会议工作等。这个会议有些像会前总动员,要严明纪律,鼓舞士气,要营造良好的工作精神和状态、良好的会场环境和秩序,实现良好的工作效率和效益。

二、会后会

会后会指的是会议结束之后召开的会议,主要是针对会议进行必要的评估和总结。

会议结束后,尤其是一些较重要的会议,组织者和上级领导若想清楚会议的效果如何,需要对会议进行评估。评估就是收集与特定目标相关的信息及类型的活动,通过评估,会议承办者可以发现会议的实施效果。总的来说,就是检查会议进行得如何,以及检验与会者从会议中得到了什么收获。

为什么要进行会议评估呢?其主要目的是为了知道会议目标是否得到了实现;会议的成本效益如何(是否超支,以及是否赢利);与会者是否感到满意;在以后的会议中需要进行哪些改进。

1. 会议的两类会后评估总结

(1)参加人员应是主要为会议提供服务的会议承办方的内部员工,如会议的承办方为饭店,则应包括饭店销售经理、会议服务经理以及相关部门的负责人。这种由内部服务员工参加的总结评估会的目的是对会议承办方工作的整体情况进行一次回顾,看看哪些方面本来可以做得更好,哪些方面的表现值得未来借鉴。通常会议结束后要写出一份用于评价会务工作的内部工作总结。

(2)参加人员应包括会议主办方的行政人员和工作人员,以及所有能邀请到的会议承办方参与会议工作的人员,如果有可能,还应邀请政府相关部门的官员和展览装修公司方面的人员(如有展示会时)。这种由多方人员参加的评估总结会议的目的是对会议的策划、主办方与承办方之间的合作以及会议对社会各界的影响进行一次回顾。不要回避曾经发生过的不愉快的事件,应该通过讨论来消除分歧,并就如何在未来圆满处理此类事情达成一致。通过这种评估总结会,各方都会受益匪浅。

2. 会议评估的内容

实践表明,如果要对会议的所有因素都进行评估将耗费大量资源,而且结果也往往得不偿失。下面列出了可以进行评估的一些主要内容。会议组织者和评估者应该根据具体的会议决定最后的评估内容(见表7-2)。

表7-2 会议评估的基本内容

• 策划委员会	• 发言人
• 会议主持人	• 交通
• 秘书处	• 住宿
• 主题相关性	• 餐饮
• 目标明确性	• 接送
• 整体策划	• 主题活动
• 相关活动	• 会场
• 会议地点	• 招待会
• 与会者	• 陪同人员
• 议程	• 会议文件

总的来说,对于会议任何部分进行评估时都要关注哪些进展顺利,哪些进展不顺,哪些应该在将来的会议中进一步改善,以及会议带来了哪些新的想法。并以此为制定评估内容的依据,制成表后向参与评估者发放会议评估表,将反馈的表格数据汇总后,进而得出会议评估结论(见表7-3)。

表7-3　会议评估表

评估项目 \ 满意度	很不满意 (0分)	不满意 (1分)	一般 (2分)	好 (3分)	很好 (4分)
策划委员会					
秘书处					
主题相关性					
目标明确性					
整体策划					
相关活动					
会议地点					
会场					
议程					
与会者					
会议主持人					
发言人					
预算					
交通					
住宿					
餐饮					
接送					
主题活动					
招待会					
陪同人员					
会议文件					
合计：					

说明：0～22分，会议举行不成功，未能达到会议目标；

　　　23～44分，会议举行效果一般，部分实现会议目标；

　　　45～66分，会议举行效果良好，基本实现会议目标；

　　　67～88分，会议成功举行，完全达到预期目标。

3. 会议评估结果分析

会议评估结果分析主要包括会议功能分析(表7-4)和会议成效分析(表7-5)。

表7-4　会议功能分析

目的	是否正确把握会议目的、成员	1.目的　2.主题　3.前例
出席者	是否确认过出席者名单	1.其观点　2.性格倾向　3.发言的习惯
会场	是否确认会场、日期	1.会场在哪里　2.日期　3.席位顺序
议题	是否事先针对议题加以检讨	1.议题是什么　2.资料　3.检讨

续表

发言	是否检讨过发言的时机、内容	1.该发言的时机 2.该发言的内容 3.发言是否精简
质询	是否检讨过应质询与被质询的事	1.想质询的事是什么 2.时机 3.可能被质询的事是什么
协助	对主持人或协调者的协调态度如何	1.是否协助主持人 2.是否协助相同立场的人 3.表示赞同态度是否明确
流程	是否很灵敏地抓住会议的流程	1.对会议的气氛是否很敏感 2.对会议的流程是否很敏锐？ 3.是否能引导会议的流程？
[MEMO]		

表7-5 会议成效分析

1.会议是否如预定的进行
2.会议的目的及议题是否彻底
3.会场或设备是否适合
4.必要的资料是否齐全
5.会议是否如计划进行
6.会议是否如预定的散会
7.全体人员是否了解主题
8.开始时,是否简要地叙述议题的重点
9.开会时的气氛是否很热烈
10.会议讨论时,是否有偏离议题的论点
11.是否有很多生动且有建设性的发言
12.参加人员是否有所抱怨
……
[记载事项]

复习思考题

1. 会议文秘服务的工作内容有哪些？
2. 会议通知按名称分类,有哪几种类型？
3. 邀请演讲者时需要注意哪些问题？
4. 安排会议主题活动时应注意哪些事项？
5. 为什么要进行会议评估？会议评估的内容有哪些？

第八章

会议接待服务

学习目的

通过本章的学习,明确接客和送客工作的内容及注意要点,掌握会议报到和签到工作以及它们之间的联系和区别,了解贵宾接待工作的要点及会议接待礼仪方面应注意的问题。

主要内容

• 接客、送客

• 报到与签到

报到工作 签到工作 报到和签到的联系与区别

• 贵宾接待

贵宾人选的确定 贵宾应有专人负责联络 对于贵宾的安全保护 在贵宾会面或使用的房间要控制人员进入

• 会议礼仪接待

约会和拜访 仪表 称呼 介绍 握手 致意 交谈 举止

第一节 接客、送客

一、接客

接客即会议接待人员在机场、码头、车站迎接与会者。接客是跨地区会议、全国性会议和国际性会议接待工作的第一道环节。优质的迎接服务会给与会者提供极大的方便,对初次到访的与会者来说尤其如此,要使他们一抵达会议举办地,就有一种宾至如归的亲切感。对一些带有偏见或对会议心存疑虑的与会者,优质的迎接服务还能够使他们产生良好的印象,甚至在一定程度上减少偏见,消除疑虑。

做好迎接工作要注意以下几点。

1. 确定迎接规格

重要领导或外宾前来参加会议,要事先确定迎接的规格,主办方应当派有一定身份的人士前往机场、码头、车站迎接。会议接待人员要事先了解他们抵达的具体时间以及所乘的交通工具,并通知迎接人员提前到达迎接现场。

2. 组织欢迎队伍

如举行重大会议,为表示对与会代表的热烈欢迎,可在机场、车站、码头组织群众性的欢迎队伍。

3. 树立接待标志

与会者集中抵达时,在接站处要树立醒目的接待标志,以便与会者辨识。接站现场较大、人员较杂时还要准备好手提式扩音器。个别接站,接待人员可以手举欢迎标志,上书"欢迎×××先生/女士"。

4. 掌握抵达情况

随时掌握并统计抵达的名单和人数,特别要留意晚点抵达的与会者,避免漏接。同时要注意与机场、火车站、码头等联系,了解准确的抵达信息。

5. 热情介绍

与会者到达时,迎接人员应迎上前去自我介绍,并主动与其握手以示欢迎。如果领导人亲自前去迎接重要的与会者,且双方是初次见面,可由接待人员或翻译人员进行介绍。通常先向来宾介绍主办方欢迎人员中身份最高者,然后再介绍来宾。主客双方身份最高者相互介绍后,再按先主后宾的顺序介绍双方其他人员。这种介绍有时也可以由主方身份最高者出面。

介绍时要注意以下几点。

(1)被介绍人的姓名、职务、职称、学衔要说得十分准确、清楚,这要求接待人员事先掌握迎接人员的基本情况。

(2)按职务和身份的高低顺序进行介绍。

(3)介绍时要有礼貌地用手示意,不能用手指指指点点。

(4)主动握手。见面、介绍的同时双方要握手。握手是国际、国内常见的礼节。主人主动、热情的握手会增加亲切感。

(5)安排献花。对重要的与会者(如外国知名专家、劳动模范、获重要奖项者)可安排献花。献花必须注意以下几点:① 所献之花必须是鲜花,花束要整齐、鲜艳;② 对外籍与会者献花要尊重对方的风俗习惯,花的品种和颜色要根据不同的对象来选择,一般忌用菊花、杜鹃花、石竹花以及以黄色为主的花,因为菊花在法国、意大利等一些国家是用于治丧,黄色的花在许多国家和民族被视为不吉利的;③ 一般安排少年儿童或女青年献花。如与会者夫妇同时到达,由女少年向男宾献花,男少年向女宾献花。少先队员献花时,应当先敬礼。有时也可由主办方领导人亲自献花,以表示最诚挚的欢迎;④ 献花一般安排在主客双方见面、介绍和握手之后。

6. 陪车

陪同客人乘车时要注意座位次序。小轿车的座位次序通常为"右为上、左为下;后为上、前为下",即小轿车的后排右位为上座,安排坐客人;后排左位为次座,安排坐主办方领导人;接待人员坐在司机旁的座位。接待人员受领导委托单独陪车时,坐在客人的左侧。上车时,接待人员应打开右侧车门,请客人从右门上车,自己从左侧门上车,避免从客人座前穿过。遇到客人上车后坐到了左侧,则不必请客人挪动座位。但如果是重要的外宾,车前挂有双方国旗时,则应严格做到主左客右。

7. 注意安全保卫,准备新闻采访

迎接重要的与会者,要布置好安全保卫工作,并与新闻单位联系,准备采访和发布新闻消息。

二、送客

如同接客一样,与会者离会时也要热情欢送。做好送客工作体现了会议接待工作有始有终、始终如一。另外,送客也是会议工作的最后一个环节,非常重要。送客这一环节处理得不好,甚至会使整个会议的总体效果在与会人员的印象中大打折扣,致使前面的工作前功尽弃。因为按照记忆和心理学的规律,最后的印象一般较深刻地留在人们的脑海里。所以,对送客这一环节切不可掉以轻心。

1. 交通工具的安排

会议组织者必须对当地的交通状况有充分的了解,以便为与会者的离场,甚至于离开当地提供或安排最便捷的交通工具。

(1)是否能集体运送与会者到机场

在大型会议结束后,与会者通常自行安排接下来的事务,如果交通便利的话,这样做不会产生什么问题。但是,如果大量与会者需要同时离开,若交通不便,结果可能导致不必要的混乱。

(2)是否需要安排搭车

虽然这项工作似乎给会议组织者增添了额外的负担,但是这可以在所有牵涉其中的人之间建立起心理上的联系,从而为会议吸引更多的与会者。搭车可以减少与会者的交通费用,充分利用有限的停车场地,同时减少会议地点附近的交通问题。

(3)每辆车的合法承载量

每辆车都有一个法定的承载量,通常在车内标明。在客车和小客车中却很少有这类标志,但是会议组织者应该弄清这些车辆的承载量,以及相关的站立空间规定。

(4)是否都需要有卫生间

短途旅行不必要求车上都有卫生间,但是车载卫生间却可以使长途旅行变得更加舒适。当然,配备了卫生间的车辆比没有这些设备的车收费要高。在大多数情况下,只要安排适当的停车休息,使用普通的车辆就足够了。

(5)是否需要有空调的车辆

如果在炎热潮湿的地区使用车辆,与会者肯定希望车内配备空调设备。在多尘或吵闹的地区,空调设备也可以使与会者感到舒适。

(6)中途是否安排停车休息

旅行的距离应该为所有相关人员所了解,尤其是那些在旅行之后还有其他安排的与会者,他们会认为自己能够在某个特定时间之前回来参加会议。

需要吃药的与会者必须知道旅行中什么时候安排了停车休息。如果车上没有卫生间,与会者也必须得知什么时候安排停车休息。

2. 送客细节

(1)安排交通工具和行走路线

离场时,应考虑各与会人员离场方向,然后安排交通工具和行车路线,确保每个与会人员安全离场。

(2)安全

无论是自有车辆,还是租赁车辆,会议组织者都有责任保证其安全性;包括每辆车合法承载量的确认、各种安全检查以及司机的安全教育等。

(3)及时

对赶往下一个目的地的与会者,要提前备好机票、火车票,并尽量安排专人专车送往机场或火车站。

(4)舒适

会议组织者在安排交通工具时,应考虑当地气候、旅途长短等因素。比如,如果当地气候潮湿闷热,就应安排有空调设备的车;如果旅途较长,可以安排有配备了移动电视的车等。

中国人常说:"迎人迎三步,送人送七步。"可见,中国人是非常注重送客礼节的,其中有一些细节是不可忽视的。

3. 送客礼仪

送客要有送客的样子。客人要离开时,应起身与客人握手告别,并送出门去。坐着不动,只是点头表示知道客人要走或者面无表情,没有任何表示都是不礼貌的。确实不能脱身也应打声招呼表示歉意或者另外安排送客人员,以便给与会者留下美好的记忆。

(1)提醒与会者携带好个人物品

与会人员离场时,应提醒他们携带好个人物品,不要有遗漏。这是一种体贴入微的行为,既可以减少与会者匆忙回头寻找遗落物品的可能,又可以为自己省去保管遗落物品,甚至送递和邮寄的麻烦。

(2)送客真诚,送离视线

一般在送客时可送至大门外、电梯口甚至送上车,并帮与会者关车门。对待身份、地位越高的贵宾,各种礼仪越要做到位。此外,送客人员不可在与会者上车后就离去,应等待与会人员乘车离开自己的视线后再离去。

第二节 报到与签到

一、报到工作

与会者报到时,会议接待人员要做好以下工作。

1. 查验证件

查验证件的目的是确认与会者的与会资格。需查验的证件包括会议通知书、单位介绍信、身份证和其他相关有效证件。

2. 登录信息

登录信息即请与会者在登记表上填写个人的有关信息,如姓名、性别、年龄、单位、职务、职称、联系地址、电话等。会议报到登记表既可以据以统计参加会议的人数,以便做好会议期间的各项服务工作,又可据此编制与会者通讯录。参考格式见表8-1。

表8-1 ××××会议报到登记表
(20××年×月×日)

序号	性别	姓名	年龄	单位及地址	职务	联系地址	电话	房间号	备注
1									
2									
3									
4									
5									
6									

3. 接收审查

接收审查即由会议接待人员统一接收与会者随身带来的需要在会上分发的材料,经审查后再统一分发,以免由于与会者在会场上自行分发而影响会场秩序,同时也可防止自行分发材料可能造成的其他不良后果。

4. 发放文件

除了提前分发的会议文件外,其他文件应当在与会者报到时一并发放。会议文件应当按照保密级别分类发放和管理。保密文件和需要清退的文件必须履行签收手续,并发放文件清退目录,嘱其妥善保存。会后退回。

5. 预收费用

有些会议须由与会者支付一定费用,如会务费、食宿费、资料费等。这类会议在报到时要安排财会人员现场预收费用并开清收讫。

6. 安排住宿

住宿要根据与会者的身份和要求,在现有的条件下尽可能合理安排。住宿安排好后,接待人员应当在登记表上标明每个与会者的房间号码,以便会议期间联系。

二、签到工作

1. 签到的方法

与会人员在进入会场一般要签到,会议签到是为了及时、准确地统计与会人数,便于安排会议工作。有些会议只有达到一定人数才能召开,否则会议通过的决议无效。因此,会议签到是一项重要的会间会务工作。会议签到一般有以下几种方法。

(1) 簿式签到

与会者在会议工作人员预先备好的签到簿上按要求签署自己的姓名,表示到会。签到簿上的内容一般有姓名、职务、所代表的单位等,内容与前面所讲到的报到登记表的内容基本相同。与会人员必须逐项填写,不得遗漏。簿式签到的优点是利于保存,便于查找。缺点是这种方法只适用于小型会议,一些大型会议,由于参加会议的人数很多,用这种方式签到会影响入会速度。

(2) 会议工作人员代为签到

会议工作人员事先制定好参加本次会议的花名册,开会时,来一人就在该人名单后画上记号,表示到会,缺席和请假人员也要用规定的记号表示。例如,"√"表示到会,用"×"表示缺席,用"○"表示请假等。这种会议签到方法比较简便易行,但要求会议工作人员必须认识绝大部分与会人员,所以这种方法也只适宜于小型会议和一些常规性会议。对于一些大型会议,由于与会人员很多,会议工作人员不可能认识每个人,逐个询问到会人员的姓名很麻烦,所以大型会议不适宜采用这种方法。

(3) 证卡签到

会议工作人员将印好的签到证事先发给每位与会人员,签证卡上一般印有会议的名称、日期、座次号、编号等,与会人员在签证卡上写好自己的姓名,进入会场时,将签证卡交给会议工作人员,表示到会。其优点是比较方便,可以解决开会入场签到所造成的拥挤问题,缺点是不便保存查找。证卡签到多用于大中型会议。

(4) 座次表签到

会议工作人员事先规定座次表,座次表上每个座位填上与会人员姓名和座位号码。参加会议的人员到会时,就在座次表上消号,表示出席。印制座次表,与会人员座次安排要求有一定规律,如从×号到×号是某部门代表座位,将同一部门的与会人员集中一起,便于与会者查找自己的座次号。采用座次表签到,参加会议的人员在签到时就知道了自己的座次号,起到引导的效果。

(5) 电脑签到

电脑签到快速、准确、简便,参加会议的人员进入会场时,只要把特制的卡片放到签到机内,签到机就将与会人员的姓名、号码传到中心,与会者的签到手续几秒钟即办完,将签到卡退还本人,参加会议人员到会结果由计算机准确、迅速地显示出来。电脑签到是先进的签到手段,一些大型会议都是采用电脑签到。

2. 注意事项

签到是一项重要的会务工作。签到工作要求做到以下几点。

(1) 认真准备

会前要将有关签到工具、设备准备好。用簿式签到,要事前准备好签到簿;用证卡签到,就要事先印制好签到卡;电脑签到,则要准备好签到机,并进行测试,避免现场出现故障。

(2) 有序组织

组织要有条不紊地进行,要事先安排好签到处,安排会务人员等候。如果签到时同时发放文件,应将有关材料装好袋,避免代表签到时等候,显得手忙脚乱。

(3) 及时统计

组织签到时,要以最快的速度统计出到会人数和缺席人数,并迅速报告入会主席或会议主持人。

三、报到与签到的联系与区别

报到和签到都是指与会者到达会议时所办理的手续。会期较短、无须集中接待的会议,一般只须办理签到手续;但如果会期较长、具体会议活动较多,需要集中接待的会议,不仅要求与会者签到,而且还要办理报到手续。

二者的区别是:报到是指与会者在到达会议所在地时所办理的登记注册手续,但不一定证明其参加每一次具体的会议活动;签到则是与会者在每一次具体的会议活动的签到簿上签名,证明其参加了这一次具体会议。在一些法定性会议上,签到是一种法律行为。

第三节 贵宾接待

许多会议都会邀请一些公众人物参加或发表演说。他们可以是选举的官员、舞台或影视名人、重要书籍或剧作的著者或当时的公众名人等。贵宾应该受到特殊的对待。会议常常借助贵宾的知名度来扩大会议的影响。

一、贵宾人选的确定

在众人看来重要的人就是贵宾。比如,一些知名度极高的人自然将成为贵宾。如果贵宾人选难以决定,应由会议主办者和承办者共同商讨确定。

二、贵宾应有专人负责联络

通常要有一个会议工作人员专门负责招待贵宾,而贵宾也喜欢这种方式。虽然接待贵宾的工作很有吸引力,但是会议承办者应该控制自己的兴趣,不要亲自负责与贵宾进行联络,否则将占用过多时间。比较好的办法是由承办者指定一名可靠的工作人员负责该项联络。这个人不一定从秘书处或策划委员会选择,但必须与承办者经常保持联系。

三、对于贵宾的安全保护

一些会议场所,如大型酒店等,已经具有为贵宾提供安全保护的经验。在这种情况下,最好的办法就是把保安工作交给会议场所。他们有这方面的经验和人手。当然,会议的承办者在任何时候都应该调查清楚会场的各种安全措施。

四、贵宾会面或使用的房间要控制人员进入

即使没有进行过彻底搜寻,控制相关房间及区域的人员进入也是必须的。与会者进入这些区域之前要出示名卡或其他身份识别标志,或经过金属探测器的检查。这些措施都需要一定的时间准备,因此应在会议策划中考虑到这一点。

在机场登记过程中,应该由航空公司的工作人员负责为会议贵宾办理行李托运,以及粘贴各种标签等事务。为他们集体办理登机可以比较省事,但通常这应该等到其他乘客办理完登机手续之后再进行,以免让这些贵宾在登机后又不得不站起来为别人让路。如果会议邀请的贵宾很少,有些航空公司可以确保让空乘人员记住他们的名字或头衔,以便为他们提供更加个人化的服务。

第四节　会议接待礼仪

一、约会和拜访

在会议活动中,会务工作人员也常常因联系安排会议活动约见或拜访与会方的代表或随行人员。在主办方的办公地点会见,主人应当提前在办公室或会见厅门口迎候。在第三地约会,主人应提前到达现场迎候。拜访和看望对方,应事先用电话约定,并按时抵达对方住所。因故迟到应向对方表示歉意;因故不能应邀赴约或取消推迟约会,应尽早有礼貌地通知对方,并以适当的方式表示歉意。一般情况下,尽量不要在休息时间去打扰对方。如因事情紧急,不得不在休息时间约见对方,应在见面时先致歉意并说明理由。无论是礼节性看望还是工作性拜访,谈话的时间不宜过长。告别时应有礼貌并感谢对方的接待。

二、仪表

仪表不仅指人的容貌,还包括姿态、神情和服饰等诸多方面。端庄、整洁的仪表,能使前来开会的客人产生好感,从而有利于提高接待工作的效果。

1. 服饰

接待人员的服饰要求整洁、大方、得体。在正式的、隆重的会议场合下,接待人员应着深色礼服,一般场合下着便装。男士参加涉外活动着西装并系领带,上、下身颜色要一致;室内活动不能戴帽子。无论天气如何炎热,不能当众解开纽扣、松开领带、脱下衣服。女士不可袒胸露肩和穿超短裙。

2. 姿态

在人际交往中,站立姿态是任何一个人全部仪态的根本之点。身体要直立,双肩应放松,双臂自然下垂,处于身体两侧,两腿立正并拢。良好的坐姿要求端正、舒适、自然、大方,坐时不要跷腿晃脚,坐在沙发上不要半躺。行进时尽可能走在一直线上,步幅要适度,速度要均匀,身体要协调,走路时脚步要轻,遇急事可快步行走,但不可慌张奔跑。引导与会者时,应走在左侧稍前的位置,并侧着身体走路,拐弯时应用手示意,进门时应为客人打开门并让客人先进。平时和与会者同乘电梯、进门或入座时,应主动谦让。

3. 仪容

正确的仪容要求做到洁净与自然。男士须将头发梳理整齐,胡须刮净;女士可化妆,但切忌浓妆艳抹。

三、称呼

国内会议接待，可称呼对方的职务、职称、学衔，也可称"同志"、"先生"、"女士"、"小姐"。涉外会议对外国人的称呼应根据对方的习惯。一般对男子称"先生"、对已婚女子称"夫人"，对不了解婚姻状况的女子或未婚女子称"小姐"。在这些称呼前可冠以姓名，如"史密斯小姐"。有时也可以对方的职务、职称和学衔来称呼，如"××大学校长斯特朗博士"、"杰克法官"。

四、介绍

会务工作人员有时需同客人联系，见面时应先自我介绍。陪同领导人看望、拜访客人时，应先将领导人介绍给客人，再将客人介绍给领导人。如前去看望客人的领导人和陪同人员较多，可按身份高低的次序逐一介绍。在其他活动场合为他人介绍时，应先了解双方是否有结识的愿望，不要贸然行事，尤其是涉外活动，更应谨慎。介绍时，应先把身份低、年纪轻的介绍给身份高、年纪大的，把男士介绍给女士。

介绍时互递名片，应用双手递接名片，名片不能倒递或反递。

五、握手

握手除了对客人表示欢迎、欢送外，还具有祝贺、感谢或相互鼓励的意义。握手时应当注意以下几点。

(1) 年轻者对长者、身份低的对身份高的，应稍稍欠身，也可用双手握住对方的右手以示尊敬。

(2) 一般应由主人、年长者、身份高者、女士先伸手；客人、年轻者、身份低者、男子应先问候对方，待对方伸手后再与其握手。

(3) 不要用双手交叉与人握手。

(4) 握手时双目应注视对方，微笑致意，或者致以欢迎和问候。

六、致意

远距离遇到客人，一般举右手打招呼或点头微笑致意；距离较近时，应说声"您好"。如与相识的与会者在一天中首次见面，或一次活动中初遇，应主动向对方问好；同一天或同一场合多次见面，或与不太熟识的与会者见面，只需点头、举手、欠身或微笑致意即可。对方主动问好，一定要礼貌回应。

七、交谈

与人交谈时，表情要自然，语言平易近人，表达得体，距离适中。交谈过程尽量选用文雅词语，用词用语力求谦恭、敬人。说话时可适当做些手势，但不宜过多，动作幅度不要太大，不能摇头晃脑，更不能用手指指点点、拉拉扯扯、拍拍打打。

与会者在个别谈话时，接待人员不要凑前旁听。如有要事需与某人说话，应等别人说完,不宜随便打断别人的说话。与会者向接待人员询问问题或找不到地方,接待人员应主动招呼、乐于回答。与人交谈时,目光应注视对方,以示专心。谈话中遇有急事需要离开,应向对方打招呼,表示歉意。

复习思考题

1. 简述迎接与会代表时的注意事项。
2. 与会者报到时,会议接待人员要做好哪些方面的工作?
3. 会议签到的方法有哪些?
4. 会议报到与签到的联系与区别有哪些?
5. 接待贵宾时应注意哪些问题?
6. 会议接待时应注意哪些仪表问题?

第九章

会议的公关宣传

学习目的

通过本章的学习,明确会议公关的对象和内容,掌握会议协调的原则和方法,以及会议宣传的原则和方法,了解会议各阶段宣传工作的内容。

主要内容

• 会议的公关对象和内容

• 会议的协调

会议协调的原则　会议协调的方法

• 会议的宣传原则和方法

会议的宣传原则　会议宣传资料概括　会议宣传资料的设计与制作　会议宣传的主要方式

• 会议各阶段的宣传工作

会前宣传　会间宣传　会后宣传

第一节　会议的公关对象和内容

一、会议的公关对象

会议组织者在一切公关宣传开始之前必须明确定义其目标对象。参加会议的人员一般可以分为两类。①会议贡献者,也就是构成会议产品的那一部分人员。他们是会议不可或缺的,包括会议的发言人、支持者以及服务人员。②会议影响者,也就是会议产品的消费者。他们也是会议不可或缺的,他们或者倾听会议的内容,或者受到会议结果的影响,又或者利用会议实现自己的目的。会议组织者必须明确会议贡献者和会议影响者分别是谁,他们属于哪一层次,他们的需求到底是什么,等等,从而明确公关活动的对象。并不是所有的人都是会议的潜在客户,会议组织者可以通过描述目标对象的一些特征,如性别、年龄、经历、兴趣、所在地区等,来区别自己特定的目标受众。

二、会议的公关内容

会议的公关内容自然是会议。会议组织者首先明确的是要提供怎样的会议产品。在市场上,产品总是通过一定的形式来表现,会议组织者应该从下述层次来考虑其会议产品的设计。

1. 核心产品层

核心产品又称为实质产品,是指产品能向顾客提供的基本利益和效用。如化妆品的核心产品不是那些化学成分,而是所提供的"美"的实现。因此,会议组织者在设计会议时首先要考虑的是人们希望通过会议获得哪方面的满足。任何人参加会议都是希望能够解决某一方面的问题,如获取一定的信息、提高自己的知名度、建立人际交往关系等。会议组织者就应该根据这些需要来设计会议的核心内容。

2. 形式产品层

形式产品是指核心产品借以实现的形式或目标市场对某一需求的特定满足形式。一般来说,形式产品主要包括包装、品牌、质量、式样、特征五个要素。会议所拥有的核心产品必须借助一定的形式才能实现,因此会议组织者还要考虑会议的具体实现形式,如鸡尾酒会形式、家庭聚餐形式、娱乐晚会形式等。

3. 附加产品层

附加产品是指顾客购买产品时所获得的附加利益与服务,包括安装、送货、保证、提供信贷、售后服务等。市场营销学家莱维特曾经指出:"现代竞争的关键,并不在于各家公司在其工厂中生产什么,而在于它们能为其产品增加什么内容。"会议并不需要安装、送货等,但是会议也需要具备附加产品,如一件印有公司标志的奖品可以起到持续的宣传作用,而一张与会者集体照可以让与会者获得回忆上的满足。因此会议组织者应该注重附加产品的设计。

会议的公关内容应该建立在分析潜在客户的基础上,因为针对目标对象的公关才是有效的。因此,会议组织者就应该认真分析目标受众的需求内容、媒体接触方式、知识结构等特性,了解他们为什么会对你传达的信息感兴趣?这些信息对他们来说具有什么价值?他们是否需要通过参加此次会议来提高专业水平?他们是否会因为是组织的一员而参加会议?通过回答这些问题可以明确要公关宣传什么。

第二节 会议的协调

会议工作头绪烦杂，环节较多，每个环节之间互相关联、互相影响，一个环节出了问题就要影响下一个环节甚至整个会议，因此要做好会议的协调工作，这是一项非常细致、牵涉面广、政策性强的工作。做好会议的协调工作，对于完善会议管理，提高会议效率，促使会议正常运作，具有重要意义。

一、会议协调的原则

1. 明确的目的性

会议的协调一定要有明确的目的性。即贯彻会议的指导思想，完成会议的具体任务，实现会议的具体目的，发挥会议的重要作用，使与会人员集中精力于会议，保证会议的正常进行。因此，会议的组织者要协调好各项工作，如会务工作、秘书工作、服务工作和安全保卫工作等，按照会议的安排，既各司其职，又相互配合，使会议有条不紊地进行。凡是有利于会议的工作，就要协调各部门尽力去完成；凡是会给会议带来不良影响的事，不论涉及哪个部门利益，都要坚决杜绝。

2. 及时的应变性

会议在进行的过程中，随时都可能遇到突发事件，有的甚至会改变会议原定的安排。这样，就要求会议组织者及时协调会议以适应事先未预料到的变化，具有及时的应变性。如会议地点的临时改变，就餐时间的提前或推迟，参观地点的改变，会议议程的改变等。如不能及时协调这些变化，将给会议带来混乱，使与会者无所适从，给会议带来不良的影响。

3. 果断的决策性

会议在进行中，要求会议的组织者有果断的决策性。在会议的各项工作中如出现职责不明，相互推诿，影响会议正常进行的情况时，要果断决策，立即拍板，迅速协调各部门的工作。决不允许迟疑观望，久推不决，影响会议的正常进行。

4. 适当的灵活性

会议的进行阶段，涉及上下、左右、内外的联系，一个环节出了问题，都将给会议带来影响。这时，会议的组织者要有适当的灵活性，只要不是原则问题，可采取灵活的办法予以通融，协调好方方面面的关系，使会议正常进行。

5. 实事求是的思想路线

会议的协调工作同其他任何工作一样,必须实事求是,从实际出发,不能凭主观臆想办事。研究问题、处理事情,都离不开实事求是这条正确的路线,如果离开了它,协调工作就会出偏差,就会作出错误的决定。所以,在协调工作中,对被协调的各个方面的情况,要充分进行分析,对各个方面提出的意见,陈述的理由、根据,要充分考虑,取其利,去其弊。如果不能全面地权衡利弊,片面地听取一方的意见,忽视另一方的意见,就容易作出错误的决策,导致工作的失误。

二、会议协调的方法

1. 调查研究

深入实际调查研究,是具体明了协调问题的基本途径。会议进行过程中,凡是需要协调的事情,要先进行调查研究。如果是会务工作的问题,要分清谁牵头负责,谁协助配合,做到既有分工,又有合作,争取取得最佳的效果。如果与会人员对某个问题有争议,要调查清楚事情的原委、做好说服解释工作。争取取得共识,为最终决策打下基础。

2. 分析论证

在协调解决重大问题中,必要时对提出的解决意见要进行分析论证。通过分析论证,进一步弄清其协调意见的可行性和利弊关系,为最后决策提出可靠依据。分析论证可以说是决策设想的决定过程、选择过程,也可以说是达到最后决策的转化过程。这种分析论证属于逻辑论断,具有科学性的决策。

3. 作出结论

协调过程中经过调查研究,分析论证,各方面达到了思想认识一致,或者客观条件成熟,矛盾可以得到解决,就应该提出结论意见,进行最后决策。当然也可以在查明事实、分清责任之后,根据有关政策、规定等立即进行裁决,具体明确解决办法,使协调的问题得到最后解决。

4. 请示汇报

在协调过程中,进行协调工作的人员要及时地向领导请示汇报,以便得到领导的支持和指导。特别是领导直接交办的协调工作任务,要把协调中各方面关系上出现的矛盾、各个方面的不同意见、按原定方案执行的困难或问题,及时向领导汇报。同时,提出解决各种矛盾、问题的意见,供领导人决策参考。然后,按领导的意图,继续做好协调工作。需要注意的是,在协调过程中,如果发现客观情况跟领导原来掌握的情况不一致,必须把客观的实际情况如实向领导反映,从而保证领导决策符合客观实际。

第三节 会议的宣传原则和方式

一、会议的宣传原则

宣传是各行各业共有的业务。会议的宣传必须结合其本身的特点,方能发挥最大的效益。这里,首先讨论几条基本原则。

1. 有的放矢

宣传的根本宗旨是引起宣传对象的重视和兴趣。因此,就必须根据宣传对象和目的,有针对性地开展工作。

为了办好一次会议,组织者必须获得最广泛的支持,包括政府的扶持、企业的赞助、专家的贡献和公众的关注等。组织者找政府部门无非是为了获得政治支持,方针政策上帮助把关,报批上开放绿灯。对政府部门搞公关,就要多强调会议的重要意义,并介绍代表团的积极与会方针及组织安排上的妥善措施。求助企业的一个重要目的是取得经济上的资助。企业家资助会议着眼于开拓业务,为使自己在会议上榜上有名或席上有位。因此,做企业家的工作就要多讲会议的经贸作用和影响,并允以相应的荣誉。专家学者主要关心会议的专业水平和学术上的收获,如他们得以在会上同知名的同行见面,并进行实地考察,又感到你对他的知识的重视,那么请他们提供论文,或参加评议,他们就可能"欣然接受"。

宣传中往往有"虚"、"实"两个方面。"虚"就是讲道理和进行动员。如果你言之有理,使人感到态度诚恳,就会引起对方重视。"实"就是要讲好处。目标虽然崇高,问题虽然重要,责任虽不容推卸,但不能给当事人带来实际利益,只有付出而没有收益,也难引起共鸣。如能对宣传对象做到"晓之以理,动之以情,引之以利",就能收到较好效果。

2. 语言生动

同样一件事,用生动活泼的语言加以表述,和以干巴巴的几句话平铺直叙,效果截然不同。许多会议的官员都懂得宣传语言的技巧,不管是函件、广告还是小册子都能注意渲染烘托会议的重要性、盛况、独特之处、可获得的乐趣及可享受的优惠,引人入胜。

例如称:会议代表了当代最高学术水平;会议是近年来西半球经济界领袖的最重要集会;总统将主持开幕式并接见各国代表;部长将举行盛大宴会招待全体来宾;著名科学家将在会上各抒己见;数百名专家将云集会场首次探讨此问题;经初步联系,已有数十个第一流的研究机构对会议表示了浓厚的兴趣;会址设于风光旖旎的湖滨别墅;会后分数路赴外地游览参观;提前报名可获折扣优待。

总之,努力说服宣传对象:这是一次千载难逢的机会,切莫错过。经过入木三分的宣传,恐怕许多人都会动心。

3. 实事求是

我们说"有的放矢"和"语言生动"绝非指以花言巧语去哗众取宠,更非招摇撞骗。会议有极大的严肃性,因此,宣传工作应以诚挚中肯为本。做宣传,特别是带有广告性的宣传,出现一点艺术夸张,是可以理解的,但不能搞欺骗。宣传时称,会后分数路赴外地游览参观,到时候就不能随便变卦。如有特殊情况也要说明原委,并采取替代方法。说在湖滨别墅开会就不能摇身一变,在城里租个旅馆凑合了事,至少也要找个湖滨旅馆举行。一句话,不准备做的或没有条件做到的以不允诺为好。须知来日方长,应取信于人,不做一锤子买卖。这样才能显出组织者言信行果,抱诚守真。

4. 灵活多样

宣传的途径和方式应力求灵活多样,不拘一格,以获取最大的效益。举凡做演讲、写报告、发私函时,及个别交谈、接洽业务、交际往来中,均可借机介绍会议的宗旨和意义、内容和措施、规模和效应。印制简介、展示图片、播放录像、制作幻灯、赠送礼品、组织参观等都是普遍采用的手段。宣传应当是全方位的,须贯彻于会议的始终,体现于各个领域,并为所有人员所参与。

二、会议宣传资料概述

曾有专家指出,会议宣传是从宣传资料的封皮开始的,而宣传资料的设计和制作是一门艺术。的确,宣传资料在会议宣传推广中的作用举足轻重,而且形式多样。宣传资料可以是几张印在廉价纸上的散页传单,也可以是对折的有封面的传单或者是色彩丰富的、材料考究的、制作精美的宣传册。其中,宣传册应该包括的关键信息是宣传中的5W问题:谁(会议的主办单位)、什么(会议的名称和主要内容)、哪里(会议举办的地点)、哪些人(参加人群)、什么时间(举办)。

1. 会议宣传资料的功能

宣传资料在会议宣传过程中起着非常关键的作用,其最终目的或者说主要功能就是提供会议的有关信息,激发人们对会议的兴趣。具体而言,表现在以下几个方面。

(1)强调参加会议的好处,吸引潜在与会者。当目标对象对举办的会议不清楚或存在疑惑的时候,宣传资料可以很好地消除其陌生感,并通过推介会议的亮点,吸引潜在顾客积极报名参加会议。

(2)提供有关会议策划和大致框架的信息。只有为潜在客户提供足够的信息,他们才会决定是否参加会议。所提供的会议信息可以让预备参加会议的人员做好各方面的准备工作,以便在会议上取得更好的效果。

(3)提供旅行和到达会议城市后的相关信息。与会者到达会议举办地后,可以根据会议宣传资料上的信息方便地与组委会联系;在与会期间,还可以有选择地在会议目的地及周边地区进行参观游览。

(4)得到受众是否与会的确认信息。这是会议宣传资料最基本的功能,潜在顾客是否参加会议往往通过宣传资料中所附的注册表或回执来反馈。

2. 会议宣传资料的主要类型和内容

会议宣传资料的类型多种多样,而且随着会议举办和工艺美术水平的提高,各种宣传资料的设计越来越巧妙,选料越来越考究,制作越来越精美。常见的会议宣传资料有:宣传单、折页、小册子、信件、VCD以及其他专门为会议推广而设计的印刷品。

若按照一对一营销的原理,会议宣传资料的内容应该因对象而变化。事实上,精明的会议策划人已经意识到了这一点,但在实际运作时,为了降低设计和制作成本,会议主办者往往统一使用一种会议宣传材料。一般情况下,一份会议宣传资料(假设是第一份邮寄品)应包括以下基本内容:

(1)会议的基本情况介绍,如会议主题、举办时间、地点、演讲人及议程安排等;

(2)会议能给与会者带来什么利益,虽然这一点主要通过议题来表现,但材料中能高度概括出来最好;

(3)会议的创新之处;

(4)会议的配套服务项目;

(5)注册信息,如会议主办者的联系方式、提前报名的优惠措施等。

三、会议宣传资料的设计与制作

会议宣传资料的设计与制作是一门艺术,就连注册表放在什么地方也要考虑再三。但无论是何种类型的会议,营销人员在亲自设计或选择宣传资料的风格及具体内容时,都应遵循一个基本原理:首先弄清楚宣传材料的受众是谁,他们想了解会议的什么信息,然后再决定采取什么风格和突出什么内容。

1. 关键因素

首先需要提醒营销人员的是:会议不是针对自己的,而要针对观众和他们能够得到的利益。换句话说,会议宣传资料的制作必须以潜在与会者的需求为导向。在设计和制作宣传材料的整个过程中都要坚持这一理念,这对于会议宣传战略至关重要。另外,还有五个因素需要特别注意。

(1)长度。会议宣传材料的长度要因对象而异。有些受众希望得到大量的细节信息,而对于另一些受众,只需得到会议的框架信息就足够了。另外,宣传材料的长度和发放的次序也有关系。一般来说,第一份宣传材料可能很简短,但后来的材料就会长一些,因为这时有了更多的信息可以提供给预期与会者,感兴趣的受众也想获得更详细的信息。

(2)习语。在宣传材料中很难避免使用一些难懂的字眼,因为对一个人来说习以为常的说法,在另一个人看来可能就是专业术语。因此,尽管在宣传材料中经常需要使用一些专业术语,但必要的谨慎是不可少的,因为有的潜在与会者一看到有这么多的术语,就会拒绝再读下去。

(3)语法。市场营销的专家建议用现在时和主动语气来撰写宣传材料。

(4)次序。宣传材料应该按照一定的次序进行组织,使受众从最初的信息开始,清晰、流畅地了解到一些必要信息,最后以某种形式作出反馈。反馈的方式有多种,如注册参加会议,交寄一张名片使自己被列入邮寄名单或要求更多的信息。

(5)气氛。对于会议宣传材料来说,气氛可以定义为以上因素与颜色以及形式一起所塑造的综合形象。营销人员必须不断问自己这两个问题:我们想向受众传达什么信息?我们希望他们在看到这份宣传材料后作出什么反应?

2. 设计标准

会议类型及目标受众的不同,甚至是会议主题的相异,都要求会议宣传资料不断作出变化和创新。尽管会议的宣传资料各不相同,但下列这些通用标准对于会议宣传册的设计者是大有裨益的。

(1)应该有深浅颜色的强对比。在会议宣传册中,镂空的字体或彩色纸上的白色字体可能效果不错,但若出现在段落中就难以辨认;此外,一些对比不明显的搭配,如红色背景上打印粉红色的字或在深灰背景上使用浅灰,虽然很优雅但不能吸引注意力。

(2)应该使用简短、明了的句子。长篇的段落或冗长的句子可能会使读者丧失兴趣;带数字和着重号的简单句式比复杂的段落更能吸引人们的注意力。

(3)应该让他人做最后的校对。设计者应该明确读者能够清楚地理解信息并能够被文章的措辞所打动;校对者应该确认设计者没有流露出傲慢的语气,并且确信他们真诚的建议能够被接受。

(4)应该充分利用图片来展示美丽的会议举办地或者著名的演说家。如果使用的照片缺乏目的性或仅仅为了填补空间而使用照片,那只能成为读者轻松阅读的障碍。而且,主要的几幅图片必须精心制作,否则,读者会觉得这不过是用电脑做出来的廉价品。

(5)在使用照片、艺术品和插图时,要征得原创作者的同意。

(6)应该谨慎地使用字体。最好选择简单易认、大小合适(正文字号不要小于10磅)、老年读者能够看清楚的字体。有时还需要适当地变换字体(如在标题和正文之间），但是在一份宣传资料中变换的字体一般不要超过3种。

（7）不能让读者劳时费神地查找联系方式。应该把注册表、酒店简介和房价、酒店预订表格及有关航空公司/火车/汽车的信息放在醒目的地方，而且不能打乱读者阅读的连贯性，避免读者遗漏一些将来需要的重要信息。

（8）一些关键的联系方式，如电话号码、传真号码、电子邮件地址和其他信息应该包括在注册表中。另外，有时候还应根据会议需要，为残疾人指定一个专门的联系人。

（9）不是所有正文或图片的空白都需要填满。不刻意填满空白区域，而且能够战略性地分布空白区域，将会让读者的眼睛在阅读过程中不至于感到疲劳。

（10）花边框中的文字或粗体的工具条是用来强调特色或引用重要演讲人讲话的最有效的工具，就算没有使用艺术效果，单凭这些内容也能使页面增色不少。

（11）与印刷厂进行仔细的谈判，以便有效控制宣传册的设计进度和印刷成本。每一次补充纸张库存新货等都会在印刷时间、纸张和劳工方面增加成本。精明的营销人员应该对成本保持足够的关注，特别是在考虑金属模版印刷、宣传册封面装饰品等高成本设计的时候更应如此。

（12）在印刷之前应该出一份宣传册的清样，以检查其中是否存在清晰度、拼写和语法方面的问题。然后，还要对整体的吸引力状况进行评估。若在这个阶段发现问题，修改的成本还不大，至少比在印刷后才发现问题要好得多。

四、会议宣传的主要方式

也许主办者的计划是无懈可击的，但有时候令人失望的与会者数量足以掩盖一份优秀的策划书和一次本应成功的会议。因而，组织者必须采用合适的宣传方式来影响人们参加会议的决策和行为。概括而言，会议主办者常用的宣传方式主要有七种，即直接邮寄、电话营销、广告宣传、网络促销、公共关系、媒体策略和综合法则。

1. 直接邮寄

在树立会议形象、提升人们对会议的认知、激发目标社区对会议的关注等方面，密集的直接邮寄方式最有效。而且，如果客户名录准确无误，直接邮寄将成为成本最低的方法。会议公司的一项重要工作就是建立和维护客户数据库。其中，对于名录的维护（添加新名录或删除已经不存在的客户，以确保邮寄名录的准确性），既可以由企业自己来完成，也可以外包给从事名录维护的专业机构。

（1）名录的收集和整理

从方法上看，对潜在与会者的名录管理涉及调查、分析和成员追踪等活动；从对象上看，又关系到协会组织成员、当选领导、赞助商、参展商和所有可能成为会议利益相关者的各方。这自然需要许多持续不断的调查和跟踪工作：

①成员续签资格时提醒他地址是否发生了变化，在其他邮寄品中也要有类似提醒；

②回收附在协会期刊中的通知地址变更的明信片；

③密切注意相关行业出版物中关于人员流动的新闻；

④协会组织分会和组织联盟的成员流动表；

⑤给失去联系的成员发邮件，寻求可能的新成员的信息及其最新职位；

⑥确认利益相关者的最新职位，并及时更新信息；

⑦在协会组织的所有会议、展览会或其他大型活动的登记台上摆放相应的记录更新表格；

⑧与相关协会组织和协会成员通讯录之间的交叉比较；

⑨在协会组织年度的成员通讯录中附上关于姓名/地址/电话变更的回执信封；

⑩公布传真号码，要求成员及时更新自己的相关信息；

⑪利用协会/组织的网站和行业电子公告牌；

⑫检查分会的成员目录；

⑬对收到的支票上的地址进行检查；

⑭检查供应商的记录、广告和新闻发布稿；

⑮经常检查自己的地址簿。

总之，客户名录的变化是没有止境的。但是，如果会议营销人员对利益相关者的地位、名称、直拨电话和电子邮件地址等信息的变化保持足够的警觉，那么即便是在与朋友的谈话中也能够轻松完成对邮寄名录的更新。在听到的时候就把它写下来，然后交给公司负责更新和维护名录的人员。

（2）名录的细分

名录管理要求会议公司根据不同的变量对客户进行细分。通过有效的分类，可以尽量减少邮寄给非目标市场的印刷品的成本和邮费，从而使支出效率最大化。根据在调查中收集信息量的多少，可以在电子版的名录中对信息进行编号，以便于添加、删除或选择任何变量，这些常用变量包括：

①所在地；

②职称；

③专业领域或业务领域；

④姓名；

⑤取得成员资格时间的长短；

⑥取得的领导职位；

⑦过去参加类似会议的数量以及参加的年份;
⑧根据广告和赞助支持的排名;
⑨参加会议前后的游览活动和其他活动情况;
⑩以前参加协会研讨会的情况;
⑪当前成员、失去联系的成员和潜在成员的身份。

(3) 名录的定期审核

对名录管理进行定期审核是保证直接邮寄有效性的基础,其中常常涉及的问题有:我们的名录最近一次正式更新是在什么时候?我们是否能够立即根据现有的名录进行邮寄和电话调查?为能够保证名录信息的及时更新,有什么特殊的要求?这种审核不是边喝咖啡边闲聊就能完成的。在邮费、纸张、打印和薪水不断增加的情况下,会议公司必须把名录管理作为一项日常紧急事项或记录来对待。

然而,许多营销者陷入了每年都要从旧名录中开发"宝藏"的困境。显而易见,会议公司的名录管理也呼唤不断创新。那么,还有谁能够从这次会议中获益呢?查阅一下专业手册和行业目录,向供应商咨询关于他们客户名录的信息,以寻求那些可能参加会议(或会议中的展览会)的人。

为此,需要做的工作还有:研究名录提供者提交的材料;为已被数据所证明的值得额外投资的受众提供直接邮寄服务;与相关行业出版物和专业杂志的代理人进行会谈,了解他们的订阅者是否有可能参加某项会议(或可能成为会员),还可以询问订阅者的名录及其管理成本。

(4) 其他宣传工具

进行直接邮寄时还可以综合利用一些相关宣传工具。要知道,直接邮寄并不仅仅限于装在信封中的宣传手册,还应该包括在信封上事先印刷的关于会议的其他信息或标语。所有组织在会议前几个月的邮寄活动都应该起到引起人们好奇心或提醒的作用,收件人甚至可以在信封中发现相关的商业信函、发票或者立法机构关于会议的报告。

如果无法在信封上事先印刷的话,色彩鲜艳的不干胶贴纸也能够很好地吸引人们的注意力。可以在协会/组织的信封或信笺、新闻出版物的封面、月度通信、会议日程的邮寄品以及能够到达适当目标的所有其他邮寄物上粘贴这种不干胶贴纸。

电子邮件正在成为一种重要的直接邮寄工具,然而,需要注意的是一般情况下电子邮件只能寄给那些列在名录上的人。因为,把邮件寄给那些没有得到邀请或者对会议根本不感兴趣的人只会适得其反,这在业内被称为"兜售信息",是一个带有贬义色彩的字眼。电子邮件的邮寄地址可以在注册(更新的会议信息)、确认以及会议进行时收集到。

2. 电话营销

电话营销是一种完善的营销传播系统,由于其具有操作方便、反馈及时、功能多样等特点,它已迅速发展成为广受欢迎的重要宣传工具之一。市场营销人员利用电话直接向消费者或公司进行销售,培植和选定目标市场,联系距离较远的顾客或为其提供服务。而且随着IT技术的日益成熟,整合电话市场营销系统能使公司在接到顾客电话的同时,将顾客的详细信息显示在电脑屏幕上,并能快速记录订购活动和查询存货。同样,电话营销也受到了广大会展企业的青睐,会议公司表现更为明显。

(1)电话营销的优势、劣势

由于具有成本相对较低、反馈快等明显的优点,电话营销一直是会议公司的主要营销手段之一。合理有效地运用电话开展营销,能使会议公司享有诸多优势。首先,电话营销的成本比人员登门拜访低很多,而且每次联系所花的时间也较少;其次,电话用户的迅速增加和免费电话的开通使得与客户联系越来越容易,营销人员通过电话筛选潜在客户或与客户进行预约能有效降低会议公司的成本;而且,随着新通信技术的发展,会议营销人员很容易就能把客户的电话切换到相关部门(如技术部、售后服务部等),从而为客户提供更迅速、更专业的服务。

电话营销也具有许多突出的缺点,主要表现在以下几个方面:首先,电话营销不能给客户造成登门拜访那种视觉上的冲击,营销人员也不能通过观察客户的肢体语言尤其是面部表情来推测其购买心理;其次,人们在电话里更容易作出负面的反馈,尤其是对那些未经预约的电话很反感,因而电话营销的被拒绝率也比较高。此外,在每次联系成本方面,电话营销虽然比人员促销低,但与直接邮寄、媒介广告等相比还是要高一些,虽然自动语音应答系统技术(IVR)能缩减接听来电的成本,但劳动力成本仍然很高,而且许多时候效果不好。还有一点必须指出,互联网的迅速普及及对电话营销的增长造成了明显的威胁。

由此看来,会议公司必须对宣传计划和活动进行统一安排,将电话营销与其他宣传手段并用,以实现最佳的综合宣传效果,这便是我们常说的整合营销传播(Integrated Marketing Communications)。

(2)电话营销的功能及应用范围

按照信息的传播途径,可以将电话市场营销分为呼入型和呼出型两种形式。前者指潜在客户给公司打电话,后者与之相反。从某种意义上来说,呼出型电话营销更具主动性,但快速定位技术能使接听呼入型电话的工作人员迅速确定对方的地址、账户等相关信息,而且当对方告诉名字和邮递区号后,相应的信息就会自动显示在电脑屏幕上。这种整合电话技术已经在客户服务领域取得了突破性的发展。

对于会议公司而言,电话营销主要具备四种功能:

①呼入型电话系统可作为对直接邮寄或媒体广告等宣传的答复方式;

②在开展销售访问之前筛选潜在客户,从而使得个人访问更具针对性,并有效节约营销成本;

③利用电话安排与客户之间的约见,这是达到销售陈述目的的有效手段;

④无论是呼出型电话还是呼入型电话,都可作为会议公司建立和更新营销数据库的信息来源。

如果将电话营销的功能和各种适用情况结合起来考虑,我们可以得到这样一张表(如表9-1所示)。

表 9-1 电话营销的适用范围与功能

功能	典型适用范围	执行过程	主要目的
主导作用	销售过程简单,见面销售不划算	通过电话营销完成整个销售过程,并为客户提供售后服务	直接销售
辅助手段	必须与客户见面交谈	只有接受订单、接受再次预订等部分活动通过电话进行	支持销售力量
几种作用并举	客户数量多且分散	利用电话营销进行直接销售,或预先与潜在顾客联系	直接销售/支持销售力量/更新数据库
不起作用	必须由销售人员出面洽谈,且销售程序十分复杂	和客户取得联系	往往只扮演"联络员"的角色

(3)电话营销原则

美国拜尔电话系统公司曾经发表了电话营销的八步指南,会议公司也可以将其作为开展电话营销的指导原则。

①认清自己和你的公司;

②建立关系网(这会很自然地实现,因为你已经对潜在客户及其业务进行了考察和分析);

③进行一次有趣的评议;

④发布销售信息(重点应放在客户利益上,而不是单纯的产品或服务特色上);

⑤正确对待和处理反面意见;

⑥接近销售目标/试探性地提出销售建议(例如,直接向客户要订单——"请问您想现在预订吗",或完成另一个销售目标——"我今天就把资料邮寄给您,好吗"等等);

⑦达成行动协议(安排一次销售拜访,或约定下一次通电话的时间);

⑧表达谢意。

(4)电话销售的常用技巧

在实际工作中,许多会议公司把电话作为甄别潜在客户、与客户约见和提供咨询等服务的手段。当营销人员找到潜在客户(协会组织或公司等)的会议决策人之后,电话订立约会大致可分成三个步骤,即打电话、介绍和订立约会。下面以一个会议中心为例,讲述一则电话销售的范例。

①开场白

"您好,吴经理,首先请原谅我冒昧给您打电话。我叫路紫,是风云会议中心的销售部经理,我们中心与贵公司在同一条大街上。虽然隔得这么近,但一直未能与您联系,实在抱歉。真希望有机会与您聊聊,向您介绍一下我们会议中心的情况。还有,我们刚设计了一次会议优惠套餐活动,希望贵公司有兴趣参加。"

②介绍

"吴经理,通过调查,我们了解到贵公司的销售人员和代理商培训会议都由您来负责安排。我们专门为贵公司设计了 24 小时服务方案和优惠套餐活动,这个方案可以 24 小时为您保留会议室,并提供打印、复印等配套服务。而且,在 5 月 4 日之前,贵公司可以享受住房及餐饮折扣、免费会场服务等一系列的优惠。"

③订立约会

"感谢您对我们中心的肯定!的确,这些先进的会议设施和优秀的服务人员将帮助您成功地筹备各种销售培训会议。我们什么时候能一起吃顿晚饭,讨论一下贵公司即将召开的 2004 年全国经销工作会议?"

"如果是这样,您看这个星期三方便吗?"

"那真是太好了,如果没有什么变化,咱们星期三下午 5:00 在我们中心的总服务台见。我戴着胸卡,您一眼就能认出我。"

"谢谢您对我工作的支持!占用了您的宝贵时间,真对不起!吴经理,盼望着与您的见面。祝您工作愉快!"

从上面的例子可以看出,由于使用电话不能像与潜在客户面对面交谈那样富有人情味和身临其境,会议营销人员在打销售电话时必须掌握许多常用的技巧。具体而言,主要有以下一些技巧:打电话之前应尽可能掌握相关信息,如受话人的身份及姓名、产品报价等,最好就所要涉及的问题列一个提纲;礼貌地问候对方,并尽快说明自己的身份和目的;如果不清楚潜在客户的姓名,应礼貌地请其拼写,因为没有人会介意拼写或重复自己的姓名;听筒离嘴巴稍远一点,而且讲话速度要适中;把纸笔放在手边,随时准备记录客户的联系方式及特殊需要等信息;在电话中要显示你的个性和诚意,让客户觉得你落落大方,并十分乐意听取他们的意见和建议。

3. 广告宣传

(1) 广告的媒介类型

协会或会议公司在进行广告设计时,非常贴近本公司且成本最低的莫过于自己主办的出版物。但会议营销人员还应该精心挑选其他媒体,并把它们整合到整体营销计划中,以优化广告效果和节省成本。在媒介类型上,除印刷广告外,还可以选择诸如电视、电话以及包括互联网在内的电子媒体,另外还有户外广告(路牌、街头横幅)等。下面是一些经常被忽视的出版物、机关报和其他广告媒介。

①协会杂志和各类函件(这种广告通常被称为"入户广告",只要有空间就能够在任何时间投向任何地方);

②成员宣传册;

③会议计划手册(为即将举办的会议所做的封底广告);

④关于会议公司的法律文件或其他活动的新闻发布;

⑤非相关活动的宣传册,如对于某位演讲人或筹款人的系列报道;

⑥分会和会员通信与杂志;

⑦信笺和信封(事先印刷好的或不干胶贴纸);

⑧成员目录(包括联盟团体);

⑨协会的互联网网址;

⑩关于会议的闭路电视节目;

⑪打进总部电话的记录信息。

换句话讲,营销人员应该关注每一条印刷材料、电子沟通方式,甚至是看起来毫不相干的经营活动,以寻找可能替会议做广告的任何机会。对于协会会议而言,在大多数情况下,除了备用广告设计和印刷成本外,广告插页是没有成本的,因为协会本身就拥有会刊、互联网等媒体。而且,读者(会员等)容易对会议信息产生关注。

(2) 广告的制作要求

与其他广告类似,会议广告同样依据业主的广告目标、媒体版面的大小或时间的长短等因素来制作,出版商或印刷公司则可以通过缩小或放大图像来调整广告的费用。但不管是付费还是免费广告,其大小都要由设计者根据特殊的广告目标与策划理念来进行调整。一般的广告插页可以是 1/4 页、1/2 页、3/4 页或一整页,当然也可以根据实际情况灵活变化。为了成功地传递信息和完成任务,好的广告应该能满足下列原则性要求:

①标题要有冲击力,能够吸引人们的注意力;

②强调能够给与会者带来新的独特利益;

③广告内容应该能够反映会议的主题和形象；

④针对特定的细分市场，在广告信息中强调他们的需求，不管他们是总裁、经理人员、政府工作人员还是学校的老师；

⑤对各种奇闻轶事保持足够的敏感；

⑥通过行业领袖人物、专业权威或社会名流吸引人们参加；

⑦提供电话、传真、电子邮件和网址，便于受众反馈信息。

除广告之外，会议组织者还可以有效地使用其他激励手段。例如，可以在印刷广告中提供优惠券和截止日期来吸引人们提前报名，以便更精确地预计参观人数，保证能够满足会议对场地和空间的需要。

(3) 编制广告预算

不管选择什么样的媒体工具，会议营销人员都应给所有媒体单独做预算。电视广告的价格一般按照10秒、15秒或30秒的时间段分成几种；广播电台也有自己的价格分类，一般是从10秒到5分钟不等……比较不同媒体预算的有效方法是：

①为每一种媒体做一个独立的预算；

②找一个规模类似的会议，研究它们的预算；

③研究该项会议的历史，评估对媒体投入的回报。如果没有相应的历史信息，可以构建一个系统来追踪不同广告手段的结果（如网站的点击率、优惠券，传真收到的报名表或通过邮寄收到的报名表和电话报名等）。

(4) 选择广告代理商

如果预算允许的话，可以考虑聘请广告代理商来帮助策划广告理念和广告设计，甚至制定广告投放战略。会议公司应该选择那些对某个特定企业、会议业以及所要宣传的会议主题熟悉的代理商，并对其信誉和偏好进行核查。对会议公司的广告宣传来说，熟悉行业、版面购买能力强、拥有极富才华的设计师和艺术家的代理商是不可多得的财富。

4. 网络促销

在会议公司和会议型酒店的营销活动中，互联网成为越来越强大的工具。如今，会议主办单位（或策划人）通过互联网可以直接得到有关会议组织和服务的各种信息，他们发现要比较各个会议公司、酒店及其服务，互联网是不可或缺的工具。

若以营销主体为标准，可以把会议业领域使用互联网的用途基本上分为两种：第一种是会议公司或酒店自己建立网站，供会议主办单位（或策划人）和其他客户直接了解本公司的经营业务以及酒店的会议设施；另一种是把会议公司或酒店的情况作为自身经营活动的一个方面，如各种酒店预订中心网站等。

互联网能使会议公司或会议中心通过网络来创立自己的高品质形象。尤其是对于提供会议场地的酒店,不再依赖于不断地更新宣传册等传统方式;利用互联网,它可以创造一个图解式的介绍,展示一个声像结合的彩色形象,甚至还可以提供酒店"虚拟入住游"。通过互联网,会议公司能向会议主办方迅速提供以下信息:列举和介绍公司的经营范围及服务项目;联系人的姓名和电话;一张界面友好的表格,供会议主办单位填写即将召开的会议情况,然后一按键,此表格就可以提交。

5. 公共关系

对于会议组织者而言,公共关系的目的在于向受众传递信息,影响受众的观点并激发他们参加会议的兴趣。虽然公共关系和宣传资料、广告都是为了达到同一目的,但三者之间存在极大的差别。例如,广告或直接邮寄的效果测算起来比较简单,但是公共关系的效果却难以量化;广告是会议组织者在向人们宣传自己,而公共关系是要激起别人对组织和会议的某种态度或想法;广告的设计、投放时间、投放地点和相关信息受目标对象的影响很大,但在公共关系中,营销人员的主动性更强。

公共关系的作用范围既包括强化自身的优势,也涉及扭转失败的局面。它可以被设计成强调过去会议的成功,进而在竞争中胜出,也可以用来转变过去的失败对组织造成的负面影响,集中全力重新争取观众。这种努力可以是内部公关活动,或者是面向目标市场的外部公关活动。从这个意义上讲,公共关系是整个营销战略中不可或缺的关键部分。

综上所述,由于公共关系所传达的信息不是来自赞助机构而是来自第三方,而由第三方发布的正面言论要比赞助人自己说出来的更具有可信性(其原因是,公众认为赞助者的最终目的也是从会议的成功中获得利益),因此成功的公共关系能够比广告和宣传册带来更多的投资收益。

6. 媒体策略

这里的媒体策略主要是针对营利性会议而言的,因为协会和社团会议往往不需要花费很多工夫来处理媒体事务,而媒体也往往对非营利性会议比较支持甚至配合。对于培训、销售等营利性会议来说,营销人员所面临的最大挑战就是如何使媒体认识到会议的"新闻价值",这种价值可以是某一社会效益,也可以是本次会议对特定群体的重要性等。

(1) 选择合适的媒体

除了会议活动本身,公司知名度的提高甚至人际关系的建立等都可以借助合适的媒体来实现。但制定会议营销的媒体策略时,首先要求营销者对目标地区的各种媒体进行调查,因为每种媒体的市场定位和传播效果不同,对会议的宣传功能也存在明显差异。

①印刷出版物。主要包括商业出版物、行业与消费者杂志和期刊、内部和外部时事通讯、商业周刊、报纸、国家级/地区级的购物指南、接待处和客户服务中心的宣传单、联盟企业和相关行业的出版物、学校和高校出版物、旅行和航空出版物。

②电子媒体。主要有五种类型，即广播、电视、电报、传真和互联网。

此外，对每种媒体的覆盖范围进行深入分析是非常必要的。大型国际会议一般将目标锁定为国际级的报纸、电视和广播，因为这些媒体的覆盖范围很广；小型会议则通常会选择地方性的报纸、广播、电视或当地购物指南。究竟选择哪种媒体方式，主要取决于会议自身的特点、目标细分市场的收益和促销预算。

(2) 吸引媒体注意

为了达到吸引媒体的目的，会议营销人员应当了解和识别那些在会议活动中能够给整个社区带来正面影响的因素，如举行一个独特的新产品推介会、开展一次社区服务活动，或由公司资助或投资一项能够引起当地新闻媒体关注的市政设施等。

相反，如果新闻稿上只是说明公司要在某个会议中心举办一次全国性的销售会议，那么编辑对这种稿件可能连眼皮都不会抬一下。同样，尽管广告是一种行之有效的媒介，但其本身存在明显的片面性和缺陷，不容易引起受众的关注和共鸣。毋庸置疑，那些关于会议活动的头条新闻能使人们对其产生高度的信任。

(3) 与媒体建立联系

对于报纸的经济部和负责财经版面的编辑来说，每天都要收到成捆的新闻稿和产品发布书，每天都要阅读堆积如山的材料并作出评论，因而会议营销人员所要发布的消息很容易被淹没其中。尽管如此，的确有许多策略可以帮助营销人员与媒体建立长久的个人关系。

①界定信息，并使之成为媒体感兴趣的信息。要与媒体代表建立关系，除非你的信息确实有新闻价值，否则，仅凭一两个"冰冷的电话"是远远不够的。因此，会议营销人员需要给合适的媒体写一封个人信件，并附上新闻稿，解释一下公司会议的任务和相关信息；同时让他们知道，如果需要的话还可以提供更多的附加信息并解答提出的问题。如果你的信息有足够的吸引力，就会接到来自编辑或记者要求继续联系的电话。

报纸的执行编辑、电视制作人等不一定能捕获某次会议的信息或注意到公司所提供的会议新闻稿。因此，会议营销人员应该将信息尽可能准确地传递给那些对本次会议最感兴趣的部门或个人。换句话说，对目标媒体分得越细，与媒体记者进行交流的可能性就越大。常见的媒体版面分类如表9-2所示。

表 9-2 常见的媒体版面分类

财经信息:财经编辑/财经部门	商业信息:商业编辑/消费者新闻编辑
运动/娱乐信息:体育编辑	食品信息:食品栏目编辑
时尚信息:时尚栏目/时尚杂志编辑	娱乐信息:娱乐栏目/评论家

总之,会议营销人员要经常学习一些枯燥的专业知识,譬如如何分析城市/郊区新闻报道的成本、折扣和赠券的实际效果以及用于此项活动的投资收益等。无论如何,营销者绝不能忘记最大限度地与媒体建立和保持良好的关系,哪怕只是寄一封公务信函或送一张生日贺卡,这种个人或同僚关系将是无价之宝。

②寻找盟友,借助其与媒体更好地接触。媒体关系的建立并不一定首先与媒体直接接触,有时可以从联盟和支持者开始,因为重要的不在于你知道什么,而是你认识谁。因此,会议营销人员应该认真分析几个问题:本地哪一个特许经销商在目标市场中具有较大的影响力?哪一个分销商服务于政府机构并且认识那些可以改变和影响人们态度的人?谁能够在当地为营销部门提供内部消息,并为建立新的媒体关系铺平道路?

为此,会议营销人员要与当地代理商建立良好的关系,要让他们知道会议信息对于其公司的重要性。尽管他们不一定是未来会议营销的目标,但他们可能认识会议营销的潜在对象。他们可能成为你的新盟友,为你提供媒体的线索,并帮助你最大限度地与媒体建立新关系。

7. 综合法则

会议营销的内容十分庞杂,但仍然有规律可循。在采用传统营销组合策略的基础上,营销人员还应该综合考虑与会者的需求和会议自身的特点。综上分析,主办者要成功地营销一次会议,可以重点从五个方面去努力,具体内容如下。

(1)明确会议营销的主体方向

营销人员首先应分析会议如何适应公司的组织结构?会议的长远目标是什么?会议具有哪些竞争优势?在此基础上,会议主办者才能作出正确的决定,用恰当的营销媒介将信息传达出去,其中,常用的媒介有直接邮寄、网站、明信片、E-mail 等。其次,应明确会议的目的,以促进组织使命的完成。

(2)尽量接近和了解潜在与会者

①策划会议主题时,应该尽可能地与潜在顾客沟通,了解他们的意见和建议,这是开展其他工作的基础;

②辨别市场细分的依据,是会员/非会员、政府官员,还是公司总经理?一旦确定了营销对象,便知道了目标市场营销应该从哪里开始;

③利用数据库和调研资料,分析每个细分市场的需求,从而保证营销努力都

用在最可能参加会议的群体上；

④在注册过程中,应尽量详细地掌握与会者的资料；

⑤选择一个方便的会议举办地和最吸引人的主题,如果想吸引更多的国际与会者,则更应该选取国际旅客容易到达的地方；

⑥追踪出席会议的人员,并利用这些信息建立一个个人资料库,将来若遇到类似的会议便可以有针对性地开展营销。

(3) 合理利用网络策略

①充分利用网络来宣传会议在内容、演讲者和举办地点等方面的特色；

②对所发的 E-mail 采取过滤策略,使得只有那些不介意收取电子促销广告的人或组织才能收到；

③在所有的 E-mail 促销中,设立与会议网站之间的链接；

④对会议听众进行细分,然后决定发送 E-mail 或寄发信函,并测定反馈情况。如果可能最好使用 E-mail,因为它更加迅速、廉价并便于追踪；

⑤开通在线注册来增加与会者人数。但必须指出的是,在刚开始使用"在线注册"时,一般要和日常邮寄并用,如果效果明显的话,下次会议便可减少邮寄的数量。

(4) 努力扩大促销范围

①用精美的明信片代替大众化的宣传册子,将潜在与会者引导到会议的网站上来；

②在公司或会议的专门网站上发布需要密码访问权限的材料,以便与会者或其他相关团体下载、打印,并能不花任何费用反馈给你；

③与当地会议旅游局合作,促销举办地的旅游景点,以增强会议的吸引力；

④利用刊有相关文章(主要介绍会议特色或精彩部分)的出版物,在公众中引起轰动；

⑤突破现有的关系网,寻找新的演讲嘉宾、志愿者或项目开发委员会,以拓展新的与会者群体；

⑥与媒体建立良好的关系,他们会更加乐意在你的会议中寻找新闻。

(5) 确保所传达的信息备受关注

①所传达的信息必须简洁明了,并陈述清楚投资回报,包括奖励、获得证书等；

②促销材料应强调会议能给与会者带来什么结果,而不是主办者希望能达到什么目的；

③列出每一次会议(包括分会)的目的；

④积极宣传参加本次会议的好处,确保所传达的信息具有感染力；

⑤为一部分与会者提供资助,帮助他们参加区域性或全国性的会议；

⑥采取住房折扣等一些奖励措施,促使人们尽快反馈信息。别忘了,可以运

用电话、传真、网页、E-mail 和寄发邮件等多种方式。

第四节　会议各阶段的宣传工作

会议的宣传分为会前、会间、会后三个阶段，不同阶段具有不同目的和不同的宣传效果。

一、会前宣传

良好的宣传策略应该从会前开始。会前宣传的主要目的是让与会者了解会议的目的、性质和意义、会议的筹备情况，形成正确的、积极向上的舆论氛围，为会议的成功举行鸣锣开道。重大的会议，如党代会、人代会、职代会、博览会、招商会、投资洽谈会等，在会前都可以做适当的宣传。在会议召开前，会议组织者就应该准备好公关宣传所需要的东西，为具体宣传活动的开始提供前提条件。具体来说，会前宣传应该包含如下内容。

1. 了解媒体

会前宣传的一项非常重要的任务就是了解媒体，知道有哪些媒体可以利用、这些媒体的习惯分别是什么、如何才能接触到这些媒体。从公开发行的目录中可以找到各种报纸、杂志、电视台、广播电台和专栏作家的联系方式。根据媒体的来源不同，会议宣传中可供利用的媒体可以划分为下述几种。

(1) 地方媒体

地方媒体是会议组织者首先要面对的媒体，这里说的地方媒体主要是指会议所在地的媒体。会议当地各种类型的媒体会议组织者都应该考虑到，因为根据法律，这些地方媒体必须报道当地新闻，因此会议宣传首先要考虑会议举办地的地方媒体。

(2) 全国性媒体

全国性媒体报道全国甚至全世界各地发生的重要新闻，因此全国性媒体具有更强的宣传实力，应善加利用。

(3) 会议组织者自有媒体

部分会议组织者拥有自己的国际性刊物或者国内刊物，它们可以就会议进行报道，并且发表一些在会议上宣读的论文。

(4) 发言人或参加者家乡的地方媒体

这些媒体也可能对其居民参与的会议感兴趣。

除了了解媒体的类型外，会议的宣传人员还要了解媒体的习惯。例如，在有些城市和社区里新闻报道工作是由特约或兼职记者完成的,他们并不直接受雇于任何媒体,但是他们与媒体保持着一定的联系,为之提供新闻报道。

此外,会议组织者还要清楚不同的媒体各自需要什么类型的新闻。例如,电子媒体和报纸通常更注重新闻的即时性,而杂志则对那些有深度的评论性报道比较感兴趣。

还应该注意的是,大多数电视台和广播台都有谈话节目,这些节目很欢迎到本地参加会议的发言人以及参会者参加。虽然有些节目要到会议结束后才播放,但它们有助于扩大会议的影响,对于会议组织者来说仍是重要的宣传手段。

2. 发掘有新闻价值的信息

会议的许多方面都可能具有新闻价值:会议有很重要的主题,能够有效地吸引新闻编辑的注意;或者会议有别具一格的策划,也会引起媒体的兴趣。一般来说,会议组织者可以从以下方面发掘会议的新闻价值。

(1) 会议的内容

会议的内容可能是当前媒体关注的焦点,这时以会议主题作为宣传的重点较为适宜。

(2) 会议的地点

会议的举办地点可能会使会议成为焦点。20世纪80年代中期,美国的一群议员在西弗吉尼亚的一处豪华会议地点举行了一次关于预算和经济萧条危机的会议。会议几乎刚一开始就被迫召开新闻发布会,以解释会议宗旨和地点之间的巨大矛盾。

(3) 会议邀请的著名发言人

会议邀请的著名发言人不仅对市场宣传十分重要,而且在公关中具有很大的新闻价值。甚至在会议结束之后,会议公关人员也可以借某位名人曾在会议上发言来大做文章。

(4) 与会者

与会者可能具有新闻价值,如一些可能引起公众兴趣的名人列席会议。

(5) 会议中的展览

会议中所展示的产品或者创新活动可能会引起媒体的关注,特别是展示的产品或者创新活动具有重要影响时。

(6) 会议所讨论的问题以及解决办法

一些会议可能对某些重要问题进行讨论,这些话题本身就是媒体所关注的,比如非典、禽流感、种族歧视或者枪支控制等。

3. 准备宣传材料

宣传材料是宣传信息的载体,在会议宣传活动中具有非常重要的地位,其主要作用是在会议召开之前发送给媒体,提醒他们对会议进行报道,并发掘会议的新闻价值。

一般来说,宣传材料主要包括如下几项。

(1)事项说明。这是宣传材料的主体部分,内容多关于会议的标志、会议的名称、会议的主题、会议的日期、会议的地点、会议的主办者等。一定要注意的是,在说明中要注明秘书处咨询人员的姓名和电话。

(2)媒体人员与会登记表。媒体人员登记表的内容与一般与会人员的登记表基本一致,但应该注明是媒体人员。另外,媒体人员与会一般是免费的。

(3)一套会议活动票证,如媒体工作证、餐券、宴会券以及其他活动的入场券等。

(4)与会者手册。媒体人员应该跟一般与会人员一样获得与会者手册以及与会者材料表中所列的其他物品。

4. 做好采访准备

进行宣传,就要涉及采访。会议宣传人员在事前帮助被采访者做好准备。通常接受采访的是会议的发言人、与会者或者会议管理者,他们中有些人可能有接受采访的经验,但也乐于获得会议组织方提供的帮助。

会议宣传人员要为被采访人员提供一个被采访者须知表(见表9-3)。

表9-3 被采访者须知表

```
日期:_____
收件人:(被采访者姓名)_____
发件人:(秘书处联系人姓名)_____
主题:你的采访
1. 你的采访安排如下:
日期:_____
地点:_____
预定开始时间:_____
可能的结束时间:_____
2. 请在采访预定开始时间前一小时与媒体人员休息室的工作人员确认采访的时间和地点。
3. 将有(    )名采访者参加。
4. 这些采访者来自以下媒体:
广播:(地方)_____(全国)_____
电视:(地方)_____(全国)_____
报纸:(地方)_____(全国)_____
其他:_____
5. 建议:
A. 仔细听清问题。如果你有不明白的地方,立即向采访者询问。
B. 不要与采访者争吵。
C. 回答尽量简单直接。不要牵涉过多不重要或无关的事。
D. 如果你手头缺少一些必要的信息,如统计数字或政策、声明等,请问问采访者是否可以稍后再把这些提供给他们。不要试图证明你能背诵所有的材料,而是最好争取一些时间得到确切的信息。
```

二、会间宣传

会间宣传的主要目的是让群众了解会议的进展情况。会议进行过程中,会议的宣传人员一方面要提供新闻稿,另一方面还要协助媒体人员进行采访活动。下面简单介绍一下如何完成这两项任务。

1. 准备宣传新闻稿

与新闻媒介接触,进行公关宣传,一般需要公共宣传人员提供新闻稿件。因此,会议公共宣传人员必须掌握新闻写作的基本知识与技巧。

公共宣传新闻稿应该符合新闻的常规行文方式。它必须具备三个要素:报道的消息是客观事实;这些客观事实是新近发生的;这些新近发生的事实是广大观众所关心而未知的。公共宣传新闻稿写作的基本要求主要有下述几点。

(1) 简明扼要

新闻稿的语言必须准确精练,自然段落及句子要短,避免堆砌华丽的辞藻,不要使用含糊不清的语言和技术性太强的专有名词,要使公众好读易懂,一目了然。尽量用最少的文字传达最大的信息量。

(2) 突出关键词

新闻稿的主语应该是公众所关注的事实,而不是某公司的名称。如"西南航空公司开设了一条由成都到北海的新航线",写成"一条由成都通往北海的新航线已由西南航空公司开航"效果更好。把关键词用在句子开头可以迅速抓住公众的注意力,吸引公众继续阅读。

(3) 先概述后展开

新闻稿一般应在第一段概述整个新闻事件,后面各段再展开详细的说明。这样既可在新闻开头就让读者对整个内容有个大致的了解,又可增加新闻刊出的机会,因为对于繁忙的报刊或电台的编辑来说,他们常常是从新闻稿件的第一段来判断这篇稿件是否值得发表。而且,在版面不够的情况下,编辑还可采用第一段作为短讯刊出。

2. 协助媒体人员

会议过程中,会议宣传人员应该尽量为媒体人员提供如下几方面的协助。

(1) 为媒体人员提供特殊工作证

一般来说,对与会的媒体人员,会议组织者要为其提供特殊的工作证,使其与一般与会者以及工作人员相区别,拥有更多的权利,如活动区域更广、可使用会议提供的某些设备等。

(2) 为媒体人员提供简单的会议材料

大多数媒体人员喜欢自己决定采访哪些人以及报道会议的哪些新闻。会议组织者可以为他们安排一个介绍会,简单说明会议的整体结构,着重指出那些可能引起他们兴趣的人和事件,并向他们提供简单的会议材料,让他们自己从全局上进行把握。

(3)安排拍照和新闻发布会等传统活动

会议方面应该为静态拍照和动态录像准备一个专门的场地,并搭建起相应的背景,所有参与拍照的人都应该得到充分的提示。如果录像的目的是为了进行电视报道,会议方面应该为录像活动安排好时间,以免耽误播出时间。会议秘书处还应该为摄影师提供所有参加拍摄的人员名单。

会议组织者要为新闻发布会提供应有的准备,满足部分媒体人员要求将自己的录音麦克风连接在演讲台上的要求,并让每个与会的媒体人员都事先知道发布会的日期和起止时间,以及是否可以在会上提问。

(4)安排记者招待会

记者招待会是一种非正式的新闻发布会,参加的媒体在发布新闻时将不直接引用被采访者的话或者提到其姓名。会议主办者应该明确告知媒体设不设记者招待会,因为有些媒体不愿意参加记者招待会。

三、会后宣传

会议结束后,宣传活动并不一定结束,会议的宣传人员还有一些事情要做:首先要向参加会议的媒体人员发送感谢信,这不仅是一种礼貌的表现,而且可以与媒体建立起良好的关系,以便下一次会议的时候继续合作;其次,对宣传活动进行总结分析,从中总结经验,检讨失误之处,以便下次改正。会后宣传的主要目的是让群众了解会议取得的成果,鼓舞士气,提高斗志,树立主办者形象。

复习思考题

1. 简述会议的公关内容。
2. 会议协调方法有哪些?
3. 会议宣传应遵循哪些原则?
4. 宣传资料在会议宣传过程中有重要作用,具体表现在哪些方面?
5. 会议的宣传方式有哪些?
6. 会前宣传的工作包括哪些方面的内容?

第十章

会议的专业服务和相关服务

学习目的

通过本章的学习,明确会议服务的理念和流程,掌握会议服务供应商的选择,了解会议的会务服务、餐饮服务、房务服务以及其他服务的工作内容及工作要点。

主要内容

• 会议的服务理念和服务流程

对服务的认识　会议服务的概念　会议服务理念　会议的服务流程

• 服务供应商的选择

交通服务供应商的选择　会议设备供应商的选择

• 会议的会务服务

会场设施布置　会场相关设备布置　准备会议文件　做好会议记录　制作会议简报

• 会议的餐饮服务

餐饮活动的形式　招待会　宴会　选择菜单　饮用酒水的场合

• 会议的房务服务

房间选择　尊重与会者的职务级别

• 会议的其他服务

往来接送服务　安全保卫服务　医疗保健服务

第一节 会议的服务理念和服务流程

一、对服务的认识

1. 服务的概念

什么是服务？国际标准化组织（International Standard Organization，ISO）在1991年颁布的ISO9000—2标准《质量管理和质量体系要素第二部分：服务指南》中对"服务"作出如下的定义："为满足顾客的需要，供方与顾客接触的活动和供方内部活动所产生的结果。"从中我们可以理解为服务可以满足顾客生理和心理方面的需求，即满足顾客依其个人兴趣、情绪、需求提出的要求。

从心理学角度分析，服务就是为他人做事，并使他人从中受益，从这个意义上说，服务就是一种用以解决（减轻）个人或团体困难的行为，是援助某人或有益于某事的行为，它可以被用来达到进一步的目的或效果。

从人际关系角度分析，服务就是人际交往，妥善地、和谐地处理人际关系。"服务即交往，交往即服务"。接待服务中的人际关系就是客我关系，即顾客与员工的人际关系。员工为客人提供服务的过程，就是与客人"打交道"的过程。因此，离开了交往也就无所谓服务。

从会议公司的经营理念分析，服务就是品牌。世界著名的会议公司均视服务为企业的生命，随着社会生产力飞速发展，信息与技术的交流与融合，会议公司硬件设施水平的不断提高，哪个会议公司想独具优势实属不易。在会议市场竞争日益激烈的情况下，谁能赢得市场？谁能抢占先机？靠什么？靠品牌。而品牌的创立又离不开服务。这里的服务质量不仅指服务产品的内容与生产质量，也指服务产品的售后服务，而售后服务更是产品的品牌形象在售出后的延伸。服务就是品牌，谁做好了这篇文章，谁就能使自己的公司经营思维观念上升到一个更高更新的境界，谁就能在激烈的市场竞争中赢得客户，并拥有自己的品牌，到那时公司得到的不仅是市场经营的利益，更有社会广泛的赞誉。

在国际接待业中，服务的英文单词SERVICE被赋予如下的解释：

S代表Smile(微笑)。员工对客人的微笑是促进对客人交流的天使，而管理者对被管理者的微笑则体现了有情管理与情商管理。微笑是服务的伴侣。

E代表Excellent(出色)。这是对服务工作的要求，也是创立服务品牌的秘方，出色是服务的标准。

R代表Ready(准备)。不打无准备之仗。准备到位，方能得心应手，准备是服务的基础。

V 代表 View(看待)。就是说优质服务一视同仁,即服务不能因地位、服饰、肤色、语言、关系的不同而有所变动。服务态度和礼节规范应始终统一,这是起码的职业道德。看待(一视同仁)是服务的根本。

I 代表 Inquire(征询)。征询要求向顾客了解服务项目和服务效果的意见,征询也要求向同行和行业专家了解他山之石,征询还要求向员工了解他们对服务管理和改进的建议。征询是了解,征询是学习,征询是改进。一句话:征询是服务的要求。

C 代表 Create(创新)。服务离不开创新,创新要求服务不能因循守旧,必须不断进取,不断开拓,创新是效率的发动机,是服务的提高再提高。

E 代表 Eye(眼光)。其含义是每一位服务人员始终应该以热情友好的眼光关注宾客,适应宾客心理,预测宾客要求,及时提供有效服务。

按上述解释,服务(SERVICE)集微笑、出色、准备、看待、征询、创新、交往于一身,体现了服务的准则和技巧。

2. 服务的特性

从经济学的角度来分析,服务又是区别于传统物质产品的一种特殊产品。它不是以物质形态表现出来的一个个具体的有形产品,而是凭借一定物质条件以多种服务形态表现出来的无形产品。它具有以下四个最基本的共同特征。

(1)无形性

服务是无形的,服务的购买者不可能在其购买服务前触摸和品尝服务,或者像检查和比较有形产品质量一样来检查和比较服务的质量。

(2)不可储存性

服务是不可储存的,同消费品形成对比,服务产品没有货架寿命,它不能储存以备未来出售。从这点出发,服务的效用与价值不仅固定在空间上,也固定在时间上。

(3)差异性

服务是有差异的,这里有两个含义。一个含义是服务不同于按统一规格生产出来的有形产品,服务的构成成分及其质量水平差异变化较大,每个会议企业或会议饭店所提供的服务都不一样。而在同一个会议企业,因人类个性差异的存在,不同服务员提供的同种服务也会不同,即使同一服务员提供的同一种服务也会在不同时间和不同场合,因员工价值观、情绪、工作态度和客户对象的不同而发生变化。另一个含义是由于顾客的文化程度、经历、性别、职业、道德水准、情绪、个人需求等因素的不同,而导致对服务的要求和评判的标准不一。

(4)不可分离性

即服务的生产和消费是同时进行的。由于无形的服务不能储存决定了服务既不能在时间上进行储存，也无法在空间上进行转移并以物流的形式流通，服务的这种在时间和空间上的不可转移性必然决定了生产与消费的同步性，即生产与消费的不可分离性。

二、会议服务的概念

1. 会议服务的内容

会议工作是由管理、策划、实施、服务、会场布置等多方面的特定工作有机结合在一起的一个整体。这些工作相互作用、相互依赖。任何一项工作的欠缺或不正常都会导致整个系统运作的失调。因此，广义上的会议服务，既包括发生在会议现场的租赁、广告、保安、清洁、仓储、会场布置等专业服务，也包括餐饮、旅游、住宿、交通、运输等相关行业的配套服务。

当今科学技术迅猛发展，产品的更新换代不断升级，商家在"以质取胜"的同时还要提升服务水平。在参加各种会议时，面对铺天盖地的广告宣传攻势和五花八门的促销手段，商家要想战胜竞争对手，保持和扩大市场份额，会议服务质量的高低就是直接影响到企业与会目标实现与否的关键。

2. 会议服务的特点

会议是特殊的服务行业，核心本质是服务。会议服务具有人文性、专业性、时尚性、综合性、协调性的特点。

（1）人文性。人文性贯穿于会议服务的整个过程——会议报名，会议的议题，会场的选择，会议的筹备、策划、日程安排，与会者的食宿，会场布置，现场服务以及会后的后续工作等环节中无处不在。

（2）专业性。会议的专业性很强，它需要参与人员掌握足够的会议知识。只有明确会议的业务性质、范围、职责要求、工作流程、服务标准，才能有的放矢。

（3）时尚性。会议服务是与时俱进的，今天的会议服务充满了现代化气息。

（4）综合性。会议服务不仅要懂得政治、文化、服务心理、营销、礼仪等现代服务理论，而且还必须掌握接待礼仪、会话艺术、餐饮文化、现代设施及设备的使用等服务技能。

（5）协调性。会议服务设计部门很多，环节很多，哪一方面都不能疏漏。要求各部门互相协调，共同配合，才能做好工作。

三、会议服务理念

1. 热情友好，细致周到

在会议服务中，服务人员既要有热情友好的态度，又要有细致周到的工作作风。会议服务工作涉及方方面面，环节多、操作性强，有时一个小小的差错就可能引起与会者的误会或不愉快，影响整个会议活动，甚至产生极其不好的政治影响。因此,服务人员应当认真做好每一件细小的服务工作,通过热情而又周到的服务,保证会议活动的顺利进行。

2. 一视同仁,平等对待

会议服务对象的广泛性特征决定了服务人员必然要为来自不同的国家、地区或组织的不同的种族或民族、意识形态、宗教信仰、风俗习惯的与会者服务。在服务过程中,无论是举行迎送仪式、确定礼宾次序,还是安排吃、住、行,都必须按照国际惯例或者约定的办法,坚持一视同仁、平等对待的原则。

3. 勤俭节约,倡导新风

从会议经费的使用情况来看,绝大部分支出是用在会议的服务上。因此,勤俭办会的关键之一就是会议的服务要注意节约,无论是对内还是对外、对上还是对下的服务,都要坚持这一原则,反对讲排场、摆阔气、奢侈铺张、大吃大喝,倡导勤俭节约、讲求实效的文明会风。

4. 加强防范,确保安全

会议服务,安全第一。没有切实的安全保证,就不会有成功的会议。会议服务的安全包括饮食安全、住地安全、交通安全等。为了确保安全,必要时可同有关安全保卫部门联系,采取严格的防范措施,消除一切不安全的隐患,以确保会议的顺利进行。

四、会议的服务流程

会议的服务工作涉及面广、事务烦杂、千头万绪,而各具体事务之间又紧密相联,一个环节出了问题,可能引发其他环节也发生问题,甚至导致会议的失败。可见,会议服务工作操作起来必须有章可循,按照预定的步骤、程序,明确每个环节具体应做好什么工作。否则,难免会忙中出乱,服务工作难以有效开展。因此,会议组织者必须对会议服务工作流程有一个清晰的认识和准确的把握。在此基础上,布置任务,安排人员,做到环环有安排,事事有人管。

1. 会前服务准备

会前服务准备是服务流程中的第一个环节,这一环节工作做得好坏直接影响以后各环节工作的开展。"万事开头难",会前服务准备工作必须做实、做细、做全,才能保证会议服务有一个良好开端。这一流程具体包括如下具体工作。

(1)实地考察工作

实地考察是会前服务准备工作的第一步,以便获取有关会议服务方面的详细信息。"耳听为虚,眼见为实",只有到拟举行会议的地点去切身体会一下具体环境,才能真正做到心中有数。实地考察的工作重点应是住宿、餐饮、交通等具体服务工作的详细资料和细节性问题。

(2)及时准确掌握机票、船票、酒店信息

这是为与会人员提供交通和住宿服务必不可少的环节。

(3) 准备会议所需的音响、灯光、摄影等设备

应列出会议所需的音响、灯光、摄影等视听设备的详细清单,考虑是租赁还是自购,或是通过其他途径提供。会议所需视听设备的现场布置和效果方案也应提前设计。

(4) 提供平面、立体AV设计

平面、立体AV的不同布置会产生不同的会场效果。因此,在此环节上也应根据会议类型、会议进展阶段和会场的客观条件提供力求最佳效果的设计方案。

(5) 报名处理、翻译服务、纪念品制作、传媒联系、新闻稿撰写、记者会安排、文宣材料印制、资料分发、人力支持的准备工作。

(6) 确认会议的报到日期、会议名称、到会的大致人数、使用会议室的日期和会议室摆设方式等。

上述情况落实后尽快将所选酒店订妥(房间、餐标、会议室价格按天计算),落实会议报到日期接站所用车辆和联系方式(需根据报到人数安排相应接站用车);落实会后考察行程的用车、导游、火车票、飞机票、地接社(只是提前进行大致预订)。

(7) 准备会议所用相关用具

会议所在酒店或专用车辆的各类标志、签到登记的表格、文具用品、学习资料袋(包括笔记本、笔、文件袋)、预订返程交通所用表格和车次时刻表、相应的返程交通价格表、会后考察的纪念品购置和安排到位。同时,通知会议所用酒店就此次会议提前到达的人员安排住宿。

2. 会议报到前酒店准备工作

在会议组织者做好上述服务准备工作之后,和酒店等会议举行、接待地点做好相关协调工作是不可缺少的一环。会议组织者自身所做的各项前期服务准备工作必须在具体服务地点得到实施,因此必然有一个与酒店等服务场所工作对接问题,才能达到协调一致,同时还能节约成本,提高效率。另外,酒店等服务场所的服务准备工作是会议服务准备工作的重要组成部分,不可忽视。这一流程包括如下具体工作。

(1) 入住酒店的工作人员须将会务组房间布置好以便会议报到时使用;同时与酒店各个相关部门协调好会议细节问题(如会议用布标、会议室、餐厅的情况);将会务组标志张贴在容易看到的地方。

(2) 详细了解本会议所用场所的位置(如餐厅、会议室、会务组的房间)。

(3) 相关会议使用设备的准备情况(如会场布置情况、多媒体投影仪);上述设备的使用是在征求会议主办方的意见后执行。

3. 会中服务

(1) 提供专业外语翻译,摄像,礼仪公关和文秘服务。
(2) 提供经验丰富的接待人员全天协助会务工作。
(3) 会议期间可为贵宾提供特殊照顾和服务。
(4) 向参会人员提供全市范围内机场、火车站接送服务。
(5) 提供会议期间后勤保障工作和外围的协调服务。
(6) 财务管理:大会预算,财务报表,会期中的财管人力支持。
(7) 当客人来到会议室时,礼貌热情地向客人问好,请客人进入会议室入座。
(8) 先到达的客人入座以后,提供茶水服务,会议人数到齐后,送上小毛巾。
(9) 通常每半小时左右为客人更换烟缸、添加茶水等,特殊情况可按客人要求服务。会议期间服务员站于会议室门口直至会议结束。
(10) 会议中间休息,要尽快整理会场,补充和更换各种用品。

4. 会后服务

会后服务是会议服务流程中最后一个环节,但同样需要妥善安排。会后服务是前面几项会议服务工作的延续,它能保持会议取得的成果,增加与会人员的美好印象。同时,做好会后服务工作也是完美闭会的必然要求,不能因小失大。这一服务流程具体包括如下工作:

(1) 协助会议人员处理会后事宜,进行会议期间的工作总结;
(2) 会议结束,服务员应站在门口,微笑着向客人道别,并请会务组人员签单;
(3) 会议结束,仔细地检查一遍会场,看是否有遗忘的东西和文件等,设备设施是否有损坏,做好记录;
(4) 将会议用具、设备整理好,关闭空调、电灯、窗户,锁好会议室门;
(5) 会议结束服务员协助客人清理会场,保证酒店设备设施不被损坏;
(6) 安排参会代表的会后考察活动。

第二节 服务供应商的选择

一、交通服务供应商的选择

会议常常需要考虑解决旅客运输、行李运输这两方面的问题,这可以与航空公司进行合作。现在已经有越来越多的航空公司设立了专门处理会议运输的部门,并在其中配备了经验丰富的专家。由于与会者有时集体旅行,有时单独旅行,因此相关的旅行费用也有很大差别,而且标准相当复杂。

会议秘书处可能需要将会议所需的材料从一个城市运到另一个城市,虽然有些客运公司也承接货运业务,但是这类货运通常还是由航空公司的其他部门来处理。如果可能的话,会议方面在与航空公司进行协商的时候应该包括客运和货运两部分,以便争取更多的优惠。

汽车租赁公司也可以提供会议运输服务。会议承办者通常不会租用一个轿车队,不过在接待贵宾时可能需要这样做。会议方面可以与汽车租赁公司协商确定一个价格标准,与会者在会议期间需要租赁汽车的话,可以使用这个价格标准。有些与会者还希望租车进行会前和会后旅行。

所有这些会议运输服务供应商——航空公司、铁路、旅行社、汽车租赁公司也应该被作为收入来源进行考虑。他们可能希望在会议的出版物上做广告。有些运输服务供应商可以提供一些会议举行城市的印刷材料,会议方面可以用这些材料来减少自己的印刷成本。航空公司和铁路可以免费或以优惠的价格为会议运送所需材料。旅行社还可能与会议分担宣传材料的成本,甚至可能通过他们自己的渠道为会议做一些额外宣传。

二、会议设备供应商的选择

会议设备供应商一般分为两种:一种是销售供应商,另一种则是租赁供应商。采用哪种方式应根据使用单位的具体情况确定。对于拥有专门会议室(厅)并经常需要召开会议的大企业、大单位来说,与销售供应商接洽,购买安装一套属于自己的会议设备无疑是明智的选择。

会议设备价格昂贵,然而使用率却并不高,如果仅仅为一次会议而购买价值数万元的设备,显然不合算。即使购买了昂贵的设备,由于没有专业技术人员的技术支持和维护,也会带来很多使用中的问题。会议设备租赁业因此应运而生。对于不常开会的小单位来说,租赁的方式的确比较划算。

租赁时要注意:在接受设备之前一定要对设备进行检查并出示书面证明,这不仅仅是为了租到便于使用、没有故障的设备,同时也是为了避免在交回设备时有可能由设备故障引起双方的冲突;在使用设备的过程中一定要注意维护,如因自己使用不当造成了设备的损坏,一定要如实告知租赁方,以协商理赔事项并保证双方将来的继续合作,切不可故意隐瞒事实;在租赁过程中,一定不要忘了设备的性能和适用场合及租金,并且要货比三家,挑选最物美价廉的设备。

第三节 会议的会务服务

一、会场设施布置

会议场所应根据每次会议活动的需求进行布置。这种布置不仅是为了增加会议场所的美观和气派，更是为了体现会议的性质和主题以及会议参与者的代表性和层次。尤其是会议桌椅的具体排列与安排在会议的成功召开中起着重要的作用。会议活动的策划者知道会场的大小和布置方式直接决定着会场环境和氛围的好坏，所以会场的营销人员必须清楚地告知他们每一个会议厅的面积以及用不同座位排列方式时的接待容量。

1. 会议厅比例图

不管自己使用还是给客户，会议场所首先得有一张表格，列明每个会议厅的基本面积、高度，以及各种最常用座位排列方式下的接待容量（见表10-1）。

表10-1 会议与宴会设施

厅	面积（平方米）	尺寸（米×米）	楼高（米）	剧场式（人）	课堂式（人）	会议（人）	酒会式（人）	宴会（人）
大宴会厅	1200	34/50×24	2.4/4.2	1200	600	600	1200	800
宴会厅1	300	8.5/12.5×24	2.4/4.2	300	178		300	170
宴会厅2	300	8.5/12.5×24	4.2	320	180		350	250
宴会厅3	300	8.5/12.5×24	4.2	320	180		350	250
宴会厅4	300	8.5/12.5×24	4.2	160	70		200	130
嘉宾厅	140	11×10	2.4	90	50	30	100	40
荟萃厅	340	29/42×10	2.4	400	240	150	400	320
荟萃厅1	85	7.2/10.5×10.5	2.4	100	60		100	80
荟萃厅2	85	7.2/10.5×10.5	2.4	100	60		100	80
荟萃厅3	85	7.2/10.5×10.5	2.4	100	60		100	80
静观堂	250	16.5×13/15.5	2.5	250	180	70	275	200

资料来源：上海华亭宾馆

其次，还应该有每个会议厅的准确比例图，这张图上应表明门、窗、座位、电梯、电源插座及任何障碍物的确切位置，而且它必须精确才可以用来标示会议的布置。会议厅比例图应该印在会议场所的促销手册上，另外还应该印些单张的会议厅比例图，并将它们提供给会议活动的组织者，以满足他们的工作需要。

如果列出图表说明会议厅容量的话，请记住不同排座的接待容量会相差很大。有的会场使用磁性计划盘使得会议厅的安排变得简单了。对某一个会议厅的安排可以事先通过使用代表不同尺寸桌椅的小金属块来完成。会议策划者如使用这种方法就能对会场所建议的会议排座方式有更好的感受。

如今许多会议场所已利用计算机技术帮助会议策划者决定会议厅的最佳布置方法。"会议模型"(The Meeting Matrix)就是一个能用来使会议策划者看到哪一种排座方式最适合他们活动的电脑软件。在输入会议厅面积、会议参加者数量和特殊要求(如桌子尺寸和格式)这样的基本信息后,这个电脑程序就能画出一张或更多张的会议厅结构形状图。

应用计算机"会议模型"设计软件,决定会议最佳布置的优点包括:

(1)计算机制图比人工绘制图速度快得多,而且精确度高;

(2)在决定最佳平面设计过程中,电脑制图便于修改调整,灵活性大;

(3)计算机制图可显示会议策划者和会议服务员工考虑不到的一系列会议平面设计选择;

(4)计算机制图可以储存各种会议厅布局设计图供以后选用。

许多会议场所都已看到计算机会议模型设计软件是满足会议策划者不同需求的宝贵方法和手段,并将它作为网络工作计划的一部分提供给会议策划者。

2. 会场设施

会议场所使用频率很高,一个会议厅一天需安排多次活动,常常在两个会议之间只隔1小时或2小时,而且这些会议差异又很大。但会议场所能够提供的帮助就只有移动隔墙和可折叠分隔门。所以会场服务员必须能运用不同方法快速高效地排列会场内的设施才能为商务会议、讲座、培训会议、宴会和其他许多不同的会议活动布置好场地。

(1)会场设施的特点

会场设施专指在会议场所使用的设施。会场设施应具有下列四个特点。

①结实耐用。要特别注意如折叠设施易断裂的连接处,以及依靠薄铰链的设施。客人的安全应该是最重要的考虑因素。高频率地使用会场意味着必须经常清扫会场,所以设施同楼面相接触的部分应经得起经常性的摩擦并能防滑。

②易搬动。所有折叠式可拆卸设施都应该便于装置排列,但分量轻的设施可能会不耐用。所以会场应该为会场服务员配备独轮车、平板车和铲车等搬运工具以便快速搬动设施和设备。

③易储藏。设施应能堆叠,堆叠时要注意上面的设施不能压坏下面的设施,而且不要让易损坏部分突出在外,在选择使用独轮车和平板车搬运设施时要为特定的环境下搬运特定的家具选择恰当的搬运工具。

④灵活性。在购买会场设施时,建议购买两用和多用途设施,以避免过多地

搬动和储藏。例如,一个可拆卸的双重高度折叠式讲台可提供两个高度和多种用途。它可以节省50%的最初费用,还可以节约50%的搬运成本和50%的储存面积。

(2)桌子和椅子

会场设施多种多样。但某些类型和尺寸的设施却是使用频率最高的。当会场要展示布置的设计时,就应该使用最基本类型的设施,会场的接待容量应该以基本类型设施排座形式为基础来计算。如果使用其他类型设施来排座的话,那接待容量就会不同了。绝大多数不同类型的设施是在董事会这样的小型会议的布置中使用的。客人坐在豪华的转椅中开这样的会议会感到非常的放松和舒适。国外有些会议中心为他们拥有的按人体工程学原理制作的椅子而感到自豪。这些椅子比一般椅子要大,皮面,配上软坐垫又可转动,据说连坐18小时仍会感到十分舒服。

绝大多数会议使用的椅子是45.72厘米(长)×45.72厘米(宽)×43.18厘米(高)。扶手椅稍微大一些,尺寸是50.80厘米(长)×50.80厘米(宽)×43.18厘米(高)。多数折椅要小些而且不那么舒服,但是它们作为备用椅总是在原有安排座椅不够时拿出来使用。会场应该知道会议策划者总是想让他们会议的参与者感到舒服,这样他们就能把精力集中在会议活动的主题上。

硬椅被推荐在宴会活动中使用。它们比折椅要更为舒服,折椅要小些低些。

桌子的标准尺寸为76.2厘米(高)×76.2厘米(宽)或者是76.2厘米(高)×45.72厘米(宽)。当人们面对面坐着时,就要有宽度76.2厘米的桌子。当人们坐在桌子的一边就像在教室中一样时,宽度45.72厘米的桌子就足够了,可以节约许多场地。现在使用宽度38.1厘米桌子的会场正在增多,这可以节约更多场地。宽度76.2厘米的长方形桌子最经常被用作主桌(首桌)。即使只是一边坐人,会场也得使用76.2厘米的桌子作主桌。这种较宽的桌子也可用作展示台、展示架,或者派作其他用途。由于它的长度有121.92厘米、182.88厘米或243.84厘米三种,所以它可以满足不同长度的摆台要求。

圆桌在许多宴会活动中使用,某些会议中也可用作会议桌。最常有的西餐宴会圆桌直径分别为121.92厘米、152.4厘米或182.88厘米。座位如果要安排得舒服一些,那就得为8~10人提供152.4厘米直径的圆桌,而为10~12人提供182.88厘米直径的圆桌。121.92厘米直径的圆桌只能坐4~6人,并且是用在鸡尾酒会和类似的活动之中。半圆桌、1/4圆桌和其他桌子拼在一起可用以摆更多的桌型,满足多种会议和宴会活动的需求。中餐因为餐饮习惯不同于西餐,中餐圆桌上要放转盘,并要置放许多菜肴。所以中餐宴会圆桌要比西餐宴会圆桌大,一般4~6人需用直径120厘米圆桌,8~10人使用直径180厘米的圆桌;而10~12人得用直径220厘米的圆桌了。更富有想象力的蛇型桌在自助冷餐会中用得最多。只要你有充分的创意和想象,你可利用不同类型的桌子摆出不同类型的冷餐会餐台。营造出独特的冷餐会环境,为会场会议服务增色添辉。

因为大多数宴会和会议厅桌子有所损坏,看上去不那么雅观,所以桌子应铺桌布。现在有些会场已使用可折叠的桌子。折叠桌不易损坏,便于搬运和储藏,有的折叠桌甚至不再需使用桌布。这又省去了洗涤和劳务成本。然而这样的折叠桌很昂贵,并且不具有台布所拥有的温馨和色彩。

主桌、冷餐桌和展示台需要围有专门的桌裙。过去都是用别针和平头钉来围桌裙的。而现在会场都采用尼龙制作的雌雄搭扣来固定桌裙,这又加快了布置的速度。

(3) 台坪

台坪在英语中有许多不同的叫法,如 platform, stage, dais, podium 或 rostrum。现在许多会场已用折叠式台坪,这种台坪可以为宴会或讲演活动提高主桌的高度。折叠式台坪有多种尺寸,使用方法也有许多。在搭建台坪时,要认真考虑会场的安全规定,牢记安全因素。折叠式台坪的一般高度分别是15.24厘米、20.32厘米、30.48厘米和40.64厘米四种。还有一种特高型的台坪为81.28厘米。台坪长度也许是121.92厘米、182.88厘米或243.84厘米,或者按需要将这些不同长度相同高度的台坪拼搭在一起。如果会场储藏间里有足够的台坪,那么可以搭建成不同组合的高台。如果台坪陈旧不雅观的话,围绕着台坪底可围上百褶裙围,并铺上地毯。

(4) 讲台

讲台主要用作放置麦克风、台灯和讲演者的演讲稿。一般有台式讲台和立式讲台两种。台式讲台放置在桌上,立式讲台则置放在会议厅地毯上或主席台上。在讲台上最好装有灯光装置并有足够的接线可以接通墙上电源插座。如果会议厅墙上电源插座和会议厅天花板上的灯在同一线路,并且被共同开关控制的话,那就变得很难布置了。所以你要确定讲台灯连接的电源插座不会因为天花板上的灯而被切断。会议厅的灯光经常会受到演讲陈述使用视听设备的影响而变得暗淡。所以你必须仔细地检查会议厅的各种布置。精明的会议策划者会十分注意检查电源插座、电线、开关、顶灯、讲台灯、视听设备等设施。

永久性的高台容许你设置有全部视听控制设备的更加现代化的讲台。这样的讲台并不适宜会场绝大多数多功能厅的临时布置,但是它们却受到会议客户的欢迎。所以会场只要可能进行固定安装,那就得考虑设置有全部视听控制设备的现代化讲台。临时性布置的一个必要的多用途设备就是要有一个可以连接普通电源插座的内置音响系统的可移动式讲台。

3. 会场附设场所及设施

会场的大型会议厅一般被大型会议活动策划者选为会议活动的主要场所。但大型会议活动还需会场在提供主要场所的同时也能提供所需的配套设施，它们应包括以下内容。

(1) 次会场

指大型会议活动进行期间并行召开的其他委员会所需的会场。这种次会场所需面积略小，其他要求与主会场条件相同。设有多个会议厅的会议场所更能争取到这种需主、次会场的大型国内外会议。

(2) 小会议室

许多会议活动进行期间，会议主席团、委员会秘书处等都需要讨论有关问题。这种会议一般人数不多，不可能也不宜占用主会场，因而需要另准备可容纳10~20人的小会议室。所需间数和大小视会议规模而定。也许有许多大会需分组开展专题讨论，所以需要小会议室。这些小会议厅的最佳位置应该尽量靠近主会议厅。主会议厅和小会议室的最佳合理配置应该是小会议室总接待容量等同于主会议厅的接待容量。

(3) 休息室/贵宾室

许多会议贵宾或者会议代表需在会前或会议进行过程中有场所稍作休息。这种临时性的休息处对于一般会议出席者可安排在会议厅外的沙发上。但作为贵宾来说就需有贵宾室作为单独的休息场所。所以许多会议中心都在会议厅的临近处设有贵宾休息厅。

(4) 办公室

许多会议和展示会都有自己的组委会或秘书处。下属的许多部门和工作人员会需要办公室。有时主要负责人还需独立的办公室。会议场所在接待会议业务时要考虑到客户的这一需求，安排好办公室。在会场，可将靠近会议厅的客房辟为办公室。如将套房辟为办公室的话，内室可办公，外室会客，这会更为理想。

(5) 其他辅助设施

会场除为会议活动安排好所需要的次会议厅、小会议室、贵宾休息室和办公室外，还应当考虑安排提供必要的会议辅助设施。这应该包括以下内容。

① 为会议现场直接服务的打字、分发文件、翻译资料、储藏、复印和录音设施。

② 为会议活动出席者个人服务的国际通信设施及商业性的秘书、传真及复印设施。

③ 为新闻媒介服务的新闻中心，内设新闻发布厅、记者工作单间和广播电视

④供工作人员使用的休息室。

为在会场举办的会议活动提供上述必要的场所设施是会场的责任,也是会场能否争取到会议业务的先决条件和能否将会议活动成功进行的关键条件之一。这些附设场所和设施应当尽量安排在邻近主要活动场所的地方,以便工作联系和节约往返时间。这一做法的必要性往往在会议活动的后期表现尤为突出。会议活动靠近尾声时,时间紧,活动频繁,许多人都要抓紧工作。会场应当尽量为会议活动的参与者与工作人员提供最便捷的条件。

4. 会场桌椅基本排列方式

在会议厅及其他小会议厅举办会议时,桌椅的排列有多种方式。选择哪种方式须根据会议的类型、规模及场地条件和客户的要求而定。一般来说出席会议的人都希望自己的座位能居中靠前并面对主席台,但这些要求由于种种原因并不一定都能给予满足。会场的会议服务经理就应该熟悉各种排座方式,在会场客观条件容许的情况下,尽可能地选择最佳排座方式满足会议客户的需求。同时要注意和会议客户的沟通,确定和客户双方之间对桌椅排列的术语并取得一致意见后,才能将排列要求写进合同或落实给会场服务人员去具体布置。下面是常用的排座方式。

(1) 礼堂式/剧场式

礼堂式也称剧场式,是最常用的排座方式之一。它要求椅子面对主席台,主桌或讲演者按行排列。这种排列方式适合不用记太多笔记的大会、讲座和论坛等活动,大小会都可使用。

使用礼堂式/剧场式排座时,先将两把椅子定位通道,然后将椅子往左右排开。椅子和椅子的横向间距为5.08厘米。前后椅子之间的距离(从椅子中心到椅子中心至少是91.44厘米)。当定位通道的椅子放好后,大量的椅子就可置放了。国际会议业人士在会议厅排列座位时最喜欢会议厅地毯上有1平方英尺的方格图案,因为这种方格可以帮助会议厅服务员将座位快速放好。如果铺设了地板,硬木地板的直线也可帮助你排列座位。

座位通道的数量和宽窄应考虑到紧急情况(如火灾、地震等)发生时的快速疏散和撤离。在美国,地方消防部门对此还专门作了有关的规定。绝大多数消防部门对会场过道的规定要求,在400人以上出席者参加的会议中,座位通道应有182.88厘米宽,小型会议座位通道也应该有121.92厘米或152.4厘米宽。如果会议需要人员前后移动,或者会议需要传送麦克风进行对话时,最好在座位中排出双通道。

座位第一排应该离主席台182.88厘米远。最常见的礼堂式/剧场式排列是在座位中间设立通道(见图10-1(b)和(e))。但是许多有经验的会议策划者却避免在座位中间设立通道,因为这样可以避免让演讲者面对一个没有座位的空通道。许多策划者更喜欢用两个121.92厘米宽的通道将座位区域分成三个部分(见图10-1(c))。在大的会议厅内,考虑紧急情况时人员疏散的方便,在座位区域第一排到最后一排的中间横向再设立一个通道(见图10-1(a))。

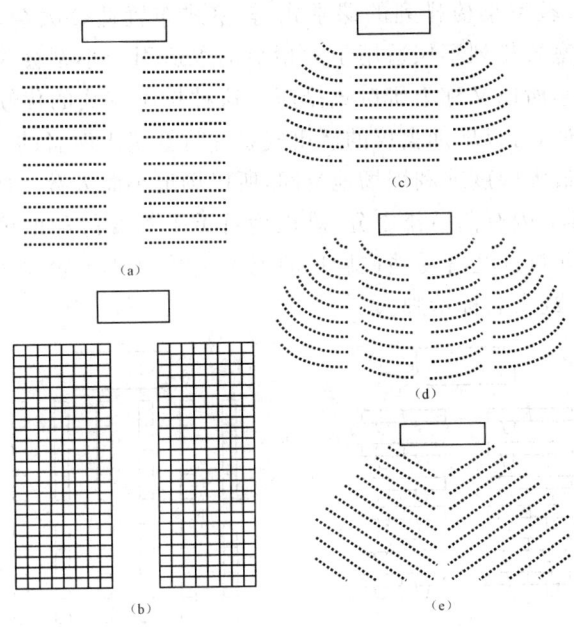

图 10-1　礼堂式/剧场式排座

排列座位时,要记住所排的座位数。如果让会议出席者必须越过15人才找到排中间的座位会使他们感到非常不舒服。许多会议策划者希望会议厅座位被排列成不超过7人的"短排"。

礼堂式/剧场式排座又有多种变型,它们需要在更大面积的会议场所排列。其中一种是设中间通道的半圆形礼堂式排列(见图10-1(d)),最前排离主席台至少需要有365.26厘米远。另一种是礼堂式V形排列(见图10-1(e)),中间通道两边的座位均和中间通道形成角度并斜排。

当使用右边有扶手供书写用的座椅排位时,座位前后左右的距离就都不一样了,这时左右需保持7.62厘米(按前后座椅中心计算),前后距离就应该是88.9厘米,这种带书写扶手的座椅经常在礼堂式/剧场式排座中使用,但它们也可在其他任何排座方式中使用。

不管场地座位怎样安排,最后一定要检查主席台的桌子是否围上裙围,注意裙围的下摆应和主题台上桌子的高度一样。还要在主席台就坐的每两人前的桌面中间放一只烟灰缸,每人席位前的桌上要放一只茶杯或一瓶饮用水,最后在讲台上也要放一只茶杯或一瓶饮用水。

(2)课堂式/教室式

课堂式/教室式排列也是最常见的会议场地布置方法之一。这种将会议厅(室)桌椅按学校教室桌椅排列的课堂式/教室式布置适合大会、典礼及讲演活动。课堂式/教室式排列不仅适用于大型活动也适用于小型会议、典礼、小型演讲会或讨论活动,所以又称为研讨式排座。这种排座方式的优缺点基本上与礼堂式/剧场式相似,可以增加会议的严肃气氛并将会议出席者的注意力集中到主席台,它还可以最大限度地利用场地空间,所以场地小而人数多的会议多采用此方式。但这种排法因有前后排之分,难以为看重平等身份和地位的会议出席者安排座位,并且前排往往容易挡住后排的视线,也使主席台就坐人员不易看清后排出席者的国名或人名标示牌。

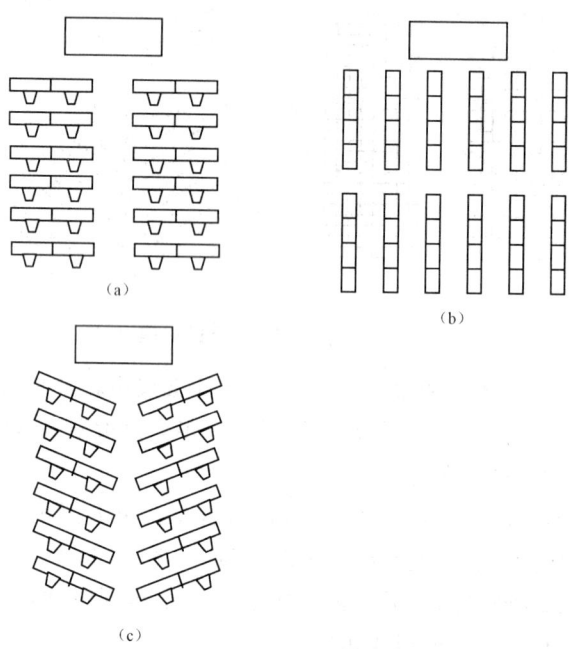

图 10-2 课堂式/教室式排座

在这种常见的会议场地安排中(见图 10-2(a)),出席者坐在桌子的一边,会议桌是 45.72 厘米宽的长方形桌子,大多数情况下教室式/课堂式排列容许在会议场地座位中间设立一个通道,前后排桌子中心之间的距离为 121.92 厘米,但是如果可能的话,可容许这个距离再增大 5~20 厘米。每个人所占席位的宽度约在 60.96 厘米左右。76.2 厘米宽的桌子用在课堂式/教室式的排列中太浪费,因为会议出席者仅坐在桌子的一边;但是也有必须使用 76.2 厘米宽桌子的时候,特别是当会议有许多文件,会议出席者要做记录时。在这种情况下前后排桌子之间的距离应为 152.4 厘米,每排桌子的长度取决于会议厅的大小和会议出席者的多少。

课堂式/教室式排座时也可以将每排桌椅都和主席台或演讲台成垂直角度排列,这种方法被称为教室式/课堂式垂直型排列(见图 10-2(b))。这种排座方式应使用 76.2 厘米宽的桌子,因为桌子的两边都要坐人。此外,这样排位后,会议出席者的座位要有一定角度转向演讲者,所以每个人的占地必须要大一些。左右排桌子中心之间的距离是 152.4 厘米,每行首桌与主席台的距离为 182.88 厘米,会议厅两边都应留有 182.88 厘米宽的通道,在会议厅的中央应再留有一个 121.9 厘米宽的通道。

课堂式/教室式排列还有一种中间留有通道的 V 型(见图 10-2(c))。

(3)"U"字式

小型会议更喜欢面对面坐的安排,这样便于讨论与交谈。"U"字式又称为"U"型台式(见图 10-3),两边长度较长,会议主持人往往看不清会议出席者的名牌。如会议出席者需要临时发言时需要举起名牌。有的国际会议把代表的名牌斜放,以便于主席识别,但其他代表观看又不便;而且名牌还要多占代表桌面的空间,也容易滑动或出现排列不整齐的现象。如果会议出席者坐在桌子两边的话,那应该使用 76.2 厘米宽的长方形桌子。如果仅在桌子外面坐人的话,只要使用 45.72 厘米宽的桌子就行了。培训和技术会议的出席者需要桌面更宽一些的会议桌,以便放置会议资料或做记录,所以经常指定要 76.2 厘米的宽桌。"U"型台式排列时,会议桌前的桌裙的高度要和桌子的高度一致。

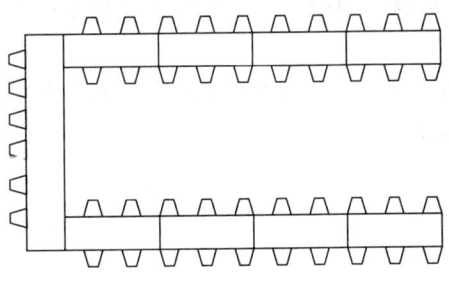

图 10-3 "U"字式排座

(4) 马蹄式

马蹄式排列适合董事会和交换意见的活动,在国际会议中使用较多。有些国际机构的会议厅(室)的固定座位都以马蹄式排列(见图10-4)。这种排列方式的长处是每个会议出席者都面向主席台彼此互不遮挡,所以它和"U"字式排列一样适宜讲演者使用视听设备进行陈述的会议。缺点是当马蹄式两边座位同主席台成90度角时,会议主持人也会往往看不清会议出席者的名牌。有的马蹄式排列除了用弯桌连接两边桌子,并使角看上去线条更柔和以外,其他方面都同"U"字式排座一样。

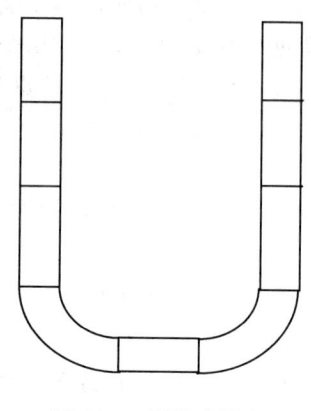

图 10-4　马蹄式排座

(5) 中空方型和中空圆型

不想要安排主席台的会议策划者喜欢中空方型(见图10-5(a))和中空圆型/回型台式(见图10-5(b))排座。这种排座方式有些像"U"字式和马蹄式,只不过是将在"U"字式和马蹄式排列时形成的开口封上。这样座椅自然地被安排在桌子的外边,中空方型和中空圆型排座在小型会议的布置中最常见。两种排座都需在桌子的内侧围上裙围。用中空方型和中空圆型排座通常最多排40人。

(6) "E"字式

"E"字式排座(见图10-5(c))是"U"字式排座的变形。两排椅背之间需留出约121.92厘米宽的地方供人员走动。

(7) "T"字式

"T"字式排座(见图10-5(d))是"U"字式排座的另一种变形。这种排座有一个76.2厘米宽的主席台,按"T"字式排座。在主席台中心部位伸出一排台子,这一排台子实际上是两排76.2厘米宽的长方形台子并在一起的,长度可按需要而定。

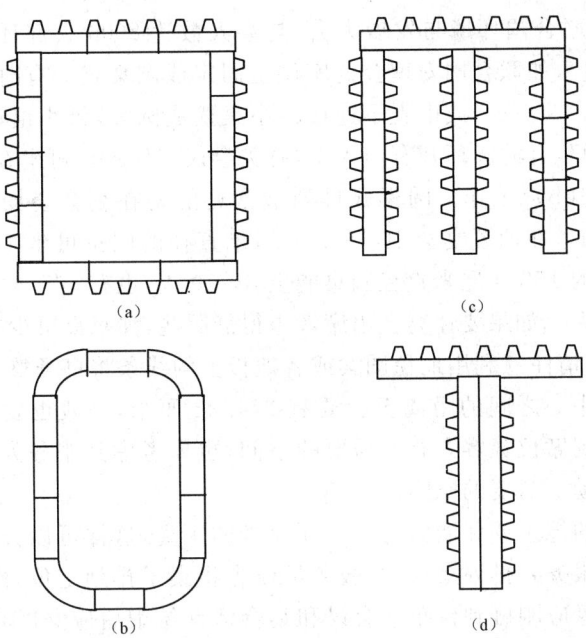

图 10-5　中空方型排座

(8) 圆桌式

圆桌式排座相传是 6 世纪英国国王亚瑟为平息他的骑士们为席位高低主次的争执而设计的。国际上通常说的"圆桌会议"就是指会议出席者和主持人环桌而坐，没有礼宾顺序上的高低贵贱，因而能更好地体现平等协商的原则。也常有非正式协商之意，所以这种排列形式(见图 10-6(a))，在国际会议中使用较多。

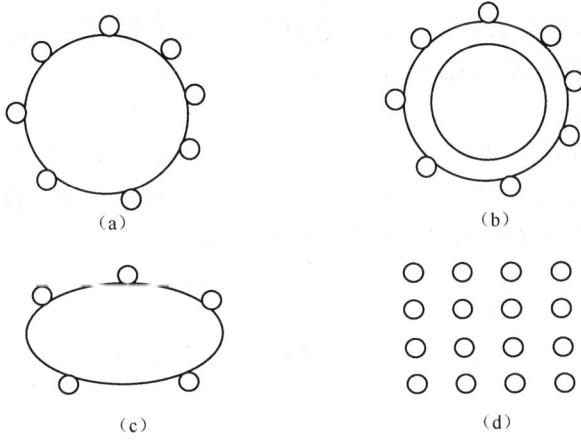

图 10-6　圆桌式排座

1992年的联合国环境与发展大会,与会人数达8000人都环桌而坐。有的国际会议厅(室),如联合国安理会的座位也固定成圆桌式。有时圆桌式也可排成椭圆形(见图10-6(c))或由互不连接的小桌摆成圆环,供小组讨论活动之用。为充分利用空间,有的圆环开有出入口,有关会议工作人员可坐在摆于圆心的长桌旁(见图10-6(b))工作。圆桌式排列最常见的是在宴会会场的布置中使用(见图10-6(d))。在西餐宴会中,182.88厘米直径的圆桌可坐10~12人,而西餐宴会最常用的152.4厘米直径圆桌能坐8~10人,也有167.64厘米直径的圆桌可坐8~10人。如果要让宴会出席者坐得舒服些,那每桌可少安排一些座位。在排列圆桌时,请注意利用地毯图案或者地板上的线条将桌子整齐地排列成行。前后左右桌子中心之间的距离至少要有274.32厘米,一般也要保持304.8厘米。既要考虑到席位让客人有所需要的空间,也要考虑到服务人员服务和其他席位上客人走动所需要的空间。

靠近墙边的椅子要和墙保持60.96厘米的距离,这样可以方便服务员走动并为客人做好服务。排列桌椅时,服务员应先将桌子排列定位,然后再放椅子。椅子的前部边缘应刚碰到台布。会议和宴会活动结束后应立即将椅子叠起来,以便服务员打扫和清场。

(9)长桌式/谈判式

小型会议桌椅最通常的排座方式是长桌式排座亦称为董事会式、谈判式或传统式。这种方式将两张宽度为76.2厘米长方桌子并在一起按一行排座,长度可按实际需要而定。由于长桌式排座是会议策划者通常要求的一种会议桌椅排座法,所以许多会议场所用上好质地的木桌和豪华舒适的座椅,布置成固定的长桌式排座会议厅。设有长桌的套房也可以当作小会议室用。

椭圆形长桌式是长桌式的变形,它只要在长桌式排列的基础上,再在两边分别加半个直径76.2厘米的圆桌就可以了。

(10)天桥式

天桥式排列方式(见图10-7)实际上是马蹄式的变形。不过它呈横宽型,因而更适用于宽型的会议厅(室)里。在天桥式里,主席可以与会议出席者共桌而坐,所有会议出席者都可以从不同角度面向主席。

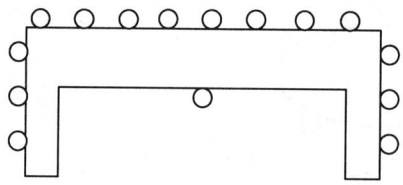

图10-7 天桥式排座

(11) 正反"L"式

这种排列方式是由两个正反"L"型的桌子对摆而成(见图 10-8),它的长处是全体会议出席者分两桌相向而坐。这种排列方式可以更充分利用会议厅(室)的面积,而且两桌断开便于行走,短处是会议出席者需侧向会议主持人。

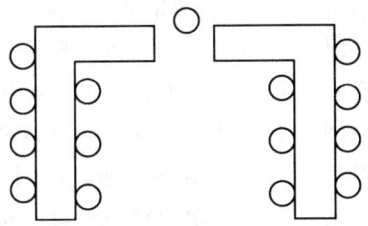

图 10-8　正反"L"式排座

(12) 群落式

这种排列方式较不正式(见图 10-9),适合于分组讨论或社交活动。会议主席或主持人只能随意而坐。

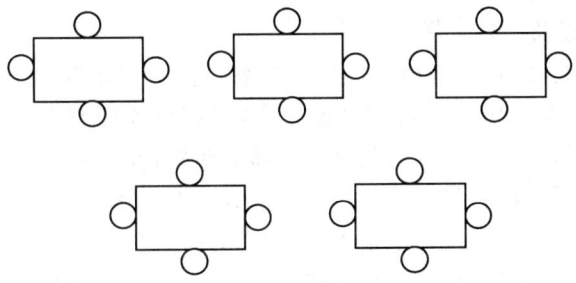

图 10-9　群落式排座

(13) 随需而定

应当指出以上几种会议厅桌椅的基本排列方式,并非是固定和仅有的模式,会议厅桌椅可随需要根据具体情况而定。例如座位的安排,如果会议场地狭小,那座位就需排列得紧一点,因为人员进出频繁(如磋商、请示、联系等)是国际会议的特点之一,所以必须为会议代表的进出留有足够的通道。另外,是否要为会议出席者摆桌以便他们书写和阅读也要慎重考虑。如需要摆桌,所需面积比不摆桌约大一倍。如需要摆桌而面积又有限,可仅为出席会议的正式代表摆桌或者限定每个代表团头排座位或摆桌的数额。还应当指出的是,上述会议桌椅基本排列方式图示标出的,主要是会议主持人和出席会议代表的席位,并不包括额外的席位。由于在国际会议和某些国内政府会议中,会议代表、助手、观察员、记者和旁听人员的座位不能与正式代表的席位安排在同一处,所以服务人员必须为他们安排"后座"、"边座"或者"旁听席",还不要忘记为工作人员安排适当桌椅和设备供他们使用。

5. 会场设施布置需要的时间

准确地了解会场服务人员需要多少时间布置好会议场地是非常重要的。许多会议没有成功奉行,就是因为策划会议的人员没有充分地估计布置会场、撤出布置和清理会场所需要的时间。所以会场服务经理不仅要了解每一种桌椅排列方式在各会议厅(室)所实际需要的布置时间,而且也应该使会议策划者认识到了解会议场所布置所需时间的重要性。这样在会议策划安排过程中他们也就会对这一要素进行充分的考虑了。会场服务经理应该制订一个会议工作时间表,表上需明确注明会场每一会议厅(室)使用每一种桌椅排列方式达到最大接待容量所需要的布置时间,而且也要列出拆除每一种方式的布置及清理会场所需的时间、加班费用和其他会影响费用及时间的各种非寻常因素。还要详细说明布置和清场所需要的员工数,因为投入的服务员工增多的话,时间可以缩短,而成本却增加了,但会议策划者有时情愿支付费用也要求尽量缩短会议场所的布置及清场时间。

6. 撤出布置及清理会场

几乎所有的会议都在会议厅(室)内外做了装饰与布置,这些装饰与布置至少包括会议横幅及主席台在内的桌椅排列,很有可能还有会徽、旗帜之类的标志。会议结束后,会议厅服务人员都应该撤除布置,及时地清理会场。这样做的原因很简单,如果一位会场潜在客户走过会议区域而看到的是一个凌乱又不整洁的会议厅(室)的话,这将给他留下一个很坏的印象,甚至会导致业务的丢失。

清场时桌椅需要堆叠,在堆叠桌椅时,由于会议厅(室)的服务员往往不太当心而只注意速度,这就使得会议厅桌椅损坏的几率比会场内其他任何设施损坏的几率都大,所以要对会议厅服务人员做良好的培训,尽量避免造成不应有的损坏。

如果会议厅(室)没有安排立即再使用的话,服务人员就需要把桌椅储藏保管起来。对于会场来说,储藏保管这些桌椅在会议服务工作中也是件头痛的事。因为会场经常没有给会议厅的设施和其他设备留出充足而又便于搬运的储藏场所,而太小的场所和搬运的不当又会缩短这些桌椅和设备的寿命。

有些会场对会议厅设施的使用场所及保管都有严格的规定,一些大型会议中心还为会议厅设施和会议用品建立了申领制度,并且定期对它们进行盘点。此外,所有的设施和会议用品在不使用时都要严格地加以保管。

7. 会场的使用监控

了解会议厅的经济价值是非常重要的。美国的一个会议连锁公司曾经计算过当会议厅不被使用时,每平方米每天的成本费用是 0.86 美元,换句话说,一个 1000 平方米的会议厅如果空闲一天,其成本费用就是 860 美元。为了避免没有营收而白耗成本,会场必须最大限度地销售会议厅,使其得到充分的利用并产生最大的经济效益。为了达到这个目的,跟踪和监控下列因素是非常重要的。

(1) 在用餐时间会议厅的出租情况;
(2) 会议厅举办活动的类型;
(3) 会议团队的客房使用情况;
(4) 客户对每个宴会菜谱上食品菜肴的喜爱程度;
(5) 会议厅每平方米的销售收入;
(6) 各种活动类型的平均宴会消费额;
(7) 会议厅空置时间和空置日期的模式;
(8) 每种类型活动的平均出席人数。

会议厅业务报表中的统计数据要能随时查阅。在一年的某些时段内会场每个会议厅一天经常只有一个预订业务,跟踪和监控会议厅的业务情况可以揭示会场销售和服务工作中的薄弱环节并能帮助营销部门安排会议厅的各项业务以争取最大的经济效益。

8. 会场的其他布置

除了在会议厅内按客户要求将桌椅、台坪、讲坛按一定的排列方式布置外,会场还应该让服务人员协助会议客户做好其他布置工作。

(1) 会名和会徽

在会议厅或其他小会议厅(室)悬挂布板或木板(横幅)上印(贴)会议名称、日期及地点。木板或布板一般为深色,印字为白色,这样会形成鲜明的反差起到醒目的作用。会期及地点的字体可略小,应该在会议名称后部或右部。有的活动还在会期及地点下方写上活动主办单位、承办单位的名称。如会议有会徽的话,可在布板或木板的显著位置印(贴)会徽或所属国际机构的徽记。

(2) 旗帜

如举办正式国际会议,主办者应悬挂东道国和与会国的国旗及主办者机构的旗帜。如果旗帜较多,可采用旗杆悬挂方式。国旗的尺寸应一致,次序按国名第一个英文字母顺序由右往左(面向观众)排列,东道国国旗和国际机构旗帜可置中间或两端,必要的时候在会场外面也应悬挂有关旗帜。可采用旗杆排列成环形,并将东道国和国际机构的旗帜置于显著地位,也可通过尺寸稍大的旗帜以示区别。

(3) 名牌

这里指的是国家、机构、个人姓名及职务名称的标示牌。设置名牌的目的是：显示某与会者所代表的国家或者机构；显示在会议中所担任的职务；显示与会者的个人姓名和身份。以便其他与会者、会议主持人及会议工作人员快速清楚地加以识别。

名牌可以分为胸卡和席卡两种。一般用塑料或硬纸板制成，白底黑字用正楷体大写字母印（写），文字应保证绝对正确无误，席卡应便于在桌上直立。名牌的大小长短应相同，名牌上的机构名称可使用人所共知的简称，如 WTO（世界贸易组织）、WHO（世界卫生组织）、UNESCO（联合国教科文组织），个人姓名要写全名，一般不加职称。会议中担任职务的人员如主席、副主席、秘书长，其名牌只写职务不写姓名，在临时出席会议的政府领导人名牌上一般也只写职务，不写姓名。

名牌的置放应视会议进行过程中人员的变动而及时变动。如有些会议主席团是现场选举的，与会者会议职务的变动要求名牌也要随之而变化。换牌的任务应指定专人负责，以免发生差错。

（4）主席台

主席台多设于会议厅（室）的正前方。正式的会议主席台往往是一个高出地面的平台，左右两侧应有台阶供人员上下，标准高度约为 40 厘米。一般台阶不宜过高，而且离与会者席位的最前排距离也不宜过远，这主要是为了台上台下人员沟通的方便。对于以演讲为主的活动来讲，沟通的要求不高，因此对主席台高低要求也就不讲究，但讨论及审议性的会议对主席台的高度要求就高了。

主席台上应有会议主持人及助手放置的长桌，台上座位的数量按主席台上的人数来定。除典礼性活动外，主席台上的人数不宜过多，一般为执行主席、秘书长、会议秘书等人。

二、会场相关设备布置

（一）视听设备

今天稍有规模的会议都需要视听服务。也就是说视听服务是会场能否赢得会议业务并能否为其提供圆满服务的必不可少的要求之一。而要提供良好的视听服务又必须依赖会场所具备和提供的视听设备。会议客户如果具备视听的有关知识和使用视听设备的经验的话，那他们就知道需要什么设备并希望会场给予什么支持和服务了。而在会议客户缺乏这方面知识和经验的情况下，会场就应该根据会议活动的规模、性质以及参与人员的国别、活动内容与活动时间来协调工程部有关负责视听设备的技术人员，选择并提供最佳的视听设备与服务，保证会议活动达到最理想的效果。

过去绝大多数会议只需要非常简单的视听设备，所以那时会议策划者只要求会场能提供几个麦克风、幻灯机和屏幕，有时也会要求提供投影仪或者电影放映机。但是在过去二十多年的时间里,科技的发展大大地推动了视听技术的改进,新设备和新技术的不断涌现,大大丰富了会场的视听服务内容,并提高了会议服务的质量。今天富有经验的会议策划者都想充分利用先进的视听设备与技术使会议取得更大的成功,所以会议策划者对能在会场召开电话会议、可视电话会议、网络会议已经不感到奇怪了。要求会场提供录像机、个人电脑、互联网服务、四轨录放音响设备、电脑投影设备也已习以为常了。为了满足会议策划者对视听设备的需求并为他们提供最佳的视听服务,首先让我们了解现代会议策划者最常使用的视听设备的名称、作用以及如何使用才有助于会议的成功举办。

1. 音响系统

音响系统是绝大多数会场所拥有的视听设备,它基本上是由音源、调音台、功率放大器和音箱四部分组成的。

(1)音源或节目源

音源是指声音(电声信号)的输出。主要有传声器、盒式录音机、CD唱机、录像机等的音频输出。根据输出电频可分为传声器和线路两种。传声器的电频通常在-60~+20分贝之间。线路的电频通常在0~4分贝之间。

会议中最经常使用的音源之一就是传声器(也称麦克风),俗称"话筒"。话筒按其使用位置可分为立式话筒和台式话筒,立式话筒需要话筒架。话筒架是独立的并可以根据需要进行高度的调节。它有一个套环,话筒可容易地滑入套环固定位置。台式话筒置放在桌上或讲台上的矮话筒架上,它们都被称为固定式话筒。因为立式话筒和台式话筒都需要有较长的接线同调音台连接,所以它们又被称为有线话筒。固定式话筒(有线话筒)具有传音稳定、质量高、效果好的优点,尤其适合正式场合的使用。立式话筒和台式话筒两者相对而言,前者更多用在典礼、宴会、招待会等场合,而后者多用在政治会议、国际组织大会以及讲演会等场合。多数台式话筒使用前都要先打开,即按动话筒上的开关才能讲话,这是为了避免全场所有的话筒同时都处于工作状态。台式话筒需在用完后关闭,而恰恰这一点容易被忽视,所以会前要告知使用者用完台式话筒后请务必注意立即关闭,否则主席台上的窃窃私语就会传到所有与会者的耳中或者进了大会秘书处的录音带中。

与固定式话筒相对的是移动式话筒。移动式话筒也称无线话筒。无线话筒必须和无线话筒发射器与无线话筒接收器成套,在频率一致的情况下才能工作。无线话筒由于不用接线,不受使用位置的限制,它可随讲演者的走动而移动,特别便于讲演者的自由移动。它还有利于讲演者与听众之间的双向沟通交流,所以尤其适合在论坛、研讨会、讲习班上使用。将无线话筒固定在讲演者身上的方式有多种,它既可用缎带吊在讲演者领上,也可用夹子夹在讲演者西装的翻领或大衣的口袋上。会场使用无线话筒,首先要在采购时注意每套无线话筒设备(话筒、发射器和接收器)的频率要各不相同。这样在实际使用中,相邻会议厅(室)的无线话筒及其配套的发射器和接收器就不会相互干扰并发生串音现象。此外会议厅(室)的金属结构和墙内的钢筋等原因也可能产生信号的干扰,甚至吊顶框架都可能导致声音的失真和混乱。即使价格昂贵的无线话筒设备也要面对电池快用完时信号和质量变弱的问题。会场若采用无线话筒作为会议传声器,明智的做法是要准备好随手可得的备件(如发射器内的电池、无线话筒等)。

话筒还可按结构分为动圈式话筒、电容式话筒和驻极体电容式话筒。动圈式话筒是一种传统式话筒,它牢固可靠、不易摔坏、寿命长而且性能十分稳定、价格也比较低廉,一般场合的会议使用较多。电容式话筒频率宽广、灵敏度高、失真小、瞬间响应好,但其防潮性能差、机械程度低、价格昂贵,所以这种话筒在政府部门和会议中心组织召开的高层次、高档次会议中使用较多。驻极体电容式话筒传声音质效果最好,但价格最为昂贵,多用于文艺演出的舞台上。

(2)调音台

调音台是音响系统中的第二个重要组成部分,它的主要作用是:①将来自各种音源、电声器乐或电子设备的音频信号进行不同比例(可调)的混合处理;②单独对信号进行加工。主要是放大或减小电压、均衡频率和进行声像定位等;③显示各种信号的电平;④以线路级电平提供各种不同用途的输出信号,如录音输出和效果发送等。

调音台种类很多,但从总体结构上看它们大体上相同,可分成输入部分、总线和输出部分。其中总线是连接输入和输出的纽带。在将话筒与调音台相连时要注意阻抗匹配(话筒输出阻抗与调音台输入阻抗的匹配)连接的平衡与非平衡之分,多只话筒的相位一致,注意避开音箱的声波辐射及保持话筒与声源的距离在30厘米左右等问题。

(3)音响系统操作注意事项

音响系统一般应按照音源(话筒)—调音台—压限器—均衡器—功放—音箱的顺序连接。开机前调音台上的音量推子拉到最小处,然后再按照信号流动的方向依次打开电源,这时必须注意功放器得最后接通。如果先打开功放电源的话,音箱中会有很响的"扑通"声。这是功放电源打开时产生的浪涌电流造成的。这种"扑通"声严重的甚至会损坏音箱,要记住关机时顺序必须和开机时的顺序相反。

等电源都打开后,要稍等到功率放大器的延时保护指示灯停止闪动后,再放送音乐并缓慢推动音量电位,在此期间将音量调整到合适程度,最后再逐步检查设备的输入电频是否恰当。为了保持音响系统的正常工作,会议厅(室)的服务人员应该用粘胶纸或者胶布把所有的连接电线同地板或地毯粘牢,同时还要想办法避免让电线穿过整个主席台,以防会议厅(室)变暗时有人会被绊倒而发生意外事故。如果连接电线需要从主席台前绕过的话,那应该将电线放在挂着的台裙后面。

每次会议举行需要音响系统的话,都需请工程部的工程师进行安装调试。要准备好备用的话筒,要了解会议客户是否计划安排专人负责控制音量和递送话筒。扩音器对会议的成功也是极为关键的,所以扩音器的测试也是音响系统测试过程中的重要内容之一。如果需要使用多个话筒或者整个会议内容需要录制下来时,那就要有音响师来操纵调音台,控制每一音源(话筒)的音量。

2. 屏幕

会议厅使用的影视屏幕常由会场采购。大会议厅使用的大型屏幕,特别是那些受到低天花板局限的屏幕必须要定做。表 10-2、表 10-3、表 10-4 提供的是在许多不同条件下选择屏幕尺寸的指南。这能帮助你决定在何处置放投影机或电影放映机。选择能充分利用的投影机型和会议厅面积的屏幕尺寸同选择恰当的屏幕表面一样重要。今天短的投影镜头使得再大的会议厅(室)也可以得到比以前更大更逼真的投影画面。例如,一个 35 毫米幻灯机的 10.16 厘米(4 英寸)镜头可以从离屏幕 4.6 米(15 英尺)处放映在 18.3 米(60 英寸)高与宽的屏幕上。可调节焦距的放映机需要大屏幕来充分发挥它的放映能力。

表 10-2　屏幕尺寸选择和放映距离指南表(一)

镜头焦距		16 毫米电影			
		屏幕宽度			
		40″	50″	60″	70″
1″	放映距离	9′	11′	13′	16′
1.5″		13′	17′	20′	23′
2″		18′	22′	26′	31′
2.5″		22′	27′	33′	38′
3″		26′	33′	40′	46′
3.5″		31′	38′	46′	54′
4″		35′	44′	53′	61′

资料来源:美国《会议销售与服务》一书

表 10-3　屏幕尺寸选择和放映距离指南表(二)

镜头焦距		屏幕宽度			
		40″	50″	60″	70″
3″	放映距离	7′	9′	11′	13′
4″		10′	12′	15′	17′
5″		12′	16′	19′	22′
6″		15′	19′	22′	26′
7″		17′	22′	26′	30′
8″		20′	25′	30′	35′

35 毫米电影

资料来源:美国《会议销售与服务》一书

表 10-4　屏幕尺寸选择指南和席位至屏幕距离表

屏幕尺寸	最远席位至屏幕距离	最近席位至屏幕距离	观众容量(人)	席位面积(平方米/英寸)
43″×58″	30′	5′	88	50/531
54″×74″	36′	6′	125	70/755
63″×84″	42′	7′	169	95/1 018
72″×96″	48′	8′	224	725/1 345
7.5′×10′	60′	10′	350	195/2 100
9′×12′	72′	12′	502	280/3 010
10.5′×14′	84′	14′	684	382/4 110
13.5′×18′	108′	18′	1 175	655/7 050
15′×20′	120′	20′	1 400	780/8 400

1. 最远席位距离应是屏幕宽度的 6 倍,这是任何会议厅(室)选择理想屏幕的首要考虑
2. 最近席位距离应等于屏幕宽度
3. 除去走廊通道的距离观众容量应是 0.5 平方米/人

资料来源:美国《会议销售与服务》一书

在安排会场席位时,国际上决定席位容量和屏幕置放有两个基本的视听原则:一个是 1.5 米(5 英尺)原则;一个是 1～6 倍原则。1.5 米(5 英尺)原则表示屏幕下沿到会议厅(室)地面的距离应为 1.5 米(5 英尺),而人坐着的平均高度为 1.4 米(4 英尺 6 英寸),这样在屏幕下沿超过坐势会议代表头部时,人就可以很清楚地看清屏幕,所以屏幕下沿必须至少离开地面 1.5 米(5 英尺)。

1～6 倍原则表示没有人应该坐在距离屏幕宽度小于 1 倍或大于 6 倍的位置。例如,会议室的天花板高度为 4.57 米(15 英尺),投影屏幕的高度最多为 3 米(10 英尺)。另外,如果使用 2.3 米×3 米(7.5 英尺高 10 英尺宽)的屏幕,那么屏幕宽度 3 米(10 英尺)的 6 倍——18 米(60 英尺)就是最远席位离屏幕的距

离,而同时屏幕的宽度 3 米(19 英尺)就应该是最近座位离屏幕的距离。

除 1.5 米(5 英尺)原则和 1～6 倍原则之外,还有专家提出 2～8 倍原则,即第一排座位离屏幕的距离应是屏幕高度的 2 倍,而最后一排的距离则应是屏幕高度的 8 倍。

屏幕类型有很多种。使用最多的大型屏幕是高度最多到 9 米(30 英寸)的快卷屏幕,它可以从天花板上吊放下来,稍大型的快卷屏幕也可以是用可调节支撑架支撑的屏幕。快卷屏幕使用方便,如果保养维护好的话使用寿命较长,而可调节支撑架可用来调节屏幕离地面的不同高度。

墙幕规格尺寸有很多种,它从钉在墙上或天花板上的钩子或者绳子上吊下来,或者直接安装在墙上。墙幕价格便宜,卷在金属套管内利于保管,使用这种墙幕就像老式的遮光帘一样。

三角支撑屏幕像墙幕一样卷在一个金属管内,它被永久性地安装在可折叠的三角支架上,这样就可置放在任何地方。它的优点是:轻巧、便于移动、多用途和价廉,尤其在小型会议室内,这种屏幕特别有用。三角支撑屏幕还应稍微有一点朝上倾斜,以免图像失真变形,屏幕下沿应该装边,看上去形象更为专业。

今天使用的屏幕面料有多种。大家喜爱用的面料是白色和亮度最大的屏幕。另一种是光滑的白色亚光屏幕,它能对坐在任何角度的观众提供一致亮度的图像,这一点在小型会议室尤为重要。因为有些座位的视角相对屏幕来讲有一定的斜度,所以,它是最常用的屏幕。还有一种银色金属质凹凸式表面的屏幕结合了上述两种类型屏幕的最好特性,既能提供最大亮度,又能对任何角度的观众提供亮度一致的图像。但是其成本比其他面料的屏幕要高得多。

3. 投影机

投影机在会议演讲中经常使用。投影机经常置放在演讲者旁边稍后的地方,将需要投影内容的图片投影到屏幕上去。投影机可以接受任何品牌的21.76 厘米×21.76 厘米或 A4 纸大小的投影片(透明胶片),这种胶片投影机和透明胶片价格不贵,不易损坏,需求量大。

投影机一般分胶片投影机和实物投影机。胶片投影机接受薄透明胶片。实物投影机是将纸质材料上的文字图像直接投映出去,不用先将需要投影的文字画面材料制作成投影胶片,但它相对来说较笨重,而且它最大的不利之处是必须在暗室中使用。

在投影机技术领域内的最新发展是利用液晶显示技术发展而成的液晶显示投影机。液晶显示投影机采用类似幻灯放映机的原理用液晶板做光阀替代幻灯胶片,然后由强光源把液晶板上受视频信号调制的图像投射到屏幕上去。液晶投影机有与电脑或录像机或电视机连接的专用接口。例如,当液晶投影机和计算机相连接时,就能将计算机显示屏上的文字图像投射到屏幕上去。这种液晶投影机可将计算机显示屏上的文字图像放大,使与会者更易看清,大大地提高了会议的视觉效果。

4. 同声传译设备

随着国际交流活动的日益频繁,各种类型的国际会议也随之增多。除非会前商定使用某种共同的工作语言,否则,国际会议通常都须有同声传译,就是说将会场上的发言(称为原声)同步译成其他几种语言,由与会者通过耳机选听。同声传译大大地缩短了会议的时间。

同声传译要使用专用设备,它是由红外发射机、译员机、大功率红外辐射板、红外接收机和接受耳机组成。也有的同声传译设备是采用有线(音频)传送。飞利浦公司开发的 DNC 会议系统就有一个同声传译的重要功能。安装此系统,会议厅还配有用于红外同声传译的红外辐射板,每位与会者单元还配有一台16路通道选择的红外接受机和耳机,在译员室内按国际标准配备译员机。

同声传译设备有两种:一种是永久性的,这种永久性的同声传译设备并非每个会场或者每个可用作会场的厅(室)都能提供,因此能否提供同声传译设备便成了判定一个会场或者一个会议中心是否有能力承办国际会议的一个重要标准。还有一种是临时性的同声传译设备,它是在需要时临时安装,使用后可拆除的装置。但不管是永久性的还是临时性的,都需要有同声传译译员工作室。这种工作室应当是封闭式的,并有极好的隔音能力以免声音的互相干扰和影响。此外,还应使译员能通过玻璃窗看到会场的活动,以便针对现场的情况配合工作。

除了同声传译设备外,同声传译的译员水平和经验也是国际会议成功的重要条件之一。他们可由国际会议组委会自己安排。但是如果客户要求会场提供译员,会场可以通过翻译公司、政府外事机构、国际旅行社、高等院校等机构临时聘请同声传译人员为国际会议提供服务。

尽管使用同声传译设备(隔音室、头戴受送话器、环形天线、红外线辐射器、语言频道选择器、红外线接受机、耳机等)和人员(同声传译人员和技术人员)的代价都很高,但在今天日益增多的国际会议领域内,更多的国际会议策划组织者仍将需要这种服务,能够提供同声传译设备和服务的会场就能赢得一定的分享率。

5. 会议视听设备注意事项

(1)会议地点的视听主管

现在有越来越多的会议地点为客户提供视听设备,其中有的会议地点将此项业务外包,而有的则自行提供设备和人员,并设置相应的主管人员。会议组织者必须弄清会议地点的视听主管是只负责设备的规定,还是有能力就视听设备提供一些建议和帮助。在后一种情况下,会议地点的视听主管对会议能否成功举办非常重要。

(2)视听设备的实地调查

在选择会议地点的时候,应该考虑到会议对视听设备的需求和会议地点的视听资源。在会议的基本策划完成之后,最好再进行一次实地调查,以确认策划过程中涉及的视听设备。例如,人们应该注意到一些无法将灯光调暗的会场,在这些地方不能安排需要放映影片的会议。

在会议举行前的一周左右,会议组织者应与其相关工作人员进行面晤,就视听设备的具体布置和控制进行讨论,以避免重复和不合理的设置。

(3)视听设备的设立

设立视听设备包括将设备运送到会场,用安全胶带固定线路,确认所有的设备能够正常工作,检查投影仪以确保其镜头适合该会场的需要。

实际负责设立视听设备的人选要根据具体的设备而定。如果这些设备是由会议承办者提供的,通常由其来负责安装工作,除非设备提供商表示反对,或者受到合同或资格证书的限制。

安装最后完成的时间要根据视听设备的使用复杂程度和会场的具体情况而定。全体大会可能需要使用比较复杂的设备,如多媒体或多屏幕投影机等,其中悬挂式投影机的安装需要较长时间。如果同一个会场在会议之前还安排了其他活动,可能会导致没有时间安装视听设备。因此应该制定一个细致准确的日程安排,确保布置每一个会场的时间。

(4)视听设备的紧急维修

会议过程中可能出现紧急情况,会议监控人员应该有一个可以请求紧急帮助的电话号码,以便与相关部门进行联络。如果同时出现了几处紧急情况,一定要判断出应该先处理哪里的问题。如果有些紧急情况需要直接找视听工作人员解决,那么应该明确该人的姓名和电话号码。

有些设备故障(如灯泡报废等)可以由主持人自行处理,因此在可能的情况下,应该在会场准备一些备用的设备。无论问题多么简单,都不应该让与会者和发言人动手参与紧急维修。例如,当影片出现问题时,可以通知相关工作人员维修,而与此同时,发言人将继续进行演讲。有些设备在出现故障时最好更换新的设备,等到会议结束后再进行修理。

(二)照明设备

会场会议厅(室)的灯光系统应由专家进行设计并有专门技术人员控制操作。如果会议厅(室)没有永久性舞台或主席台的话,那就必须安装多用途的照明设备。

会务场所照明质量的基本要求应达到:照明均匀(需合理布置灯具),照明合理(75~150勒[克司]),限制强光(可限制光源亮度或运用亚光反光面灯具或者磨砂玻璃做灯罩)。常用电源按发光原理可分为热辐射光源和气体放射光源,前者如白炽灯、卤钨灯,一般为7~19流[明]/瓦[特],后者有荧光灯、高压汞灯及金属卤素灯,一般可达50~60流[明]/瓦[特]。在会场内,选择光源一般以白炽灯居多,因为它即开即亮,灯光柔和,又可调光还可用于形式各异的吊灯,增强会议厅的环境美化效果。灯具则选择开启型灯具(光源与外界空间相通),而在贵宾接见厅等重要的场合则应选择闭合型灯具(光源被透明罩密封)。

相比之下,小型会议厅(室)对照明要求很简单,而大型会议厅和礼堂对照明要求就要复杂得多。例如,会议厅使用的聚光灯或舞台照明在小型会议室就不需要了。舞台灯的基本类型有聚光灯、侧光灯、椭圆形聚光灯、追光灯、泛光灯和特殊灯。500~1000瓦的聚光灯装在天花板上,用作靠近观众的舞台区域照明,为了取得最佳效果,这种灯经常使用滤色镜。追光灯通常用来为讲演者和演出者提供特别可视度,它需要技术人员的服务来保证正常照明。这种灯特别亮,使用滤色镜可达到不同的效果。泛光灯常用作照物而不用来照人,也可配上滤色镜以达到各种效果,所以它经常被用作舞台背景照明。特殊灯既可用作照明也可制造气氛,舞台的球灯、激光灯、频闪灯,可以用来达到增强某些特殊活动所需气氛的效果。

对于会议厅(室)来说,控制室内灯光必须安装调光控制板。因为会议出席者会需要部分照明,同时还要能清晰地看清楚屏幕上的投影,而控制板可用来调节光度以取得理想效果。

(三)空调设备

会议组织者要根据会议的主题需要,对场地的空调设备提出具体的使用要求。场地制冷(制暖)温度一般设定在24℃左右,最好能有独立的更换新鲜空气进来的设备;空调出风口噪音要小,无明显的故障,包括:不制冷、不供暖、滴水、噪音大等。

三、准备会议文件

会议文件是提请会议讨论和审议事项的文书材料。它是一种非正式文件,有些是提供会议讨论审议的,有些是会议进程中形成的,有些是为保证会议顺利进行而制作的。会议文件的准备,是会议顺利进行的重要前提,会议文件的优劣,直接影响会议的质量。

1. 会议文件的类型

会议文件的类型主要有:会议的指导文书、会议的主题文书、会议的议程文书、会议的参考文书和会议管理文书。

会议的指导文书包括：上级会议文书、上级指示文书、本级开会起因文书等。会议的主题文书包括：开幕讲话报告、专门发言、选举结果、正式决议、闭幕讲话等。会议的程序文件包括：议程文书、日程安排、程序讲话等。会议的参考文书包括：各部门统计报表、财务报表等。公告、传达文书包括会议通知等。会议管理文书包括：开会须知、议事规则、出示证件、作息时间、生活管理等。

2. 会议文件的撰写

会议文件的撰写是一件十分严肃而又细致的工作。它包括素材、数据及典型材料的收集整理，文件的起草与修改等环节。会议的主题文书，特别是会议报告、主要文件、正式文件、会议纪要等要下大工夫撰写好。开会通知的撰写要体现会议主题。程序、讲话虽然都比较简短，但关系到整个会议的进行，拟定时应该简明、准确。会议的其他内容很多，如会议名称、与会人员名单、出席证、列席证和必要的标语等也都是会议的主要文书，均不可忽视。

3. 会议文件的审核

会议文件的审核是确保文件质量和合法化的重要一环，是一项非常艰巨而必要的任务。会议文件的审核重点是：

(1) 内容是否符合党和国家的有关政策、法规；

(2) 全局性和重要文件是否广泛征求意见并加以修改；

(3) 涉及不同地区、部门的文件，事前是否进行了会商；

(4) 所用材料、数据是否真实、准确；

(5) 文件格式是否统一规范。

文件主要是会议日程、会议通知、主持人日程和报告。检查文件的准确性时一定要认真核对每一项细节，尤其是时间、地点、活动内容、与会人员名单、车辆、会议名称、出席人数、主持人名字等，要确保每一项都与实际相符。

4. 会议文件的整理

会议开始前，要精心印制讲话稿、会议日程安排表、会场指示图、宾馆内部示意图，并将相关文件及附送的本市交通图等装订成册，注意不要缺页要便于携带和查阅。印制这些文件要根据与会人数并注意留出足够的份数，以备与会人员遗失文件时用。印制好的文件要根据与会人员不同的单位、部门、级别整理好，以便分发。

5. 会议文件的印制和分发

文件印制要做到及时、统一、美观。"及时"是时间上的要求。随着会议进程的推进，相关文件要提前准备，留出足够时间校核、印制。"统一"是格式上的要求。会议文件要统一体式，用标准纸型印刷，统一标志，统一字体字号。"美观"

是版式上的要求。版式设计既要与会议性质相符，又要美观大方。

会议文件的发放要做到准时、准确、分步。"准时"就是根据会议进程，将有关文件及时发放到位。一般情况下，文件都是提前发放，至于提前量可由秘书部门酌定。即席发放的文件，与会者就会以"即席"发言待之，就不可能有成熟的意见。"准确"就是文件发放要准确无误，该发什么文件，文件发给谁，都要十分准确，不能错发。"分步"是说要根据会议进程安排，有序发出，不能图省事一次性发放。要尽量避免将许多文件堆在一起发放，这样不利于与会者按会议进程阅读文件材料。

四、做好会议记录

1. 会议记录的作用

会议记录是会议客观进程原始真实的反映，其作用主要有以下几点。

(1) 为日后查考提供依据

会议记录必须真实反映会议全过程，全面提供会议活动的原始信息，为日后查考、特别是分析研究会议提供可靠依据。这是会议记录最基本的作用。在一些法定性会议中，会议记录经发言者和会议领导人确认签字后，具有法律效力。

(2) 有利于会议信息的汇总、交流和总结

无论是会议期间分组讨论、审议后的信息汇总、简报编写、大会交流，还是会议结束时领导人对会议进行总结，都离不开会议记录。准确全面的记录，能使会议信息的汇总和大会交流更广泛地代表和反映与会者的意志，使会议的领导更全面地了解和掌握会议的进展情况和动向，同时也能使会议总结更正确地表达会议的主题和结果。

(3) 为形成会议的最后文件打好基础

会议的最后文件，如决定、决议、会议纪要、合同、条约等等，都是根据会议记录拟写的，因此，做好会议记录是形成会议最后文件必要的基础工作。

(4) 便于传达和宣传会议精神

一般情况下，会议结束后会议记录仅作归档保存处理，以备日后查考，但有时会议领导和发言者同意，也可以以会议记录整理稿的形式散发或下发，以便学习与传达会议精神。图像类会议记录还可以用于会议宣传报道。

2. 会议记录的要求

(1) 思想重视

会议记录人员要充分认识会议记录的重要性，以高度的责任心对待之。在作会议记录前要了解会议的内容、领导对会议记录的要求。如果是比较专业的会议，要先掌握一些相关的知识和术语，以免记录时茫然无知。

(2) 人员落实

会议记录一般都由秘书来做。重要会议为保证记录全面,可以由几位秘书同时记录,会后共同整理汇总。记录人员应当熟练掌握速记技能,了解会议内容所涉及的相关业务知识,反应敏捷,具有较强的听知能力和保密意识。

(3) 准备充分

在做会议记录前要做好充分的准备,具体包括。

① 了解会议的内容和形式。会议的目的、议题、议程、方式、手段是会议记录人员必须了解的重要内容。对这些情况了解越充分,心里就越有底,记录就越有把握。特别是一些专业性较强的会议,记录人员还应当事先阅读会议文件,掌握有关的专业知识,熟悉主要的专业术语,这样记录时就会得心应手。

② 熟悉与会人员。与会人员及其发言是会议记录的主要内容。会前熟悉与会人员的姓名、职务、相貌特征、口音特点、说话习惯,对于做好会议记录不无裨益。

③ 备好必需物品。一是备好纸和笔。会议记录用纸应尽可能统一印制,格式规范。记录所用的笔墨应当符合归档的要求。如有分组会议,要事先将记录纸和笔分发到组。二是备好必要的器材。如果会议允许做录音记录,要事先安装并调试好录音设备,确保录音质量。采用摄象机记录的,要事先选好机位和角度,配好灯光。用计算机记录的,要准备好设备和桌椅。

(4) 忠于实际

忠于客观实际是会议记录最基本的要求。会议记录只有客观真实,才能为形成会议的最后文件、圆满完成会议的任务提供保障,才能给后人留下可靠的、珍贵的历史凭证。记录人员一定要把忠于实际作为做好会议记录的指导思想,决不能因个人的主观臆想和情感好恶影响会议记录的真实性。

(5) 全面准确

会议记录只有全面准确反映会议的真实情况才能体现其价值。"全面"就是要求全面记录会议基本情况、会议的议题、程序、发言、会议的结果以及会场情况。因此,在条件许可的情况下,要尽可能做详细记录。

(6) 清楚规范

会议记录是立卷归档的重要材料,一般都列为永久保存。为了使将来的查考者阅读方便,一定要用钢笔记录。录音记录、速记和多人同时记录,会后要整理、誊清并签字,以示负责。整理后的记录稿,要做到字迹清楚、文字规范、语法正确。

3. 会议记录的内容

(1) 会议的概况

① 会议的名称。要求必须写全称。

② 时间。开始时间和结束时间要具体到分。如果会议期间有较长时间的休会,也应当详细注明。

③ 地点。要求详细,具体到房间号码或会场名称。

④ 主持人。要求写明主持人姓名、职务。联席会议、多边会议还应当写明支持人所在的单位名称。

⑤ 出席人。要求写明出席人姓名。联席会议或多边会议还应写明出席人所在单位的名称及其职务。出席人的姓名一定要写全名,不能只写名不写姓。同名同姓的要有区别标志。

⑥ 列席人。列席人要与出席人分开记录,具体要求同上。

⑦ 旁听人。旁听人可以起见证作用。

⑧ 缺席人。记录缺席人员,既可以了解缺席情况,也可以清楚地反映会议应该出席的范围,为日后查考和研究会议做好基础工作。

会议概况部分的项目可根据会议的实际情况设定,应尽可能全面、详细、清楚,以提高日后查考利用的价值。

(2)会议的进程

① 会议的议题。要求完整记录会议议题的名称;讨论或审议文件,应写明文件的完整标题;口头方式提出的临时动议,则做发言记录。

② 议程。会议记录要清楚地反映会议议程的真实顺序。

③ 发言人的姓名。要求记录全名,不可写错字。否则会增加日后查考的难度。

④ 发言情况。详细记录要求有言必录,并记录插话、争论、表态等情况;摘要记录则记其要点,要求简短明了。

⑤ 表决情况。包括表决事项的名称、表决的方式(如口头表决、举手表决、无记名书面表决、计算机表决等)、表决的结果(同意、反对、弃权等)。如有多轮投票,都要记录在案。

⑥ 会议结果。包括对议题的通过、缓议、撤销、否决。如果是通过或否决某个文件,要写明该文件的标题;如决定、决议事先已有草案,应记录该草案的标题。

(3)会场情况

会场情况是指会议期间会场内所发生的与会议进程有关并且具有记录价值的情况。记录会场情况可以更加全面地反映会议的气氛以及与会者的情绪和态度。比如,与会者的热烈掌声和发自内心的笑声,这些都是报告或讲话精彩动人的有力佐证;与会者迟到、早退、中途退场往往是会风不正或与会者发泄不满情绪、故意抵制的表现;有时会场内还可能发生意想不到的情况,着要做详尽记录。

这些情况与会议的主题与进程不无关系,有时还是非常好的注释以及汇报、传达、报道会议情况的极好素材,对今后查考研究会议也极具价值。

(4)会议记录签署

签署是对记录的真实性郑重负责的体现。以下三种人要在会议记录上签署姓名。

① 记录人。记录人必须在会议记录上签字,以示负责,同时也便于日后与其核实情况。

② 审核人。重要的会议记录应由会议主要负责人对其进行审核,确认无误后签字。审核人对记录的真实性负领导责任。

③ 发言人。论证会、鉴定会、听证会等会议的发言常常作为决策、定案的重要依据,可以要求发言人对记录进行核对并签字。

法律、法规规定必须由全体成员签字的,应严格依照执行。如《中华人民共和国公司法》明确规定,各类公司的股东会、董事会应当对所议事项的决定做成会议记录,出席会议的股东、董事应当在会议记录上签名。

4. 会议记录的方法

会议记录主要有三种方法:详细记录法、摘要记录法和速记法。

(1)详细记录法

详细记录就是有言必录。要求记录人员对会议的全过程、所有发言人的发言,包括发言中的插话,都要原原本本地详尽记录,不能提纲挈领,只写重点只记结论,更不能随意增删取舍。一般来说,对于特别重要的会议,都应进行详细记录。为了准确完整地记录好,可以配备两个以上的记录人员或用录音机进行录音以便会后核对、修正、补充。当然,详细记录并非一字不漏地逐字逐句记录,对于一些口语、俗语、重复的词语,大可不必记下来。做详细记录,要求记录者认真负责,精力集中,特别要抓住发言人开始、转题、结尾时的语言。

(2)摘要记录法

摘要记录是指只摘取与会者发言的重点、要点和会议主持人讲话要点的记录。采取此种形式时,要求记录员在充分把握会议讨论的内容,掌握议题的轻重程度和发言人的发言宗旨、意图目的以及发言内容价值的基础上进行,记下该记的内容。

做摘要记录须掌握几个原则:力争准确,不能歪曲发言人的愿意;不能遗漏讲话者的主要观点。因为摘要记录是发言内容客观上的压缩,而不能是记录人主观上的归纳,尤其是重要观点,记录人更不能从自己的角度去归纳。这不同于一般与会者的会议笔记。与会者的会议笔记,只供记笔记者本人阅读,记笔记者只向自己负责,只要自己能理解就行了,而会议记录是为日后多方查证而用的。

采用详细记录还是采用摘要记录，应根据具体会议情况决定。一般情况下，决定重大原则问题的会议，涉及面较宽、有重大影响的会议以及高层次的会议，需要采用详细记录。而一般事务性的会议、不太重要的会议，采用摘要记录。当然，也有些会议仅仅是碰个头、交流一下情况，或者是激励、表彰性的会议，或者是一些大型的群众性的、时间短暂且有现成讲稿的会议，就不必要专门再做会议记录了。

采用详细记录还是采用摘要记录，也是相对而言的，往往详中有略、简中有繁。有时两种记录方法可交叉使用，或者以详细记录为主，辅之以摘要记录；或者以摘要记录为主，但需要详细记录的就应该详细记录。在记录时，哪些应详细记录，哪些应该摘要记录是有讲究的：对与会议议题关系密切的方针、政策的基本精神和基本事实要详记，阐述、解释这些内容的话语可以略记；与会议议题有关的新鲜提法、事例要详记，与前面内容重复的可以略记；分歧的观点，对立或不同的态度、办法应详记，赞同性的发言应略记；对会议中心议题影响重大的发言要详记，与会议的中心议题若即若离或关系不太大的发言可以略记甚至不记；没有录音条件或不允许录音，没有打印材料的重要会议内容要详记，有录音条件、可以录音或有打印材料的发言可以略记或注明材料名称。此外，不同类型的会议，是详记还是略记也有不同的要求，例如，在决定重大问题的例会、工作会议上，表明观点和态度的发言要详记，其他叙述的内容可以略记；经验交流会中有关具体做法和实际效果的发言应详记，理论说明部分可以略记；学术座谈会中提出的论点论据，特别是典型例证要详记，泛泛而谈的议论可以略记。

（3）速记法

速记是指运用各种速记符号对语言进行记录。运用速记做会议记录，效率可以比通常的文字记录高出四五倍。速记是秘书会议记录应该掌握的一种技能。

速记与通用文字记录不同，是采用同音归并和近音归并的方法，对信息进行压缩，以使记录的速度与讲话人的语言表达速度相同。因此，速记符号具有文字的部分功能，但又不像通用文字那样具有严格的社会性、规范性和确定性。目前，汉语速记的符号，根据其设计思想与符号来源的不同，分成好几种体系，如几何形正圆体系、流线型椭圆体系、斜体形草书体系、综合体系等。

速记的基本方法有：同音假借、分词连写和词语简略。速记是一门技术性和实践性很强的技能，需要专门训练。目前，有关速记的书籍已有不少版本，各种形式的学习班有很多。

需要指出的是，录音记录不能代替速记，因为录音机只能记录声音，不能把声音变成文字符号。而且有些场合不能录音，甚至不准录音，所以只能采用速记。一些内部会议或座谈，一些发言者的声明等，都不准录音，可见录音机的使用范围也有局限性，不如速记灵活，详略自知。可见，速记作为使口头语言书面化的一种手写形式，是录音机所不能代替的。

采用速记进行记录的，在会后要用标准的文字整理出来，不能用速记稿代替正式会议记录。

5. 会议记录的格式

会议记录应尽可能使用统一的表格形式，使其规范、清楚、一目了然。纸型应当使用 A4 型纸，有些单位习惯用普通信纸做记录，这不符合立卷归档的要求。

(1) 标题

专用性标题。由于会议名称是固定的，故可在印制时将其直接印在标题上，如"××集团公司经理办公会议记录"。如果标题中需加会议的届次，可将届次空出，记录时用手工填写，如"××市人民政府第( )次常务会议记录"。

由于大中型会议往往有许多会中会，如主席团会议、代表团团长会议、分组讨论或审议会等。为了使会议记录格式一致，可印制统一标题，如"××区第×届人民代表大会第×次会议记录"。

通用性标题。通用性标题适用于一般的会议，标题只写"会议记录"四个字。如果统一印制的会议记录格式仅限于本单位使用，可在标题中表明本单位名称，如"×××公司会议记录"，这样更明确。会议名称写在下面的表格中。

(2) 首部

会议记录的首部记载会议的概况。

(3) 主体

主体部分记载会议的进程。用单线或双线印制，发言人的姓名和发言的内容最好分成两栏，之间用虚线隔开，这样阅读和查找非常方便。

(4) 尾部

尾部用于各项签署。签署置于尾部，用以表示记录完整性，同时也避免有人私加文字。一般性会议记录也可以将记录人、审核人置于首部，但发言人签署应置于尾部。

表 10-5 和表 10-6 为专用性会议记录和通用性会议记录的参考格式。

表10-5　专用性会议记录格式

××市人民政府第(　　　)次常务会议记录

时　间	年　月　日　午　时　分至　日　午　时　分
地　点	
主持人	
出　席	
列　席	
缺　席	
（发言人姓名）	（会议进程记录）
	记录人：
	审核人：
	审核日期：

第　　页

表10-6　通用性会议记录格式

××公司会议记录

会议名称			
主办单位			
时　间	年　月　日　时　分		
地　点			
主持人			
出　席			
列　席			
缺　席			
审　核	记　录		共　页
发言人	（发言内容及决议）		
	发言人签署：×××		
	××××××		
	××××××		

第　　页

6. 会议记录的打印

做完会议记录,还有一项重要的工作,就是将会议记录进行打印。现在很多会议虽然有录音录像设备,但只是适合用来查核会议发言的准确性以及会议进程的详细情况,查阅起来过于费力,并不具有效率优势。所以人们还是普遍接受可以抓住会议要点、会议本质以及会议议程主要内容的会议打印记录。进行会议打印记录的工作包括以下步骤。

(1) 打印准备

会议记录人员,要趁着自己头脑中还清晰地记着一些会议的情节时打印记录。首先要根据会议记录和自己的回忆,考虑一个会议的大纲。一个清晰的大纲可以帮助打印工作顺利进行,并且可以节约时间和精力,提高个人的工作效率。

通常,需要编排的项目有:会议日程副本、会议出席者的资料、缺席者名单、人员登记表、与会者手册、分发给与会者的资料和资料副本、发言记录副本、提议和决议的副本以及其他与会议记录有关的数据。

需要注意的是,在开始打印之前,一定要将所有的细节进行仔细的检查,包括会议的题目、姓名的写法等细节。

(2) 格式确定

在大多数情况下,由于记录的格式已由某个组织用统一的标准确定下来,这就要求记录人员在打印前仔细地查看以前记录的范本。有的机构提供特别印刷的信笺,尤其是为记录的第一页所设计的信笺,有时还提供印制的连续表格。如果没有特备的印刷纸,应选质量适当的普通白色证券纸。用笔记本将记录归档,既可用普通的固定式的,也可用普通的活页式的笔记本进行记录。笔记本和索引通常从头至尾连续记录页数,为查找重要的决议提供方便。

会议的相关报告,经常作为附录或注释放在记录中,如以下的记录所示,"赵××先生读了财政委员会的报告,报告的副本附在会议记录后"。决议,特别是那些冗长的决议及打印的决议可以用同样的方法处理。

打印会议记录应与企业以前的记录格式保持一致。如果要在白纸上打印会议记录,可参考如下做法:

① 白纸上部留一定的空白。在纸的中间打印标题;
② 日期居中,并置于标题下两行的位置,日期下应再空两行;
③ 标题为醒目起见,会议标题的字可以设计成美术字体;
④ 为了节约纸张,文章段落间不宜空行;
⑤ 正文内容一般使用 60 行的打印纸;
⑥ 当在提议或决议中提及用款金额时,打印时要有大小写两种表示方法;

⑦ 通常情况下,每页的页码打印在页底中间部分;

⑧ 会议记录后,应留有由秘书、会议主持人和其他相关人员签名的位置。

(3)记录修改

修改会议打印记录,应用墨水笔在页面空白的地方进行。重要的修改或修改内容较多的可以单独打印在纸上,而且需要在原件再添加一个引导注释空白处,以引起阅读者的注意。

将会议打印记录完成,并在有关人员签字之后,就可以归档了,归档之后,会议记录人员的工作就算全部结束了。

五、制作会议简报

1. 会议简报的作用

会议简报是反映会议动态、进程和主要内容的内部性简要报道。会议简报大多是在会议进行中编写的,有时也可在会议结束后编写。会议简报有如下作用。

(1)掌握会议动态

会议简报是一种迅速反映会议动态的信息载体,在大中型会上,是会议领导机构和领导人了解会议情况、掌握会议动态的重要渠道。

(2)交流会议信息

会议简报常常报道会议分组活动的信息,转载与会者在小组会上发表的重要意见,以促进会议内部交流沟通。尤其是在大会交流时间有限的情况下,会议简报可以作为书面交流的补充形式。

(3)辐射会议影响

会议简报也可以在会议结束后通过内部渠道发送给有关的单位,以辐射会议信息,扩大会议的影响。

2. 会议简报的编写方法

会议简报的编写方法一般有报道式和转发式两种。

(1)报道式

报道式即采取新闻报道的方式,介绍会议活动以及分组活动的情况。

① 报道式种类。从内容上分,报道式又可以分为综合报道和专题报道两种;从时间上分,可以分为连续性报道和最后报道。

综合报道是对会议活动作全面报道,如对会议的准备工作做全面报道。专题报道是对会议活动的某一侧面某一针对问题进行报道,如就分组讨论中代表们对某一问题的看法进行报道。

连续性报道是对会议的进程进行连续的动态报道,并且贯穿会议始终。最后报道是在会议结束后,对会议活动的全过程以及会议的结果做全面报道。

② 报道式简报的结构。

标题。标题应居中,并以较大的字体书写,要求概括、醒目、简短、富有吸引力。一般为单行式,如"×××公司第×届职工代表大会隆重开幕";也可以为双行式标题,即由主标题和副标题组成,如:

高校体制改革要慎重
——××小组讨论侧记

双行标题也可以由肩题和主标题构成,如:

与时俱进,共创未来
××市精神文明建设经验总结交流暨表彰大会隆重举行

导语。会议简报的导语一般采用叙述的方式概括介绍会议的概况或会议活动的主要信息,如会议的名称、时间、地点、主持人、与会单位和主要与会者、会议的气氛等。专题会议简报的导语则直接切入主题,如"高校体制改革问题成了这两天代表们在会内和会外的热点话题"。

主体。报道会议的过程和主要精神。这部分是会议简报的主要内容,要突出会议的主题。

结尾。会议简报一般省略结尾。

(2) 转发式

转发式会议简报主要是转发在分组讨论审议时具有代表性或重要价值的发言或书面建议。

① 转发式会议简报的种类包括全文转发和摘要转发。

全文转发。对篇幅不长,内容精彩的发言或书面建议可以全文转发。

摘要转发。篇幅较长的重要发言或书面建议可以采取摘要转发的办法。摘要转发要抓住中心和要点,尽可能保持发言的原来风格。

② 转发式会议简报的结构包括标题、按语和正文。

标题。转发式标题一般要反映发言者姓名和发言的主题。

按语。按语又称编者按,一般是根据会议领导机构的意图起草,用以说明转发目的、提示内容,以引起注意和重视。

按内容划分,按语可分为说明转发原因和目的的说明性按语,提示内容的重点和要点的提示性按语,对转发的发言和建议发表意见、表明态度的评述性按语。按方式划分,按语可分为前言式按语(放在标题之前或标题之后、正文之前的按语,又称题头按)、插入式按语(即在正文的重点、要点和精彩之处用括号插入按语,有画龙点睛之功效)、编后式按语(即在正文之后的按语,又称编后按)。按语的字体、字号要与正文有明显区别。

正文。正文部分就是所转发的发言或建议内容。要按会议记录或发言稿进

行整理,可对即兴发言中的口语或不规范的语言做适当的修改,但应保持发言者的风格。

3. 会议简报的编写格式

(1)报头

报头部分包括编号、密级、简报名称、期数、编印机构名称、印发日期。报头位于简报首页上方,约占1/4~1/3的版面。

① 编号。即每份简报的印制顺序号,带有密级的简报必须编号,以便于登记、签收和清退。编号标注于左上角。

② 保密要求。如系保密级的简报,应在右上角注明密报。如属于会议内部文件,则注明"注意保密"或"会后清退"。

③ 名称。由会议名称加"简报"二字组成,如"××××会议简报"。简报名称要居中,其中"简报"二字字号要大,以示醒目。

④ 期号。按顺序编排,如"第1期",标注于简报名称下方居中。由于会议简报都采取一次会议编一个系列的期号,因此不编总期号。

⑤ 编印机构。即会议秘书处,标注于期号的左下方。

⑥ 印发日期。即实际发出的日期,用阿拉伯数字标注于期号的右下方。

(2)报身

简报报身包括标题、按语、正文三部分,上面已有相关介绍,这里不再赘述。

(3)报尾

报尾的位置在简报最后一页的下方。主要标注报、送、发的对象。报的对象是上级机关和领导,送的对象是平级机关和不相隶属的机关,发的对象是下级机关和下属。

此外,有时还可注明印刷份数。

4. 会议简报的编写要求

简报编写,既有内文的采写问题,又有稿件的编排问题。因此,简报编写的要求是:真实、快速、简短、美观。

(1)真实:会议简报的稿件内容要真实。会议简报是会议情况的真实反映,必须如实报道相关情况。不能夸张,更不能歪曲事实。报道风格也要朴实,力求客观。

(2)快速:采写编发要快速、及时。简报是会议期间编发的小报,一般是每日一报,是对当日会议进展情况的汇总,如迟发就会失去其编发的意义。因此,编发简报要求一定要快编快发,做到及时,才能真正发挥简报的作用。

(3)简短:篇幅简短,语言简练。简报突出在"简",一般篇幅较短,摘要而发;文字简洁,不长篇大论。

(4)美观:编排形式要求美观,注意编排形式的最优化。从字体字号到版式编排,追求一种最佳的视觉效果。

第四节 会议的餐饮服务

餐饮服务是会议服务项目的一个重要组成部分。从在会议接待室提供软饮、酒水加一些花生、椒盐脆饼干到一套完整的宴会,餐饮的种类不尽相同。

几乎所有的会议都要提供至少一次餐饮服务,哪怕是喝咖啡的时间。因此,会议方面必须考虑餐饮服务与会议目的和策划之间有什么关系,然后对餐饮服务作出计划并监督实施。

对于与会者而言,餐饮服务在物质方面最重要的作用就是给与会者一个休息的机会,即使在吃饭的时候也有人发言,但是与会者能够体会到一种积极的节奏改变。餐饮服务在会议中还可以创造社交机会,能够让与会者彼此增进了解。另外,餐饮服务对于与会者所带来的经济方面的好处是显而易见的,他们所付的会议费用里已经包括了餐饮费用。

餐饮服务是会议方面与会议地点进行协商中很重要的一个部分,其中包括数量不同的早餐、午餐、晚餐、休息和招待会,具体情况要根据会议策划和预算来决定。

一、餐饮活动的形式

1. 早餐

早餐选择范围很大。可以是正规的复杂早餐,也可以是自助早餐。品种多样的自助早餐会让人"各食所需"。

2. 会场休息期间的茶歇

一般供应咖啡、茶或其他饮料,有时有食品,有时没有。

3. 午餐

午餐如何安排,主要看下午计划做些什么。一般来说,午餐不宜大吃大喝,以免影响下午的会议安排。

4. 晚餐

晚餐食物的选择可以不用太顾及营养和健康,因为工作了一天,是该轻松欢宴了。

5. 招待会

它可以作为正式餐宴的引子,也可以仅举行招待会。招待会的目的决定招待会的食品选择。

为将以上工作做好,应努力为与会者选择健康型的、美味的、人们爱吃的配餐,以便会议期间的每一天,与会者们都感到精力饱满、心情愉快。

组织者应根据参会人员的喜好,为其预订各种形式的餐会:西餐、中餐、自助餐、宴会等等;根据参会人员的具体情况以及会场和下榻酒店的地点,为其推荐不同的用餐地点。

二、招待会

招待会上一般都供应饮料,是否提供食物要根据主办者的意愿和预算来决定,公司举办的小型会议可以每天晚上举办一次招待会,小型的营利性公众大会也是一样。与会者越多,招待会的安排就越复杂。

招待会可以只为来宾提供一杯饮料,也可以让来宾随意享用饮料和小吃,地点可以选在一个会场中,也可以在会议地点中的几个不同场地中同时举行。

招待会通常在会议最后一天的傍晚或晚上举行,可能在其前后还有其他的会议活动(晚餐、宴会、娱乐活动),或作为当晚的唯一活动。由于招待会的多种可能性,会议方面应该事先做好周密的安排,并将相关信息充分传达给与会者。

招待会与其他会议活动之间的关系可以从招待会的形式、饮料和食品的供应,以及招待会的时间等方面体现出来。如果招待会被安排在晚上 6 点到 8 点举行,会议承办者可能要为招待会准备比一般情况下更多的食物,除非招待会过后还安排了宴会。如果招待会是紧随着宴会之后举行的,承办者就应该少准备一些食物,而多提供饮料。

招待会上并不是必须提供小吃,但是与会者总是希望能有些哪怕是薯片或饼干之类的东西。在准备小吃的时候要考虑到很多因素,而费用则是其中最关键的一个。如果会议承办者在资金方面没有任何问题,那么招待会筹备起来就比较容易了。

有些会议地点可以为会议提供全套的招待会服务。双方在就此事进行协商时必须确定招待会使用哪种形式的酒吧,提供给每个与会者的小吃量,会场装饰以及其他一些问题。招待会的时间长短和参与的大致人数也应该确定下来。这样一来,会议承办者就不必检查每一个细节了。

三、宴会

宴会与晚餐有几点不同:宴会更加正式;宴会的食物更加丰盛;宴会的菜单更多样;宴会通常还安排了一些节目。下面的问题都是宴会所特有的。

1. 宴会是否需要特殊的装饰

特殊的装饰可以使普通的晚餐变成一次欢乐的宴会。宴会上肯定要悬挂有关主办者的条幅和其他装饰品。餐桌装饰可以根据宴会或会议的主题设计。

宴会厅的装饰也可以与季节及节日相配。会议承办者应该与会议地点工作人员一起合作，因为他们在这方面有丰富的经验。

2. 谁在负责宴会的程序

宴会程序中应该有一些项目反映宴会和会议的目的。宴会开始时可以发布简短的致辞或对在场的所有人表示欢迎。此后，可以由主办方的几名领导对会议进行评价，其中包括对宴会程序的必要介绍，如舞会、发言等。

在用餐结束后，如果需要发布任何声明，都应该尽量简短，因为过多或无关的声明会破坏宴会的气氛。可以用祝福作为就餐结束的标志。接下来，宴会的节目就可以开始了，如发言、视听演说、表彰、娱乐活动或舞会。

3. 宴会上是否要安排音乐演出

乐师的用途不仅限于舞会。他们还可以在人们进入宴会厅的时候演奏，以设定宴会的气氛。当介绍在主餐桌就座的人或其他知名人士的时候，也可以用适当的音乐来伴奏，不过相关的安排应该与承办者取得共识，以免造成尴尬。舞会和上菜的间隙也可以奏乐。最后，在宴会结束，众人退场的时候，也可以用音乐烘托出欢乐的气氛。

如果会议的预算无法支付现场音乐表演，可以考虑精心安排播放一些录音。

四、选择菜单

任何人都可以根据菜单选菜，但是组织两三天会议的人要记住的是：会议代表都是些什么样的人？他们的昨天，甚至前天，吃了什么？他们明天想吃什么？还要考虑他们在会议期间参加什么样的活动，然后根据这些选择菜单。

1. 早餐菜单选择

相对来说早餐比较容易解决一些。因为很少会有代表对每天一成不变的早餐提出异议。对午餐和晚餐他们就没那么客气了。不过最近兴起的健康饮食潮流意味着少肉、少脂肪、多新鲜水果、多脱脂牛奶。假如会议的部分目的是奖励与会代表，那么外国水果拼盘、特别的茶和咖啡或主题自助餐是很常见的。自助早餐已经成为世界范围内最受欢迎的方式，客人们可以在指定的场所挑选自己的食物。自助早餐同时可以节省酒店方面的人力，它营造出的气氛可以让客流量加快——这对一个要准时召开的会议来说至关重要。

2. 午餐菜单选择

多数会议代表会说自助式服务可以加快客人流动（早餐可以，午餐为什么不行呢）。不过，实际上，由侍者上菜更有助于控制时间。开胃小吃或第一道菜可以事先装盘、摆上桌面。当代表们离开上午的会场时，一切都已经就绪。蔬菜和调味汁可以放在每张餐台的中间，在适当的时候只要把热气腾腾的主菜端上来就行了。甜点可以是冷餐（水果、冰淇淋），因此什么时候把它们从厨房端出来并不十分重要。假如价格是一个问题的话,自助餐菜量的控制则更难,对于会议组织者来说,花费一般要更高一些。

谈到饭菜的选样,如果会议的主要目的是开会而不是午餐,应选择清淡一点的食物。这样,代表们才不至于在会议上打盹。多数会议组织者会为午餐选择鱼或者鸡,然后是以水果为主的甜点,以保证代表们头脑清醒地出席下午的会议。

3. 晚餐菜单选择

晚餐的情形大不相同。一般情况下,与会人员代表们希望放松自己从容地享用饭菜。因此,菜单的选择也可以从容一些。多数会议场馆都有事先印好的开胃小吃、主菜及甜点的菜单,就餐者可以随意搭配。其他一些酒店推出不同档次的晚餐,晚餐的分级取决于原材料的价格。虽然会议组织者完全有权利选择饭菜,但不妨还是听听餐饮部经理的建议,他在考虑膳食平衡的同时,还会兼顾到酒店向所有与会人员提供同一标准膳食的能力。

特别的饮食需要特别的关照。应该通过会议前的问卷调查了解哪些人需要哪些特别的饮食。到就餐的时候,这些人要被介绍给餐厅服务生。这样,他们才能吃上想要吃的饭菜。

4. 预订合适的餐厅

在预订餐厅时,请用书面形式详细注明时间以及想要的宴会类型,同时还要附带有关特殊装饰、音乐娱乐活动,因此,挑选大小餐厅时不要仅仅受到人数的局限。如果人数很难确定,从最大的数开始,选择更小一点的餐厅,以免到会人数比预期得要少。最好从一开始就对酒店方面坦诚相见,因为它们正在考虑同时与其他顾客打交道的后勤工作,看得更全面,在餐厅的选择和使用上可以作出更明智的决定。

五、饮用酒水的场合

饮用酒水的场合包括:早餐;饮茶和咖啡的休息时间;午餐前;午餐;鸡尾酒会;晚餐;酒吧。

这些场合可分为两类:无须与会者付钱的(会议主办方付账)和与会者自掏腰包的。至于哪些费用由会议方支付,哪些由与会者自理,这在很大程度上取决于会议的类型以及习惯做法。但是,务必要让餐厅经理和与会者对此情况了解清楚。

1. 早餐的饮料

在会议期间,就饮料而言,早餐面对的问题与餐厅服务面对的问题相同。总有相当一部分早起的与会者发现早餐没有按照预定的时间开始,或者服务较差。尤其是像脱咖啡因的咖啡或者各种果汁饮料应该在事先标明,否则,很快就会在会后调查时听到抱怨声。

2. 休息时间的饮料

从饮料方面考虑,需要事先准备好充足的饮料(4.5升或1加仑的咖啡可分成20杯),因为等你煮好咖啡,休息也该结束了。一种做法是把调料移到其他桌上去,以缓减在分发饮料的工作人员面前排队的现象,还可以把分饮料的人安排在房间的另一端,借此把代表们分散开。

3. 午餐前和午餐时的饮料

许多好的交流计划由于在午餐前和午餐时不明智地提供酒精饮料而告失败。这里有一条指导原则:如果您希望您的代表们在午饭后的会议上能够坐起来并保持清醒的话,不要上酒。没有什么能像大量的酒那样能让成群的人们进入梦乡。

一个办法是把酒(白葡萄酒)和较清淡的午餐(鱼或者鸡)以及"健康"的甜食(菠萝)搭配起来,而且刻意地安排不再添酒。此外,还提供大量的瓶装水。但是,近年来午餐时不上酒水也成为时尚,尤其是一整天的会议。所以,不要以为您有义务要向代表们提供酒精饮料。

4. 晚宴饮酒

可以选择按杯付钱(每个人费用不变)或者按瓶付钱。假如与会者对外国酒有偏爱的话,按杯(可乐、双份白兰地、伏特加、麦芽威士忌)付钱是很贵的。每位与会者的费用是固定的,酒也是双方协定的,可能会便宜一些。晚宴上最常见的买酒水的方法是按瓶买。不过,这种方法很容易被人钻空子。一些不顾廉耻的会场在清点酒瓶时经常出"错",或者有意打开用不着的酒瓶,无论有没有人喝过,坚持要您付钱。

第五节 会议的房务服务

会议与会者的住宿问题,应该作为会议服务中的重点工作之一。住宿的安排既要本着节约的原则,又要考虑与会者的身份等客观情况作具体的安排。总之,要以舒适为标准,并使与会者有宾至如归之感。

一、房间选择

考察会场时,应该注意到客房的分布情况(房间的数量及类型)。虽然各酒店对自己的客房叫法不同,在酒店业中还是有一些标准的分类。

1. 单人房

供单人使用,房内只有一张床,通常还根据酒店档次配备冰箱、饮水设备、梳妆台等。

2. 双人房

供两人使用,房内设有成对的单人床及其他起居设施等。

3. 套房

带有独立起居室的客房。

4. 经理套房

大双人房,通常带有办公桌或者起居空间以及像熨衣设备和高档洗漱用品这样的便利设施。

5. 总统套房

酒店里最好的套房,通常带有两间或三间卧室,数个起居室,专用厨房和小酒吧。

有些酒店对边上的房间多收一些钱,因为这些房间的风景更好,空间也更大。酒店顶层的房间一般比其他楼层质量要好。如今,许多酒店已经开辟了"经理楼层",为其提供特别的早餐和办公设施。

因为每个酒店所使用的术语不同,所以要花些时间把这些术语弄明白,还要坚持把每个房间的情况了解得清清楚楚。

在对酒店考察时,列出一个详细的清单:酒店里有什么类型的房间,有多少房间正在维修期间。套房的情况一定要确切,因为套房数量较少,如果有几位贵宾来参加会议,需要特别预订。

二、尊重与会者的职务级别

一般情况下,酒店会对其会议室提出报价,视其他客人租房情况而定,会议组织者可以根据这个报价租用一系列不同类型的房间。不过,要对一些特别身份的与会者给予特别的对待。贵宾包括总经理、高层管理人员、名人演说者、重要的赞助者、著名艺人以及其他公司的重要客人。酒店方面的会议经理经常把会议组织者以及会议组织部门的部分工作人员安排到一间较好的房间里,这要看房间多少。当涉及与会代表时,一定要一视同仁地对待同一级别的人。代表们通常把会议看成一种奖赏,事实上,会议有时仅限于公司的上层人士参加。为了这个原因,务必要注意,假如与会代表中有等级身份之分的话,这种等级应当受到尊重。如果身份与会议不相干的话,要确保每个人分配到同样标准的房间。

三、住房名单

明确对贵宾室以及单、双人房的要求后,会议组织者需要向酒店方提供一份按与会者姓氏的笔画顺序排列的住房名单,这份住房名单要标明特殊要求(贵宾、双人房)。给酒店方面留一些余地,否则,它们将在让自己的空间满足会议组织者的需要时遇到麻烦,尤其是在实际上占去了整个酒店的时候。

在会议的前一天到达酒店后,会议组织者要核实一下房间分配方案,以便做最后的调整。在给与会者下发的通知和酒店方面的安排上,一定要说清楚正式入住酒店的时间,不要许下无法实现的诺言。应该为会议组织工作小组和任何高级管理人员多准备几份住房名单。这些人可能一赶到会场就希望和一些与会者迅速取得联系。

第六节 会议的其他服务

一、往来接送服务

往来接送服务是指在会议涉及的各个地点之间的运输服务。如果所有的与会者都在同一个地方住宿,而且所有的会议活动也在这里举行,显然就不需要提供往来接送服务了;但是如果会议涉及不止一个酒店或会议地点,那么根据各个地点之间的距离和当时的天气,会议方面有可能需要提供往来接送服务。

1. 是否要与运输公司签约,提供往来接送服务

如果会议地点和酒店位于正常的公交线路上,有些城市的政府可以为会议提供免费公交服务。在有的情况下,这可能意味着会议地点和酒店就在公交线路旁边,或者只是告诉与会者乘哪些公交车可以到达会议地点。

会议承办者如果考虑使用当地公交车的话,就应该事先考察公交线路和车次与会议地点及酒店之间的关系。大多数当地公交公司可以提供对与会者很有帮助的地图,其中提示了车票价格、车次,以及是否需要特殊标记等信息。

2. 如何决定往来接送服务的站点和线路

会议承办者和签约运输公司都应该考虑在哪里让与会者上下车,并在这个问题上相互协商。例如,太多的上车地点可能消耗的成本太多,双方需要一起找到比较折中的办法。

线路也是一个需要协商的问题,因为这涉及与会者将主要集中在哪些酒店或区域。备用路线、路程长度和成本等也都是需要考虑的因素,这些对选择出最好的方案十分重要。

3. 车辆是否可以携带特殊标志

车辆至少应该明显地标志出线路编号,或者更明确地标出开往哪一个酒店,而不应该让与会者自己去寻找应该上哪一辆车。此外,会议承办者应该看看是否有可能在车辆上做一些能够引起人们对会议或主办者注意的标志。该问题应该在会议开始之前很久就同签约运输公司协商,因为这样做可能需要得到政府

许可。在车上携带这些标志所需的成本也许可以不算入会议预算,私营运输公司可能会自己负担一部分此项费用,因为这些标志可以作为该公司提供这类往来接送服务的广告宣传。

4. 是否需要特殊车辆

如果会议邀请了许多贵宾参加,那么除了普通巴士之外,会议还可能需要一些豪华汽车或专用轿车。

与会者可能对双层巴士比较感兴趣,这些车辆可以使往来于酒店和会议中心之间的枯燥路程多一些乐趣。

二、安全保卫服务

会议的主办方和承办方还特别关注如何举办一个安全的会议。他们希望确保与会者的人身及财务安全。要做到这一点,则应做好会议期间的值班和保卫工作。

会议值班制度要健全,值班人员要坚守岗位。要控制和会议无关的人员随便出入会场的情况,特别是保密性较强的会议,更不能让外人随意进出。值班人员手边要有会议各方的联络方式,以便出了问题能够及时与之联系、请示、协商。在通常的情况下,值班人员还起到协调会议期间突发事件的作用。

会议安全保卫包括与会者人身安全的保卫、与会者私人贵重物品的保卫、会议重要文件的保卫、会场和驻地的保卫、会议各种设施用品的保卫等。许多承办会议的饭店为了实现安全保卫,除了配备保安人员外,还采取了一系列保安措施,包括配备电子锁、提供有良好照明设施的停车场和公共区域,以及在会场安装高科技的警报和监视系统等。此外,一些大型国际会议召开时甚至会动用警犬巡逻。

会议期间,保安的岗位职责还有协助制服滋事者、防范火灾(在消防人员赶到前如何组织扑灭小型火灾)、在大规模恐慌中维持秩序以及协助完成紧急疏散。

三、医疗保健服务

医疗保健服务关系到与会人员的身体健康,也是开好会议的重要保证。一般要做好以下几点:

1. 建立健全集体生活的医疗卫生制度;
2. 配备专职或兼职的保健医生;
3. 指定就诊医院;
4. 教育与会人员注意个人保健,及时提醒住地的气候特点和变化。

复习思考题

1. 什么是会议服务,它有哪些特点?
2. 会议服务的流程是什么?
3. 会议中座次的安排非常讲究,请模拟各种不同的会议座次安排,并加以说明。
4. 简述做好会议记录有哪些方面的作用?
5. 会议中餐饮活动的形式有哪几种?

第十一章

会议财务管理

学习目的

通过本章内容的学习,明确会议财务管理的内容,包括制定财务目标、制定预算、会议融资、会议收支、会议成本控制与会议财务总结等工作。掌握会议预算的制定方法和会议成本的控制方法,了解会议融资的渠道和方法。

主要内容

- 制定财务目标
- 制定预算

预算的含义及类型　预算的相关部门　预算的原则和方法　预算方案的制定

- 会议融资
- 会议的收支与成本控制

会议的收入　会议的支出　会议的成本控制

- 会议财务总结及报告的编写

财务管理是现代企业管理的基础。对财务管理的漠视可以轻而易举地破坏一项富有创意的、成功的会议项目经营,也可以导致一系列严重的法律后果的产生。应当说,良好的财务管理和预算控制是筹办会议最基本的因素之一。如果财务安排得当,不仅将起到增加收益、提高效益的作用,而且能使管理者了解收入来源及用处,了解收入来源的比例,对确定主要的收入来源、控制预算等都大有益处。

会议财务管理的内容包括:制定财务目标、制定预算、会议融资、会议收支与成本控制,以及财务总结等工作。

第一节 制定财务目标

财务目标是财务管理的前提。财务目标必须与公司和项目的总目标相一致。有时候,公司的目标不是为了盈利,比如宣传性的会议,主要是为了扩大公司的声誉,加强与客户的联系或者调研等,则该项目的开支由公司内部的相关部门承担。若会议项目的核心财务目标是为了获利,那么制定财务目标就是必须的,而且是非常重要的工作。

一般说来,会议项目的预期利润至少由三个因素决定:一是历史经验,即去年这个项目的盈利情况;二是流动资金,这是项目预算的绝大部分;三是预期利润率,是指做预算时预期利润与投入资金的比率。无论一个会议项目是以商誉为目标还是以盈利为目标,将这些目标统称为投资收益(ROI),或称项目价值。我们可以用简单的方法来计算:

$$投资收益 = 净利润/项目总成本$$

如果商誉是公司所寻求的投资收益,那么就需用不同的衡量方式。例如,可以是无形的,如公司高层管理者们的良好评价;也可以是有形的,如与会者离去时留下的名片及个人信息,或者是大家有了进一步的交流与认知,以及与多少位重要的潜在客户或重要的各界人士做过交流等。投资收益必须对公司具有一定意义,必须能够被衡量,并且必须像制定财务目标那样,要在项目实施之前决定。当然,有些时候,投资收益不完全是财务性的。

为了衡量一个项目的财务成果,必须设置一个用于实现既定财务目标的预算开支。

第二节 制定预算

一、预算的含义及类型

1. 预算的含义

预算是一种将资源分配给特定活动的数字性计划工具,在筹备会议的过程中,用货币形式表示会议的各项活动是必不可少的一个环节,掌握了会议预算就掌握了整个会议。

预算通常由会议举办方的财务部门负责。预算常用于为收入、支出编制计划,或者是用预算来改进对时间、空间和人力物力的利用。

预算一般在会议举办之前就必须制定出来,因为在进行会议策划的时候需要考虑预算因素。若会议地点和其他因素发生变化,预算也会随着发生变化,因此会议方面应该根据情况变化不断对预算进行重新检视和调整。即使进入会议筹备的后期,预算已相对固定下来,也仍然要保持一定的灵活性。

2. 预算的类型

会议的预算大体分为收入预算和费用预算,其中费用预算又可以分为固定费用预算和可变费用预算。

(1) 收入预算

收入预算是指收入预测的一种特定类型,是规划会议未来收入额的预算。会议的收入主要来自与会人员(团体)的交费、广告收入和赞助等,同时还包括会议完毕后形成的录像带、出版物等在市场公开发售所获得的后续收入。

(2) 费用预算

费用预算是指列出会议举办方为实现目标而开展的主要活动(项目),并且将费用额度分配给各种活动(项目)的行为。在收入既定的情况下,较低的费用意味着较高的收益率。当竞争激烈或收入来源紧张时,首先削减费用预算的做法是比较得当的。

固定费用预算是指不随与会人数而变动的那部分费用预算,固定费用一般都是召开会议时必须支付的费用,如给予承办者的报酬、宣传营销等费用。即使实际收入少于预期收入时,固定费用通常也不变。

可变费用预算是指根据预算期可预见的不同业务量水平,分别确定相应的预算额,以反映不同业务量水平下所应开支的费用水平。

在筹划会议的过程中要注意,要留出一定预算以应付因天气或其他因素而产生变化情况,并留出足够预算确保任何谈妥的定金或违约费在需要支付时能够支付。同时,人工成本、餐饮费用等都是随着业务量的变化而变化的,因此,可变费用预算对这一项内容也应做好计划。

二、预算的相关部门

在举行会议时,通常会成立相应的会议策划委员会来主持各方面的事务。会议策划委员会由主办方和承办方共同组成,其中主办方制定预算,承办方负责预算控制,这是比较科学的责任分配方式。

主办方负责对会议收入及各方面的费用支出进行全面的估计和预测,拟出计划,该计划反映主办方对会议活动的整体安排。承办方参与商讨预算的制定,针对会议可能面临的变动情况对主办方的预算计划进行补充。如果需要的话,会议策划委员会还可以下设专门的预算管理办公室,部门人员由主办方和承办方的财务人员共同组成,制定的预算方案呈报会议策划委员会的领导审批。预算的相关部门关系如图11-1所示。

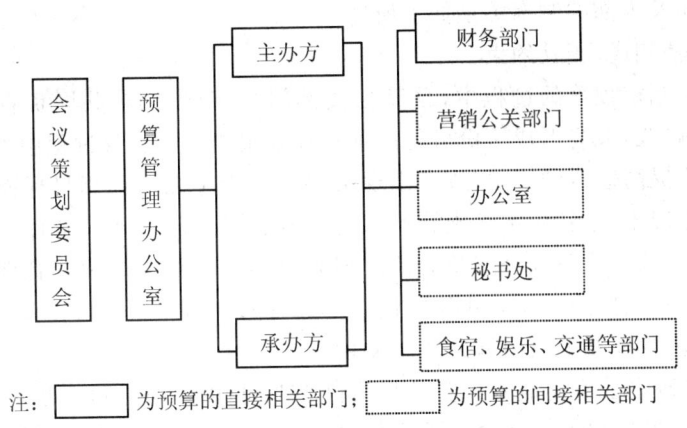

图11-1 预算的相关部门关系图

1. 预算部门的职责

预算既可以自上而下制定,也可以自下而上制定。

自上而下制定预算是指预算管理办公室根据以往承办会议的经验和本次会议的承办目标制定出预算计划,然后将预算计划交给协助部门考察其现实性和可行性,再根据协助部门的建议对预算计划进行修改整理,最后交会议策划委员会审批。

自下而上制定预算是指各协助部门根据以往经验和本次会议的承办目标,分别制定本部门内部的预算计划,交到预算管理办公室;预算管理办公室对各部门提供的预算计划进行必要的初步审查、协调与综合平衡,汇总编制成总预算计划,最后报会议策划委员会审核。

受会议策划委员会领导的预算管理办公室主要是以利润为导向,通常由公司的财务主管担任领导,由各相关部门负责人如营销公关的主管、秘书处的主管等协助。预算管理办公室的主要职责在于组织有关人员预测、研究、协调、审核各种预算事项,具体如下:

(1)组织有关部门或聘请有关专家对收入预算进行预测;

(2)审议、确定收入的项目及其金额,提出预算编制的方针和程序;

(3)在预算编制、执行过程中发现部门间有彼此抵触现象时,予以必要的协调;

(4)将初步成形的预算提交会议策划委员会审核,通过后下达正式预算;

(5)接受预算与实际执行情况比较的分析报告,在予以认真研究的基础上提出改善的建议;

(6)根据需要,就预算的修正加以审议并作出相关决定。

2. 预算部门的制衡关系

预算相关部门可以分为三类:会议策划委员会、预算管理办公室、协助部门。这三者之间及内部的制衡关系如下所述。

(1)相辅相成,相互约束

在整个制定预算的过程中,预算相关部门都积极参与,共同负责预算的制定、协调和修改,最终形成一份可行的预算计划报告。在会议过程中可能会发现一些潜在的提高效益的方法,或者出现某些部门为了完成预算目标而采取一些短期行为的现象,这就决定了预算的执行控制、差异分析、业绩考评等环节必须由协助部门、预算管理办公室及会议策划委员会共同把关。预算管理办公室和协助部门相互监控的工作方式使它们之间具有内在的互相牵制关系。

(2)预算管理办公室内部的协调关系

预算管理办公室是制定预算计划的核心部门,由主办方和承办方组成,双方须明确职责,共同协调。在会议预算必须得到正式的认可时,所有相关的人员都应该清楚地知道谁有权认可预算(在大多数情况下由主办方认可预算,此时则需要进一步明确由主办方中的具体哪一位人员认可)。

三、预算的原则和方法

1. 预算的原则

制定会议预算时,一般要遵循下述四条原则。

(1)树立全局观念,搞好综合平衡

举办会议不能只依靠某一个部门,必须由多个部门共同协调完成,因此预算也必须考虑到各部门的具体情况,在科学、充分的预测与决策基础上,由会议策划委员会制定出明确、切实、可行的预算总体方针,具体包括会议方针、总体目标、细分目标、有关政策、保证措施等,并下达到各预算部门,在保证整体目标的基础上,兼顾部门内部预算目标。

(2)先进、经济、合理

预算的方式和方法要先进合理,采用各种预算表格、控制表格是必不可少的,同时要注意参考各种财务指标和数据,在会议召开的过程中还要根据具体情况随时修改预算方案,使之更为合理、经济。采用科学的财务模型已成为未来会议预算的趋势,即利用模型建立起健全、严格的预算体系,通过多极控制体系确保会议的成本最低、收入最大。

(3)量入为出

在总收入既定的情况下,根据举办方和承办方的利润目标来调整费用支出,通过缩减可变成本等方式提高会议的经济性。

(4)分清轻重缓急,精打细算

旅费、宣传材料费、电话传真费等是召开会议时必不可少的开销,应当优先支出;诸如奖品和纪念品、观光等是会议的附属支出,可以根据收入情况及利润目标进行弹性收缩。而且即便是必要的支出,也要根据具体情况精打细算、力行节约。

2. 预算的方法

编制预算的主要依据是:

(1)主办方和承办方的利润目标;

(2)上一年同类会议的预算情况及会议评估报告;

(3)最近的会议市场情况及预期情况;

(4)公司在会议方面的政策和策略(如促销策略、广告投入等);公司外部环境的变化(如不同的季节、竞争对手的变化、供求关系的平衡、政府部门的政策和规定、整个行业的发展波动以及其他影响因素)。

对于费用预算,要在分析研究各项预算支出的必要性和可能性的基础上,来确定其开支数额的大小。具体可分三个层次:

第一,要求各部门根据预算期间的总目标和具体目标,以零为基础,详细讨论预算期内需要发生哪些费用、各项费用数额多少、未来效果会如何;

第二,将各部门提出的费用项目分为必须全额保证的费用和可适当增减的费用。对可适当增减的费用项目进行成本效益分析,将所花与所得作对比,在权衡各个项目轻重缓急的基础上,将其分为若干层次,排出先后顺序;

第三,按上一步骤所定的费用开支层次和顺序,结合预算期内可动用的资金来源,分配资金,落实预算。

四、预算方案的制定

会议的收入及费用项目见表11-1(具体内容将于下一节进行讲解),表11-2提供了会议预算表的具体格式,供参考。

表 11-1 会议预算总表

项目	金额(元)	项目	金额(元)
收入 　与会者交费 　联合主办者交费 　公司分配 　广告 　赞助 　其他收入项目		费用 固定费用 　承办者的报酬和开销 　会议策划委员会的营销支出(包括宣传、广告、邮寄等费用) 　办公室开销 　提前支付的开销 　可偿还开销(押金、谢礼) 可变费用 　购租设备(如视听设备、计算机等) 　娱乐、旅行费用 　交通、运输成本 　人员酬劳(包括翻译人员、现场服务人员等) 　食宿费、租用会场费 　发言人的报酬、旅费 　与会者手册、名卡等制作费 　秘书处、保安、公共关系活动经费 　奖品和纪念品费用 　印刷和复制费用 　指导委员会的开销 　评估和后继工作活动经费 其他费用项目	

表 11-2 会议预算实务表

会议名称：
会议时间：　　天(自　　年　　月　　日至　　月　　日)
会议地点：
预计人数：总数　　人,其中:与会代表　　人;列席代表　　人;特邀代表　　人;工作人员　　人。

单位:元

科目	标准	数量	支票		现金		合计
			收入支票	支出支票	收入现金	支出现金	
收会议费							
餐费							
住宿费							
会议室费							
资料费							
咨询费							
会务费							
杂费							
总计							
说明							

结算合计：　　　　　　　　审核负责人：　　　　　　　　年　月　日

第三节 会议融资

会议的性质、类型不同,经费来源的渠道也不同。有的会议经费渠道虽然单一,却有保障,有的则需要组织者多方筹集。一般说来,会议经费的融资有以下几种渠道和办法。

1. 行政事业经费划拨

党、政府、人大、政协等机关以及其他事业单位召开的会议一般从行政事业经费中开支。这种融资渠道主要适用于规模较小的会议,在会议筹备期间可向所在单位的主管单位提出申请,一经批准,主办单位则会划拨相应经费。

2. 主办者分担

若是筹备规模较大的会议,一般都会选择一个或多个会议管理机构或同业单位来承办会议。会议管理机构或同业单位的选择条件之一就是资金垫支能力。如果会议由几个单位共同发起并共同举办,可通过协商分担经费。

3. 与会者分担个人费用

即与会者参加会议的交通费、食宿费、补贴等费用由与会者个人或其所在的单位承担。

4. 社会赞助

通过有效的会议公关,从社会各界获得资金赞助。社会赞助的方式可以为现金支付,也可以是实物或服务的赞助,赞助商通过赞助会议从中得到回报。

5. 转让无形资产使用权

一些大型的会议活动由于意义重大,影响深远,本身就是一种巨大的无形资产,如会议的名称、会徽、吉祥物等,具有很高的潜在价值。充分利用会议本身的无形资产,使其转化为合法的有偿转让行为,不仅使商家因获得这种无形资产而受益,而且还可以为会议活动筹得客观的资金。

第四节 会议的收支与成本控制

一、会议的收入

会议的收入主要由与会人员或公司的交费以及广告费、赞助费等构成。

1. 与会者交费

(1) 会员及非会员的交费

在举行会议时,可以对不同的与会者收取不同的费用。以某专业协会举办的会议为例,主办者通常会为该专业协会的会员提供优惠的收费标准,以鼓励他们参加会议,而非会员就不能享受这一优惠;为吸引非会员参加,主办者有时也会制定一些优惠措施,如按报名参会的时间先后予以不同的收费标准。

(2) 陪同人员的交费

如果会议策划中有为陪同人员安排的活动,那么也可以为陪同人员提供和与会者平等的优惠收费标准。陪同人员缴纳的费用也是会议收入的重要来源。

与会者的交费是上述两种交费之和减去给予与会者一定的优惠和折扣后的余额,其计算公式为:

与会者交费＝预期的与会者人数×交费额＋预期陪同人数×交费额－交费额折扣

2. 联合主办者交费

某些会议可能是几个机构或公司出于共同的兴趣和目标而合作主办的,其中作为协办的公司和机构也缴纳一定的费用作为会议收入。

3. 广告、赞助和捐助

会议主办方还可凭借在会议期间为与会公司和其他相关组织做宣传,如在会议纪念材料上做广告等,向其收取费用,作为会议收入。另外,主办机构有时可能会从个人、基金会、民间机构、政府部门获得实物或资金形式的赞助或捐助,这也构成会议的收入。

4. 公司分配

会议主办方在做预算时,可能先要从自身账户上拨一定的款项作为会议预算资金,待盈利后再将该款项金额拨回。

5. 其他收入项目

(1) 音像制品和出版物

会议发言录像和录音、会议记录和报告出版物可以公开发售,所得利润作为会议的收入。

(2) 旅行、餐饮服务

会议期间提供的各种旅行服务、特色或高档餐饮服务等,都可以向与会者收取一定比例的费用。

案例 11-1:博鳌亚洲论坛 2009 年年会赞助合作方案

一、赞助类别:特级赞助机构(钻石级)

赞助金额:400 万人民币

赞助名额：限 3 名

赞助回报：

1. 参与权回报

15 个免费参会名额（住宿费和杂费自理，赞助商可邀请客户参会）；

5 个工作人员名额（住宿费和杂费自理，不能参加会议活动，可参加其赞助的活动）；

安排企业董事长或 CEO 在博鳌亚洲论坛 2009 年年会开幕式或全体大会上演讲；

可参与年会日程制定，但必须于 2008 年 12 月 31 日前提出建议（所建议议题最终由博鳌亚洲论坛秘书处根据全部议程考虑是否接受）；

可推荐议题及演讲嘉宾，但必须于 2008 年 12 月 31 日前提出建议（所荐演讲人最终由博鳌亚洲论坛秘书处根据其本人能力和知名度考虑是否接受，认可后由秘书处发出邀请）；

可使用博鳌亚洲论坛代表数据库；

可免费使用国际会议中心会议室，时间为 6 小时，可分段预订；

可推荐参会代表，不超过 30 名，由博鳌亚洲论坛秘书处核准后发出邀请。

2. 特别活动回报

企业董事长或 CEO 与中国政要或其他国家政要合影的机会（若安排）（仅限 1 名）；

企业董事长或 CEO 在政要出席的宴会安排 VIP 座次（仅限 2 名）；

安排企业董事长或 CEO 出席博鳌亚洲论坛举办的各种活动并优先安排座次；

博鳌亚洲论坛可协助安排与出席会议的各国政府部长或政要单独会见（需视对方的反馈和时间而定）；

博鳌亚洲论坛可协助安排与其他企业董事长或 CEO 单独会见（需视对方的反馈和时间而定）。

3. 企业宣传回报

可在博鳌亚洲论坛 2009 年年会会议手册鸣谢页中出现企业 LOGO 及企业名称；

可在博鳌亚洲论坛 2009 年年会会议手册中刊登企业介绍或企业广告（2 个版面，中文 1 面，英文 1 面）；

可在博鳌亚洲论坛 2009 年年会会刊上刊登企业广告（2 个版面）；

可在博鳌亚洲论坛日程上出现企业 LOGO 或企业名称；

可在博鳌亚洲论坛官方网站进行鸣谢，出现企业 LOGO 或企业名称，并提供企业网站链接；

可在博鳌亚洲论坛2009年年会平面媒体合作伙伴的刊物上得到鸣谢（方式、内容、刊登时间及投放媒体等由博鳌亚洲论坛秘书处统一安排）；

博鳌亚洲论坛2009年年会新闻中心协助安排媒体采访企业领导人；

可推荐4名记者参加年会报道。

4．活动现场宣传回报

可在博鳌亚洲论坛2009年年会全体大会会场得到鸣谢；

可在会场外醒目地点的博鳌亚洲论坛2009年年会的鸣谢板上得到鸣谢；

可在会场外醒目地点放置企业宣传展台（尺寸、摆放地点及方式须由秘书处统一计划，展台制作、搭建和拆除等相关费用由赞助商自理）；

可在进入会议区域的从培兰大桥到会议中心和索菲特酒店之间路途摆放企业宣传刀旗，摆放时间为一个月（与论坛和其他钻石及白金赞助商一起摆放），但最晚必须在2009年3月15日前提供设计稿，制作费用和广告位费用由博鳌亚洲论坛负责；

可在国际会议中心南门或环岛摆放企业宣传广告牌一块，为期一个月，但最晚必须在2008年3月15日前提供设计稿，制作费用和广告位费用由博鳌亚洲论坛负责；

可在赞助商资料展台放置企业印刷宣传品，也可以由秘书处统一安排将资料送至代表房间（印刷品内容及发放形式最终由博鳌亚洲论坛秘书处认可）；

可向所有出席的媒体单位提供企业印刷品和纪念品（印刷品内容及发放形式由博鳌亚洲论坛秘书处认可）。

5．企业董事长/CEO接待回报

企业董事长或CEO享受与会贵宾待遇（包括接送贵宾待遇、参与贵宾活动和在贵宾区落座）；

为企业董事长或CEO提供贵宾专车和专用司机，包括海南机场和博鳌之间往返，以及在博鳌参会期间的豪华轿车服务。

二、赞助类别：一级赞助机构（白金级）

赞助金额：200万人民币

赞助名额：限5个现金赞助商，其中含1个实物赞助商

赞助回报：

1．参与权回报

10个免费参会名额（住宿费和杂费自理）；

4个工作人员名额（住宿费和杂费自理、不能参加会议活动，可参加其赞助

的活动);

安排企业董事长或 CEO 在全体大会或分会上演讲;

可对某个分会的日程提出建议,但必须于 2008 年 12 月 31 日前提出建议(所建议议题最终由博鳌亚洲论坛秘书处根据全部议程考虑是否接受);

可推荐分会演讲嘉宾,但必须于 2008 年 12 月 31 日前提出建议(所荐演讲人最终由博鳌亚洲论坛秘书处根据其本人能力和知名度考虑是否接受,认可后由秘书处发出邀请);

可使用博鳌亚洲论坛代表数据库;

可免费使用国际会议中心会议室,时间为 4 小时,可分段预订;

可请博鳌亚洲论坛邀请参会代表,不超过 15 名。

2. 特别活动回报

企业董事长或 CEO 与中国政要或其他国家政要合影的机会(若安排)(仅限 1 名);

企业董事长或 CEO 在政要出席的宴会上安排 VIP 座次(仅限 1 名);

安排企业董事长或 CEO 出席博鳌亚洲论坛举办的活动并优先安排座次;

博鳌亚洲论坛可协助安排与出席会议的政府部长或政要单独会见(需视对方的反馈和时间而定)。

3. 企业宣传回报

可在博鳌亚洲论坛 2009 年年会会议手册鸣谢页中出现企业 LOGO 或企业名称;

可在博鳌亚洲论坛 2009 年年会会议手册中刊登企业介绍或企业广告(2 个版面,中文 1 面,英文 1 面);

可在博鳌亚洲论坛 2009 年年会会刊上刊登企业广告(1 个版面);

可在博鳌亚洲论坛日程上出现企业 LOGO 或企业名称;

可在博鳌亚洲论坛官方网站得到鸣谢,出现企业 LOGO 或企业名称,并提供企业网站链接;

可在博鳌亚洲论坛 2009 年年会平面媒体支持机构的刊物上得到鸣谢(方式、内容、刊登时间及投放媒体等由博鳌亚洲论坛秘书处统一安排);

博鳌亚洲论坛 2009 年年会新闻中心协助安排媒体采访企业领导人;

可推荐记者参加年会报道(限 2 名)。

4. 活动现场宣传回报

可在博鳌亚洲论坛 2009 年全体大会会场得到鸣谢;

可在会场外醒目地点的博鳌亚洲论坛 2009 年年会的鸣谢板上得到鸣谢;

可在会场外醒目地点放置企业宣传展台(尺寸和摆放地点及方式须由秘书

统一计划,展台制作、搭建和拆除等相关费用由赞助商自理);

可在进入会议区域的从培兰大桥桥下至会议中心和索菲特酒店之间路途与其他白金级以上赞助商一起摆放企业宣传刀旗,摆放时间为一个月,但最迟必须在2009年3月15日前提供设计稿,制作费用和广告位费用由博鳌亚洲论坛负责;

可在国际会议中心南门或环岛摆放企业宣传广告牌一块,为期一个月,但最迟必须于2009年1月31日前提供设计稿,制作费用和广告位费用由博鳌亚洲论坛负责;

可在赞助商资料展台放置企业印刷宣传品,也可以由秘书处统一安排将资料送至代表房间(印刷品内容及发放形式最终由博鳌亚洲论坛秘书处认可);

可向所有出席的媒体单位提供企业印刷品和纪念品(印刷品内容及发放形式由博鳌亚洲论坛秘书处认可)。

5. 企业董事长/CEO接待回报

企业董事长或CEO可享受与会贵宾待遇(包括机场接送贵宾待遇、参与贵宾活动和在贵宾区落座);

为企业董事长或CEO提供专车和专用司机,用于海南机场和博鳌之间往返,以及在博鳌参会期间的豪华轿车服务。

三、赞助类别:二级赞助机构(金牌赞助商)

赞助金额:120万人民币(包括高尔夫赞助商)

赞助名额:限6名

赞助回报:

1. 参与权回报

5个免费参会名额(住宿费和杂费自理);

2个工作人员名额(住宿费和杂费自理、不能参加会议活动,可参加其赞助的活动);

可安排企业董事长或CEO在全会或分会上演讲;

可推荐演讲嘉宾(推荐必须于2008年12月31日前提出);

可使用博鳌亚洲论坛代表数据库;

可免费使用国际会议中心会议室,时间为2小时,可分段预订;

可请博鳌亚洲论坛邀请参会代表,不超过5名。

2. 特别活动回报

企业董事长或CEO与政要合影的机会(若安排)(仅限1名);

出席有政要出席的VIP宴会或酒会(仅限1名)。

3. 企业宣传回报

可在博鳌亚洲论坛2009年年会会议手册鸣谢页中出现企业LOGO或企业名称；

可在博鳌亚洲论坛2009年年会会议手册中刊登企业介绍或企业广告(1个版面)；

可在博鳌亚洲论坛2009年年会会刊上刊登企业广告(1个版面)；

可在博鳌亚洲论坛官方网站得到鸣谢，出现企业LOGO或企业名称，并免费提供企业网站链接；

可在博鳌亚洲论坛2009年年会平面媒体支持机构的刊物上得到鸣谢；(方式、内容、刊登时间及投放媒体等由博鳌亚洲论坛秘书处统一安排)

可在博鳌亚洲论坛2009年年会会后出版物中刊登企业董事长或CEO于2009年年会期间活动照片或其它相关内容；

博鳌亚洲论坛2009年年会新闻中心协助安排媒体采访企业领导人；

可推荐记者参加年会报道(1名)。

4. 活动现场宣传回报

可在博鳌亚洲论坛2009年年会全体大会会场得到鸣谢；

可在会场外醒目地点的博鳌亚洲论坛2009年年会的鸣谢板上得到鸣谢；

可在赞助商资料展台放置企业印刷宣传品或纪念品(印刷品内容及发放形式最终由博鳌亚洲论坛秘书处认可)；

可向所有出席的媒体单位提供企业印刷品和纪念品，也可以由秘书处统一安排将资料送至代表房间(印刷品内容及发放形式由博鳌亚洲论坛秘书处认可)。

5. 企业董事长/CEO接待回报

企业董事长或CEO可享受与会贵宾待遇(包括机场接送贵宾待遇、参与贵宾活动和在贵宾区落座)；

为企业董事长或CEO提供海南机场和博鳌之间往返。

四、赞助类别：三级赞助机构(支持机构)

赞助金额：80万人民币

赞助名额：限6名

赞助回报：

1. 参与权回报

2个免费参会名额(住宿费和杂费自理)；

可请博鳌亚洲论坛邀请参会代表，不超过3名；

可免费使用国际会议中心会议室,时间为1小时,可分段预订;

2. 企业宣传回报

可在博鳌亚洲论坛2009年年会会议手册鸣谢页中出现企业LOGO和企业名称;

可在博鳌亚洲论坛官方网站得到鸣谢,出现企业LOGO或企业名称,并提供企业网站链接;

3. 活动现场宣传回报

可在博鳌亚洲论坛2009年年会全体大会会场和会场外醒目处的鸣谢板上得到鸣谢;

可在赞助商资料展台放置企业印刷宣传品或纪念品(印刷品内容及发放形式最终由博鳌亚洲论坛秘书处认可)。

二、会议的支出

1. 固定费用

(1)承办者的报酬和开销

主办方通常要给承办方提供一定的报酬。如果主办方以举办会议为主业,而该承办者是固定的协作方,那么报酬可以工资形式来支付;如果主办方举办每次会议时都使用不同的承办方,那么报酬要根据每次会议的预算分别支付。

(2)会议策划委员会的支出

会议的策划委员会通常是从主办公司的各个部门抽调人员组成,因此通常不为其付报酬,委员会的支出由他们花费的差旅费、餐饮费和一些设备材料费用组成。

(3)营销支出(包括宣传、广告、邮寄等费用)

会议预算时要对宣传材料的制作成本、宣传广告的花费、寄送宣传物品时的邮寄费用等作出成本预算。

(4)办公室开销

有时可以从会议预算中规定一个百分比作为这项支出,有时则需要特意为这部分做出预算。办公室开销中,电话、传真和邮寄费用所占比重很大,一般由会议的主办方决定使用哪些办公设备,通常来说都使用主办方的电话和传真等系统。

(5)提前支付的开销

会议的主办方有时需要支付各种各样的定金,其中会议地点等的定金可能能收回,而预定视听设备、地面运输、娱乐活动等的定金可能不可收回。会议发言人也许也要收一部分定金,如果会议取消了其发言,该定金便作为补偿金。召开会议前,主办方还要为了预防意外如坏天气等而购买保险,为与会的老年人和外国人购买健康险和医疗险等。

2. 可变费用

(1)购租设备(如视听设备、计算机等)费用

大多数会议都要使用某种形式的视听设备。如果会议规模较小,可以争取免费使用会议地点的视听设备;有时承办者也能提供部分设备以减少预算;经常举办会议的主办者可以购买一部分常用设备。

(2)娱乐、旅行费用

会议往往会安排多种娱乐旅行项目,因此要做出这部分的预算。

(3)交通、运输成本

交通、运输成本主要是会前将材料和设备从会议主办者或承办者处运到会议地点,会后再运回所需要的成本。如果会议地点分散,这部分支出将成为一笔很大的开支。

(4)人员酬劳(包括翻译人员、现场服务人员等)

翻译人员和现场服务人员通常都要临时雇用,可以与专门的翻译公司和劳务公司签约,商定给他们的报酬标准。会议中可能发生的人员酬劳分类见表11-3。

表 11-3 可能发生的人员酬劳分类

餐饮类	运输类	其他类
酒吧服务生	运输经理	客房服务人员
餐饮服务领班	导游	房间管理人员
餐饮经理	运输服务人员	会场服务人员
餐饮领班	司机	现场速记人员
餐会的服务人员	行李搬运工	调度人员

(5)食宿费、会场费

举办会议之前,通常主办方要与会场方面协商决定租金事宜,作为该项支出。如果会议手册中写明免费为与会者提供食宿,这部分开支就也算作成本预算。

(6)发言人的报酬、旅费

一般情况下,演讲者除了得到酬金之外,还可以要求会议方面报销所有的相关开支。对旅费必须明确规定旅行级别、中途停滞的花费及在机场的地面运输费用等项目。

(7)与会者手册、名卡等的制作费

会议方需要为与会者提供各种手册和名卡,包括印有会议信息的信笺等,有

时还包括介绍当地的餐厅、休闲区、历史名胜等的材料。

(8)秘书处、保安、公共关系活动经费

秘书处在会议中的各种补给、出席餐会和其他会议活动的开支,都在预算中列明;公共关系的所有费用等也在预算中列明;保安的费用则可计入会场费之中。

(9)奖品和纪念品费用

会后为与会者准备奖品和纪念品是目前比较风行的做法。奖品和纪念品可以由赞助商无偿赠送,也可以由主办方专门订制(此时需在预算中作为成本支出)。

(10)印刷和复制费用

如果会议开始后还需要准备每日新闻等材料分发给与会者,就可以使用复印机来自行复制;如果与会人员较多,还可以交付专门的印刷厂来制作。

(11)指导委员会的开销

指导委员会的饮食成本应计入预算项目。

(12)评估和后继工作活动经费

会后的评估和后继工作也是非常重要的,它们能为下次会议的成功奠定基础,因此需要将其列入预算。评估主要涉及会后调研、采访、人员培训等开支;后继工作一般来说是会议策划委员会的一些总结性会议,也需要为其安排一定的预算。

三、会议的成本控制

1. 成本控制部门

预算部门同时也承担着会议成本控制的责任,会议策划委员会是领导和审核部门,预算管理办公室是控制的核心部门,协助部门则负责本部门的成本控制,并及时向预算管理办公室汇报。这三个部门形成了一个责任中心,既被要求完成特定的职责,其责任人又被赋予一定的权力,以便对该责任区域进行有效的控制。成本控制部门运作流程如图11-2所示。

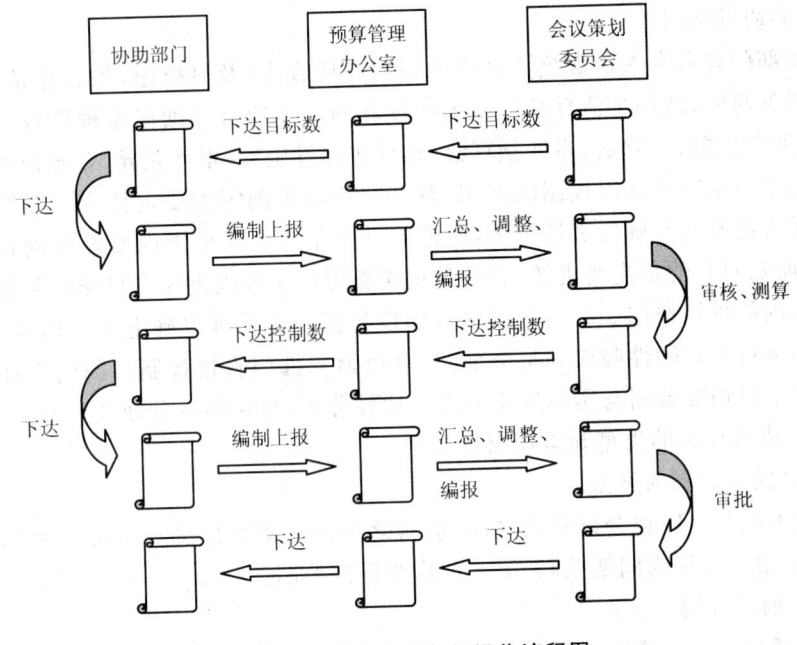

图 11-2 成本控制部门运作流程图

(1) 会议策划委员会

会议策划委员会作为领导和审核部门,不仅能控制成本和收入,而且能控制占用资金的部门。也就是说,在以利润为导向的预算管理中,它要对成本、收入、利润的预算全面负责。委员会需要对预算草案的每个项目进行分析,决定金额的分配是否合理;在会议进行的过程中,监督预算管理办公室收集预算执行的信息,检查执行情况;在会议结束后,研究预算评估汇总报告,为以后的会议预算积累经验,同时根据具体情况调整今后举办会议的方针政策。

(2) 预算管理办公室

预算管理办公室需要对固定成本和可变成本两方面进行控制。固定成本大多是不可控成本,变动成本大多属于可控成本。对于固定成本部分,一般来说,预算与实际执行的情况相差不大,因此只要该部分在合理的范围内进行变动,预算管理办公室就无须过多干预。可变成本与与会人数、举办会议的目标等因素相关,在与会人员全部抵达会场后,预算管理办公室需要根据统计,重新调整原预算。在会议进行的过程中,预算管理办公室要监督各协助部门的预算变动,收集执行预算与原预算的差异资料,即时调整预算。今后,预算管理办公室需要将与会议预算相关的统计资料和数据进行整理分析,将预算偏差写成书面报告,呈送会议策划委员会。

(3) 协助部门

各部门要有专人负责统计会议期间的各项收支,及时登记,每日总结,并主动与财务对账,做到日清日结。要求按预算的具体项目详细记录预算数量和金额、实际发生数、差异数、累计预算数、累计实际发生数、累计差异、差异说明等。

对于每项需要加以控制的费用,各部门都必须确定主要责任人。尽管每一个责任人都有其明确的责任范围,但他们并不是对责任范围内所发生的费用都负责,而是对有的负主要责任,有的只负次要责任。各级责任人只能控制各自责任范围内的可控费用。有些费用项目如设备折旧费等难以确定责任归属,对这些费用项目不宜硬性归属到某个部门,可由财务部门直接控制。部门责任人需要及时地将预算数据与实际发生额进行比较分析,报送预算管理办公室。

2. 成本控制的类型和常用财务指标

(1) 成本控制的类型

成本控制可以在会议开始之前、进行之中或结束之后进行。第一种称为前馈控制,第二种称为同期控制,第三种称为反馈控制。

① 前馈控制

是指会议主办者为了避免预期出现的问题而在实际工作之前采取方法进行补救的一种未来导向型的控制方式。采用这种控制方式必须掌握及时准确的信息,这是很难办到的。

② 同期控制

是指发生在会议过程之中的控制。它的优势在于,通过直接观察、及时收集分析预算的执行情况,可以监督成本的支出是否符合预算计划,同时可以在发生问题时马上进行纠正。

③ 反馈控制

这种控制方式为管理者提供了预算效果究竟如何的真实信息,反映了目标与现实之间的偏差。

(2) 常用财务指标

会议主办者的首要目标是获取一定的利润,为实现该目标,主办者必须进行费用控制。财务预算为管理者提供了一些用以衡量支出的定量标准(见表11-4),管理者可通过比较这些标准与实际花费之间的偏差来控制成本。

表11-4 常用财务比率指标

目的	比率	计算公式	含义
赢利性	收入利润率	税后净利润/收入	说明举办会议带来的利润
	成本收益率	税后净利润/总成本	度量投入的成本创造利润的效率

3. 成本控制的方法和过程

(1) 成本控制的方法

会议可以采取的控制方法有下述几种。

① 提交报告和召开例会。由具体的会议操作部门向预算管理办公室提交预算执行报告；会议策划委员会在会议期间定时召开预算控制例会，对预算执行情况进行分析。

② 授权与自我控制。成本控制权从会议策划委员会自上往下层层下放，并实施层层监督，会议的具体操作部门则按照演算进行自我控制、自我监督。

③ 控制会议质量。如果成本在预算的范围内，则要检查酒店、饮食、会议室（场地）的结构和布置、配套设施、接待服务、房间安排、会议资料发放、VIP 客人的接待、会间考察线路的安排、返程交通等诸多细节是否按原订计划执行，以保证会议的质量。

④ 使用损益平衡表。比较各项成本的预算和实际值，在损益预算结算表中计算出二者的差额，并对该差额进行说明。

⑤ 比率分析。计算用于控制财务预算的各项指标，如表 11-4 中的赢利性指标，以分析成本对利润的贡献率。

(2) 成本控制的过程

可以将会议的成本控制过程划分为三个步骤：衡量实际成本、将实际成本与预算成本进行比较，采取管理行动来纠正偏差或不适当的成本支出。

① 衡量实际成本。为了确定会议期间的实际成本金额，主办者需要根据统计报告、口头汇报和书面报告等收集必要的信息，及时检查、追踪预算的执行情况。

② 比较实际成本与预算成本。通过比较可以确定实际成本与成本预算之间的偏差。在制定会议预算之前需要确定可以接受的偏差范围，预算执行后要将实际偏差结果与预先确定的偏差范围进行比较，如果偏差显著超过这个范围，会议管理方就必须予以高度注意了。实际成本与预算成本的比较见图 11-3。

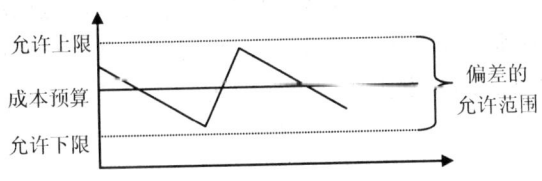

图 11-3　实际成本与预算成本的比较图

比较后还需形成预算差异分析报告。预算差异分析报告可分临时性报告和定期报告。对重大差异和问题要及时报告(即临时性报告),而在会议规定时间及会议结束后形成的成本差异分析报告(即定期报告)则要全面,并应报会议策划委员会审核。

③ 改进成本支出。如果成本偏差是因具体操作会务的部门不慎所产生,就应该采取纠正行动,如果某个项目的成本偏差在预算允许的浮动范围内,则无须改进。通常情况下,允许会议的承办者自主决定 10%(视具体情况也可以是其他比例)的将某个项目的预算转移到另一项目上的预算转移额。

第五节　会议的财务总结及报告编写

一、财务总结的含义及作用

财务总结是会议财务管理的一个重要环节,它能提供会议运营过程中的财务信息。具体来讲,财务总结就是对会议财务的收入与支出进行一个全面的核算,并得出最终效益的过程。

财务总结能正确地反映会议运营过程中资金的流动状况,财务总结能对研究会议运作时资金活动的规律提供重要信息。此外,财务总结还能为公司正确理财提供重要依据,也能为公司今后的会议举办提供借鉴。

二、财务总结报告的编写

财务总结报告是反映会议财务状况和经营成果的书面文件,它对企业经营管理有着非常重要的作用。对于企业而言,效率、效益和利润是最为重要的,财务总结报告应当有反映经营效益、效率、利润的计算和推算。由于会议的效果和效益需较长时间才能体现出来,因此,财务总结报告可以根据实际情况分为收支报告和远期的效益报告,本节主要介绍收支报告的编写。

与财务预算类似,收支报告主要包括会议收入与会议费用的总结,其中费用总结又可分为固定费用总结和可变费用总结。收支报告与财务预算相比的最主要区别就在于财务预算发生在会议举行之前,财务预算中有些项目只是计划,具有不确定性;而财务总结是发生在会议活动之后,因而收入与支出的各项内容都具有确定性。

1. 收入报表

收入报表就是将会议总的收入额进行加和,包括与会人员的会务费、广告收入、赞助商提供的资金等。实际与会人员数量、联合主办者数量以及实际广告、赞助费用等都会造成实际收入与收入预算之间的差值。会议实际收入除了会议音响制品、出版物以及一些远期收益项目的收入不能确定外,大部分收入在会议举办前就能确定。

为了方便财务分析,实际收入报告和收入预算可以在一张表格中完成,见表11-5。

表 11-5 会议收入报表

项目	实际收入(元)	预算收入(元)	差额比例	占总额比
与会者交费				
联合主办者交费				
公司分配				
广告				
赞助				
其他收入				

2.费用报表

费用报表,顾名思义就是将会议所有的支出进行加和。与会议收入不同的是,实际会议费用需要到会后调研、采访、人员培训等一系列工作完成后才能进行计算,具体格式见表11-6。

表 11-6 会议费用报表

项目	实际费用(元)	预算费用(元)	差额比例	占总额比
固定费用				
承办者的报酬和开销				
会议策划委员会的营销支出(包括宣传、广告、邮寄等费用)				
办公室开销				
提前支付的开销				
可偿还开销(押金、谢礼)				
可变费用				
购租设备(如视听设备、计算机等)				
娱乐、旅行费用				
交通、运输成本				
人员酬劳(包括翻译人员、现场服务人员等)				
食宿费、租用会场费				
发言人的报酬、旅费				
与会者手册、名卡等制作费				
秘书处、保安、公共关系活动经费				

续表

项目	实际费用(元)	预算费用(元)	差额比例	占总额比
奖品和纪念品费用				
印刷和复制费用				
指导委员会的开销				
评估和后继工作活动经费				
其他费用				

通过财务总结,可以得出会议的实际利润。会议利润直接反映了会议的经营成果,并能从中了解会议的盈利能力,使会议主办方充分认识未被利用的人力及物力资源,寻找利用不当的部分及原因,发现进一步提高利用率的可能性,以便从各方面揭露矛盾、找出差距、寻求措施。通过财务总结,可以了解会议的获利能力的高低,为今后举办会议提供必要的信息与借鉴。

复习思考题

1. 会议制定财务目标的目的是什么?
2. 预算的含义及类型有哪些?
3. 简述制定预算的原则及方法。
4. 会议融资渠道有哪些?
5. 会议成本控制的类型和常用财务指标有哪些?
6. 会议财务总结的作用有哪些?

参考文献

1. 向国敏. 现代会计策划与服务. 上海社会科学院出版社,2003
2. 张晓彤. 高效会议管理技巧. 北京大学出版社,2004
3. 王首程. 会议管理. 高等教育出版社,2003
4. 罗杰·摩司魏克. 会议管理:如何创造高效率会议. 广西师范大学出版社,2001
5. 蒂姆·欣德尔. 会议管理. 上海科学技术出版社,2000
6. 天虹. 会议管理实务. 中国纺织出版社,2005
7. 赵烈强. 会议管理实务. 湖南人民出版社,2005
8. 会议运营管理. 马勇. 重庆大学出版社,2007
9. 梁海军. 开会要则:成功的会议管理. 中国物资出版社,2004
10. 龙泽. 如何进行会议管理. 北京大学出版社,2004
11. 罗宾森·艾里森. 会议与活动策划专家. 中国水利水电出版社,2004
12. 肖国庆,武少源. 会议运营管理. 中国商务出版社,2004
13. 沈燕云,吕秋霞. 国际会议规划与管理. 辽宁科学技术出版社,2001
14. 许传宏. 会展策划. 复旦大学出版社,2005
15. 罗杰斯. 会议的组织管理与营销. 辽宁科学技术出版社,2004
16. 镇剑虹,吴信菊. 会展策划与实务. 上海交通大学出版社,2005
17. 李莉. 会展服务礼仪规范. 湖南科学技术出版社,2005
18. 金辉. 会展概论. 上海人民出版社,2004
19. 金辉. 会展营销与服务. 上海交通大学出版社,2003
20. 王春雷. 会展市场营销. 上海人民出版社,2004
21. 胡旭微,张惠忠. 财务管理. 浙江大学出版社,2006

论文摘要

南开大学出版社网址：http://www.nkup.com.cn

投稿电话及邮箱： 022-23504636　QQ：1760493289
　　　　　　　　　　　　　　　QQ：2046170045(对外合作)
邮购部：　　　　022-23507092
发行部：　　　　022-23508339　Fax：022-23508542

南开教育云：http://www.nkcloud.org

App：南开书店 app

　　南开教育云由南开大学出版社、国家数字出版基地、天津市多媒体教育技术研究会共同开发，主要包括数字出版、数字书店、数字图书馆、数字课堂及数字虚拟校园等内容平台。数字书店提供图书、电子音像产品的在线销售；虚拟校园提供 360 校园实景；数字课堂提供网络多媒体课程及课件、远程双向互动教室和网络会议系统。在线购书可免费使用学习平台，视频教室等扩展功能。